市町村・地域包括支援センター・都道府県のための

養護者による高齢者虐待対応の手引き

社団法人日本社会福祉士会 編集

中央法規

はじめに

　2006（平成18）年4月に施行された「高齢者虐待の防止、高齢者の養護者に対する支援等に関する法律（以下、「高齢者虐待防止法」という）」は、「高齢者に対する虐待が深刻な状況にあり、高齢者の尊厳の保持にとって高齢者に対する虐待を防止することが極めて重要である」との認識を示しています（第1条）。

　養護者による高齢者虐待は、厚生労働省が実施している「高齢者虐待の防止、高齢者の養護者に対する支援等に関する法律に基づく対応状況等に関する調査」（以下、「厚生労働省調査」という）によっても、事実確認の結果、虐待を受けたと判断した事例件数が年間1万5000件を超え、死亡事例も31件に上っています（平成21年度）。この一つひとつの事例で、高齢者の権利、利益が侵害され、安心で安全な生活が脅かされています。高齢者虐待防止法施行後5年が経過してなお、高齢者虐待の深刻さは増大しているといっても過言ではありません。

　養護者による高齢者虐待への対応体制の整備状況には、市町村間での格差が指摘されてきました。虐待という最大の権利侵害への対応に地域差があることを放置しておくことはできません。また、家庭という密室で発生する虐待に対応し、虐待の解消と高齢者が安心して生活を送ることを目的とした生活の再構築を目指すには、虐待対応に従事する者の専門性を強化することが求められます。

　このたび社団法人日本社会福祉士会（以下、「本会」という）は、2010（平成22）年度老人保健健康増進等事業として「養護者による高齢者虐待対応の標準化のためのマニュアル策定並びに施設従事者による虐待対応の実態調査及び対応システムのあり方に関する研究」を実施し、「市町村・地域包括支援センター・都道府県のための養護者による高齢者虐待対応の手引き」を策定いたしました。

　本手引きは、5年間の現場での実践の蓄積を反映したものであり、また本会が進めてきた高齢者虐待対応ソーシャルワークモデルに関する研究の集大成でもあります。

　ここに本書が刊行され、多くの関係者の実践に活かされることによって、高齢者虐待の防止と権利擁護に資することを願ってやみません。

　2011年6月

社団法人 日本社会福祉士会
会　長　山　村　睦

本手引き策定にあたって

1. 本手引き策定の目的

　高齢者虐待防止法が施行されて5年が経過しました。この間、各地域において高齢者虐待への対応が進められてきました。厚生労働省の調査結果からは、市町村の虐待対応の体制整備状況や対応内容に格差があり、必ずしも確立したものになっていない状況がうかがえます。

　そこで、本会では、5年間の現場での実践の蓄積と市町村の体制整備の現状を踏まえ、「養護者による高齢者虐待」に対する対応の標準化を目指した手引きの策定を行うこととしました。本手引きは、市町村における適切な虐待対応と体制整備をいっそう促進させるための参考資料として活用いただくことを目的として策定したものです。

2. 本手引き検討の経過と体制

(1)「高齢者虐待対応ソーシャルワークモデル」の反映

　本会は、高齢者虐待防止法において、高齢者虐待対応協力者として市町村事務の一部の委託先となった地域包括支援センターに社会福祉士等が必置となっている状況を踏まえ、市町村を責任主体とする高齢者虐待対応の体制整備と対応従事者の専門性の向上を目指して、2007（平成19）年度から2009（平成21）年度にかけて、高齢者虐待対応に関する調査研究を行ってきました。このなかで、高齢者虐待対応にあたっては、ソーシャルワークの視点と手法が効果的であることを明らかにし、それを体系化したものとして「高齢者虐待対応ソーシャルワークモデル」を提示しました。また、組織的かつ根拠のある虐待対応を可能とするための「高齢者虐待対応帳票（社団法人日本社会福祉士会作成）」（以下、「高齢者虐待対応帳票」という）を開発するとともに、高齢者虐待対応現任者のための研修テキストとして『高齢者虐待対応ソーシャルワークモデル実践ガイド』を発刊しました（2010、中央法規）。2010（平成22）年度からは、統一プログラムによる「高齢者虐待対応現任者標準研修」を全国的に実施しました。

　本手引きは、この間の研究の成果を手引きとして再編したものです。高齢者虐待対応ソーシャルワークモデルの考え方は、第2章を中心に手引き全体の前提となっています。

(2) 弁護士会との合同検討

　本手引きの策定にあたっては、日本弁護士連合会高齢者・障害者の権利に関する委員会の全面的協力を得ました。検討委員の派遣はもとより、数回に及ぶ合同検討会の開催など、いわば、本手引きは、本会と弁護士会の共同作業によるものであるといえます。

　このことにより、本手引きは、高齢者虐待対応における法的根拠をより明確にすることができ、現場での疑問の解消につながるものとすることができました。

3．本手引きで取り上げている内容

　本手引きは、養護者による高齢者虐待に関して、相談・通報・届出を受け付けた後の対応に焦点を当てています。このため、虐待を発生させない予防的取組みや地域のさまざまなネットワークによる、普及啓発、発見、見守り等の取組みも重要ですが、第2章と第3章で簡単に触れるにとどめています。

　また、第三者による財産上の不当取引による被害への対応に関しては、高齢者虐待に準じた対応を行う必要があることから、第8章で取り上げています。さらに、老人福祉法や介護保険法に規定されていない施設における虐待については、養護者による虐待として対応する必要があることから第9章で取り上げています。

4．本手引きの特徴

　本手引きの特徴は以下のとおりです。

(1) 高齢者虐待対応の各段階の明確化

　　高齢者虐待対応は、相談・通報・届出の受付から始まり終結に至る一連の過程があります。本手引きは、その過程を「初動期段階」「対応段階」「終結段階」で表示し、今どの段階の対応なのかを意識することができるようになっています。

(2) 組織的決定と評価の明確化

　　高齢者虐待対応における目的は、いうまでもなく「虐待が解消し、高齢者が安心した生活を送ることができるようになる状態」になることにあります。対応にあたっては、常に「虐待対応の終結」を意識的に目指し、組織的に対応方針を決定していくことになります。また、適宜その評価を行い、次の虐待対応計画に反映させることになります。

　　本手引きは、組織的判断・決定の場として、「コアメンバー会議」「虐待対応ケース会議」「評価会議」の3つの会議を定式化しています。

(3) 法的根拠の明確化

　　高齢者虐待対応は、高齢者の生命や身体を保護するための法的責任に基づく介入が必要となる場面が多くあります。そのため緊急性や分離保護の判断、市町村権限の行使等について、常に法的根拠を明確にすることが重要になります。

　　本手引きでは、虐待対応の各段階で根拠となる法の解説やＱ＆Ａを付けるとともに、法で明示されていない項目についても立法の趣旨を踏まえた対応の必要性について記述しています。

(4) 市町村の高齢者虐待対応担当部署と地域包括支援センターの役割分担

　　高齢者虐待対応は、市町村高齢者虐待対応担当部署（以下、「市町村担当部署」という）を責任主

体として高齢者虐待対応協力者と連携して進めることになります。本手引きは、市町村担当部署と地域包括支援センターの役割分担を明確にしています。

（5）高齢者虐待対応体制を整備するツールとしての帳票

本手引きは、高齢者虐待対応のプロセスを明らかにし、虐待対応従事者のスキルを平準化するツールとして「高齢者虐待対応帳票」を参考として例示しています。

（6）実践上のヒント

本手引きには、高齢者虐待対応の具体的な場面を紹介しています。事例は、手引きの意図に即して加工し、さらに解説を付けることによって、実践上のヒントを提供しています。

5．本手引きの活用に向けて

本手引きが、本会の高齢者虐待ソーシャルワークモデルに関する研究蓄積をベースに、日本弁護士連合会の全面協力を得て、高齢者虐待防止法施行後5年の実践を反映する形で完成したことは、必ずや現場の高齢者虐待対応＝市町村の虐待対応体制の整備と対応従事者の専門的スキルの向上に寄与するものであると確信しています。

市町村、地域包括支援センター、都道府県にあっては、本手引きを積極的に活用し、高齢者、養護者への適切な支援に結びつけてほしいと願うものです。また、本手引きを参考にして、マニュアル等の見直しや策定を進めてほしいと願うものです。

そのなかで、これまで各地で取り組まれてきた先進的な実践などを踏まえ、本手引きについての率直なご意見をいただきながら、手引きの検証を進めていく予定です。また、高齢者虐待防止法は3年を目途とする見直しが附則に盛り込まれています。その動向によっては、本手引きの改訂が直ちに必要になります。引き続き関係各位のご協力とご支援をお願いする次第です。

社団法人 日本社会福祉士会・高齢者虐待対応システム研究会
委員長　多々良　紀夫

本手引きにおける表記

本手引きでの表記	正式名称
高齢者虐待防止法	高齢者虐待の防止、高齢者の養護者に対する支援等に関する法律（平成17年、法律第124号） ※本書で条文のみ記載している場合、高齢者虐待防止法の条文を指している。
個人情報保護法	個人情報の保護に関する法律（平成15年、法律第57号）
厚生労働省マニュアル	『市町村・都道府県における高齢者虐待への対応と養護者支援について』（厚生労働省老健局、平成18年4月）
厚生労働省調査	厚生労働省が毎年行っている「高齢者の虐待の防止、高齢者の養護者に対する支援等に関する法律に基づく対応状況等に関する調査」
日本社会福祉士会調査	『市町村における虐待対応の専門的人材育成を目的とする研修基盤整備に関する調査報告書』（社団法人日本社会福祉士会、平成21年3月）
高齢者虐待対応専門職チーム	「在宅高齢者虐待対応専門職チーム」として、都道府県の社会福祉士会と弁護士会が地域包括支援センターの権利擁護・虐待対応を支援する目的で、共同で設置している。都道府県により、事業名称が異なる場合がある。

目次

はじめに ・・・ i
本手引き策定にあたって ・・ ii

第1章　養護者による高齢者虐待のとらえ方 ・・・・・・・・・・・・・・・・・・・・・・ 1

第1節　養護者による高齢者虐待のとらえ方 ・・・・・・・・・・・・・・・・・・・・・・・・・・・ 2
（1）「高齢者」のとらえ方 ・・・ 2
（2）「養護者」のとらえ方 ・・・ 3

第2節　「養護者による高齢者虐待」の定義と類型 ・・・・・・・・・・・・・・・・・・・・・ 4

第2章　高齢者虐待対応と権利擁護 ・・・・・・・・・・・・・・・・・・・・・・・・・・・・・・・ 11

第1節　権利擁護の重要性 ・・ 12
第2節　高齢者虐待の未然防止・早期発見の取組み ・・・・・・・・・・・・・・・・・・・・ 13
（1）虐待を未然に防ぐためのアプローチ ・・・・・・・・・・・・・・・・・・・・・・・・・ 13
（2）虐待の早期発見・早期対応 ・・・・・・・・・・・・・・・・・・・・・・・・・・・・・・・・・ 13

第3節　高齢者虐待対応の基本的考え方と視点 ・・・・・・・・・・・・・・・・・・・・・・・・ 14
（1）高齢者への支援の視点 ・・・・・・・・・・・・・・・・・・・・・・・・・・・・・・・・・・・・・ 14
（2）養護者への支援の視点 ・・・・・・・・・・・・・・・・・・・・・・・・・・・・・・・・・・・・・ 14
（3）高齢者虐待対応のプロセスにおける留意点 ・・・・・・・・・・・・・・・・・・・ 15
（4）組織的な虐待対応の視点 ・・・・・・・・・・・・・・・・・・・・・・・・・・・・・・・・・・・ 16

第3章　養護者による高齢者虐待対応への体制整備 ・・・・・・・・・・・・・・・・ 19

第1節　養護者による高齢者虐待対応への体制の整備 ・・・・・・・・・・・・・・・・・・ 20
（1）高齢者虐待防止法に規定される市町村の責務と役割 ・・・・・・・・・・・ 20
（2）市町村が整備するべき体制 ・・・・・・・・・・・・・・・・・・・・・・・・・・・・・・・・・ 21
（3）都道府県の責務と役割 ・・・・・・・・・・・・・・・・・・・・・・・・・・・・・・・・・・・・・ 26
（4）国の責務と役割 ・・・ 29

第2節　虐待対応と個人情報の取り扱い ・・・・・・・・・・・・・・・・・・・・・・・・・・・・・・ 30
（1）個人情報保護に関する法律の規定 ・・・・・・・・・・・・・・・・・・・・・・・・・・・ 30
（2）運用上の工夫 ・・・ 31

対応の全体フロー図 ・・・ 35

対応の全体フロー図 ・・・ 36

第4章　初動期段階 ... 41

第1節　初動期段階の概要と範囲 ... 42
(1) 初動期段階の概要 ... 42
(2) 初動期段階に該当する法的根拠 ... 42
(3) 初動期段階の範囲 ... 43

第2節　相談・通報・届出の受付 ... 44
(1) 相談・通報・届出の受付 ... 44
(2) 受付記録の作成 ... 46
(3) 受け付けた組織内での、虐待の疑いについての協議 ... 48

第3節　初回相談の内容の共有と、事実確認を行うための協議 ... 50
(1) 初回相談の内容の共有 ... 50
(2) 事実確認を行うための協議 ... 50
(3) 協議記録の作成 ... 53

第4節　初動期段階の事実確認 ... 56
(1) 庁内関係部署および関係機関からの情報収集 ... 56
(2) 高齢者や養護者への訪問調査 ... 59

第5節　コアメンバー会議 ... 67
(1) コアメンバー会議の開催 ... 67
(2) 協議事項 ... 68
(3) 役割分担 ... 68
(4) 虐待の有無の判断 ... 70
(5) 緊急性の判断 ... 72
(6) 対応方針の決定 ... 73

第6節　初動期段階の評価会議 ... 77
(1) 初動期段階の評価会議の開催 ... 77

第5章　対応段階 ... 81

第1節　対応段階の概要と範囲 ... 82
(1) 対応段階の概要 ... 82
(2) 対応段階に該当する法的根拠 ... 82
(3) 対応段階の範囲 ... 83

第2節　情報収集と虐待発生要因・課題の整理 ... 84
(1) 対応段階における情報収集・整理の2つの目的 ... 84
(2) 情報整理項目と虐待発生リスクの例 ... 85

第3節　虐待対応計画(案)の作成 ... 96
(1) 虐待対応計画作成の目的 ... 96

　　　　(2)虐待対応計画(案)の作成手順 ･････････････････････････････････ 96
　第4節　虐待対応ケース会議 ･･ 106
　　　　(1)虐待対応ケース会議の開催 ･････････････････････････････････ 106
　第5節　対応段階の評価会議 ･･ 108
　　　　(1)対応段階の評価会議の開催 ･････････････････････････････････ 108

第6章　終結段階 ･･ 111
　第1節　虐待対応の終結 ･･ 112
　　　　(1)虐待対応を終結させる必要性 ･･･････････････････････････････ 112
　　　　(2)虐待対応終結の考え方 ･････････････････････････････････････ 112
　　　　(3)虐待対応の終結から今後の対応の検討 ･･･････････････････････ 113

第7章　市町村権限の行使 ･･ 115
　第1節　立入調査 ･･ 116
　　　　(1)法的根拠と法の解説 ･･･････････････････････････････････････ 116
　　　　(2)立入調査の要否の判断 ･････････････････････････････････････ 117
　　　　(3)立入調査の事前準備 ･･･････････････････････････････････････ 119
　　　　(4)立入調査の実施 ･･･ 122
　　　　(5)立入調査記録の作成 ･･･････････････････････････････････････ 123
　第2節　やむを得ない事由による措置 ････････････････････････････････ 127
　　　　(1)法的根拠と法の解説 ･･･････････････････････････････････････ 127
　　　　(2)やむを得ない事由による措置の要否の判断 ･･･････････････････ 128
　　　　(3)やむを得ない事由による措置の実施手続き ･･･････････････････ 129
　　　　(4)やむを得ない事由による措置を実施した後の支援 ･････････････ 130
　　　　(5)やむを得ない事由による措置解除の判断と契約への移行 ･･･････ 130
　第3節　居室の確保 ･･ 134
　　　　(1)法的根拠と運用上の工夫 ･･･････････････････････････････････ 134
　　　　(2)定員超過の取扱いに関する施設への周知 ･････････････････････ 134
　第4節　面会制限 ･･ 136
　　　　(1)法的根拠と法の解説 ･･･････････････････････････････････････ 136
　　　　(2)面会制限の要否の判断 ･････････････････････････････････････ 137
　　　　(3)面会制限中の対応についての検討 ･･･････････････････････････ 137
　　　　(4)面会制限の解除の判断 ･････････････････････････････････････ 138
　　　　(5)面会制限解除後の面会方法の取り決め ･･･････････････････････ 138
　第5節　成年後見制度 ･･ 141

(1)法的根拠と法の解説 ･･･ 141
　　　(2)成年後見制度活用の判断 ･････････････････････････････････････ 142
　　　(3)成年後見制度活用の実施手順 ･････････････････････････････････ 142
　　　(4)成年後見制度利用支援事業の活用 ･････････････････････････････ 142

第8章　第三者による財産上の不当取引による被害の防止 ･････････････ 145
　第1節　第三者による財産上の不当取引による被害の防止 ･･････････････ 147
　　　(1)法的根拠と法の解説 ･･･ 147
　　　(2)高齢者の消費者被害の状況 ･･･････････････････････････････････ 148
　　　(3)相談・通報・届出の受付 ･････････････････････････････････････ 150
　　　(4)初回相談の内容の共有と、事実確認を行うための協議 ･･･････････ 150
　　　(5)事実確認 ･･･ 150
　　　(6)コアメンバー会議(消費者被害に該当するかどうかの判断と対応方針の決定)･･･ 151
　　　(7)評価会議(被害回復状況および再発防止体制の整備状況の確認) ･･･ 152

第9章　老人福祉法や介護保険法に規定されていない施設における
　　　　高齢者虐待への対応 ･････････････････････････････････････ 159
　第1節　老人福祉法や介護保険法に規定されていない施設における高齢者虐待への対応 ･･･ 161
　　　(1)高齢者虐待防止法における定義 ･･･････････････････････････････ 161
　　　(2)相談・通報・届出の受付 ･････････････････････････････････････ 164
　　　(3)初回相談の内容の共有と、事実確認を行うための協議 ･･･････････ 164
　　　(4)事実確認(関連情報の収集) ･･･････････････････････････････････ 164
　　　(5)コアメンバー会議(情報の整理と訪問調査のための事前準備) ････ 165
　　　(6)事実確認(訪問調査) ･･･ 167
　　　(7)コアメンバー会議
　　　　　(虐待の有無の判断、高齢者の保護の必要性の判断など) ･･･････ 168
　　　(8)評価会議 ･･･ 168

参考資料 ･･･ 171
　Ⅰ　調査結果 ･･･ 172
　Ⅱ　関係法令 ･･･ 183
　Ⅲ　高齢者虐待対応帳票(社団法人日本社会福祉士会作成版) ･････････ 191

引用・参考文献 ･･･ 202
索引 ･･･ 203

第1章

養護者による高齢者虐待のとらえ方

第1節 養護者による高齢者虐待のとらえ方

　高齢者虐待防止法施行後5年が経過し、市町村や地域包括支援センターが実際に虐待対応を行うにあたって、その対応すべき範囲や定義に関して混乱が生じたり、判断に迷う場面もうかがえます。
　そこで、市町村および都道府県の高齢者虐待対応担当部署と地域包括支援センター職員が適切な対応が行えるよう、対応すべき範囲や定義を例示します。

1 「高齢者」のとらえ方

　高齢者虐待防止法では、「高齢者」を「65歳以上の者」と定義しています（第2条第1項）。そして、高齢者虐待防止法の附則2で、「高齢者以外の者であって精神上又は身体上の理由により養護を必要とするものに対する虐待の防止等のための制度については、速やかに検討が加えられ、その結果に基づいて必要な措置が講ぜられるものとする。」と規定しており、「高齢者」にあたらない者についても適切な対応が必要であることは立法者自身も認めているところです。

【「65歳未満の者」に対する虐待の場合】

　高齢者虐待防止法の定義に従えば、形式的には65歳未満の者には法は適用されないことになります。しかし、現実には、65歳未満の者に対しても虐待が生じている場合は、対応すべき必要があるという点においては65歳以上の者に対する虐待と変わりません。

　介護保険法における地域支援事業のひとつとして、市町村には、「被保険者に対する虐待の防止及びその早期発見のための事業その他の被保険者の権利擁護のため必要な援助を行う事業」の実施が義務づけられていますが（介護保険法第115条の44第1項第4号）、介護保険法にいう「被保険者」は65歳以上の者に限られてはいません（介護保険法第9条）。
　また、老人福祉法では、措置の対象者を原則として「65歳以上の者」と定義し、「65歳未満の者であって特に必要があると認められる者」も措置の対象者に含めています。

　したがって、65歳未満の者に対する虐待についても、高齢者虐待防止法の趣旨に則り、「高齢者」に準じて対応を実施することが重要です。

❷ 「養護者」のとらえ方

　高齢者虐待防止法では、養護者の定義を「高齢者を現に養護する者であって養介護施設従事者等以外のものをいう」と定めています（第2条第2項）。

　「現に養護する」という文言上、「養護者」は当該高齢者の日常生活において何らかの世話をする人を指すと解されます。具体的な行為として、金銭の管理、食事や介護などの世話、自宅や自室の鍵の管理など、高齢者の生活に必要な行為を管理したり、提供していることが、「現に養護する」に該当すると考えられます。

　また、養護者は、必ずしも当該高齢者と同居していなければならないわけではなく、例えば、近所に住みながら世話をしている親族や知人なども「養護者」であると考えられます。

【現に養護していない者による虐待の場合】

　現に養護していない者による虐待については、虐待を行っている者が「養護者」に該当するかどうか（全く世話をしていないのか、過去はどうだったのか等）具体的な事実に即して適切に判断する必要があります。

　また、「現に養護する」養護者が、同居人による高齢者への身体的・心理的・性的虐待を放置した場合には「養護を著しく怠ること」にあたり、高齢者虐待に該当します。

【参考】加害者が養護者に該当するか判明しない場合

> ○高齢者虐待の防止、高齢者の養護者に対する支援等に関する法律の施行を踏まえた高齢者虐待事案への適切な対応について（警察庁生活安全局長／警察庁長官官房長／警察庁刑事局長通達・平成18年3月16日（抜粋））
> 　第1　認知時における適切な対応
> 　　1　市町村への通報（法第7条及び法第21条関係）
> 　　(1)通報対象となる事案
> 　　　イ　加害者が養護者に該当するか判明しない場合
> 　　　　加害者を特定しても、当該加害者が被害高齢者の養護者に当たるかどうかの判断については警察では困難な場合もあり得る。このような事案については、加害者が被害高齢者と同居している場合には、高齢者虐待事案とみなして市町村に通報すること。また、加害者が親族である場合には、当該加害者が養護者に当たらないときも、高齢者虐待事案の早期発見・早期対応の観点から、市町村に通報すること（例えば、同居してない親族による事案や同居している孫による事案などが考えられる。）。

第2節 「養護者による高齢者虐待」の定義と類型

　高齢者虐待防止法では、養護者による高齢者虐待を、養護者がその養護する高齢者に対して行う次の行為と規定しています（第2条第4項）。

> ⅰ　身体的虐待：高齢者の身体に外傷が生じ、又は生じるおそれのある暴行を加えること。
> ⅱ　介護・世話の放棄・放任：高齢者を衰弱させるような著しい減食又は長時間の放置、養護者以外の同居人による虐待行為の放置等、養護を著しく怠ること。
> ⅲ　心理的虐待：高齢者に対する著しい暴言又は著しく拒絶的な対応その他の高齢者に著しい心理的外傷を与える言動を行うこと。
> ⅳ　性的虐待：高齢者にわいせつな行為をすること又は高齢者をしてわいせつな行為をさせること。
> ⅴ　経済的虐待：養護者又は高齢者の親族が当該高齢者の財産を不当に処分することその他当該高齢者から不当に財産上の利益を得ること。

　これらは広い意味での高齢者虐待を「高齢者が他者からの不適切な扱いにより権利利益を侵害される状態や生命、健康、生活が損なわれるような状態におかれること」ととらえたうえで、高齢者虐待防止法の対象となる行為を規定したものということができます。
　市町村および都道府県は、高齢者虐待防止法に規定する高齢者虐待かどうか判別しがたい事例であっても、高齢者の権利が侵害されていたり、生命や健康、生活が損なわれるような事態が予測される場合には、高齢者虐待防止法の取り扱いに準じて、必要な対応を行っていく必要があります。

第1章 養護者による高齢者虐待のとらえ方

養護者による高齢者虐待類型の例

区　分	具　体　的　な　例
ⅰ　身体的虐待	①暴力的行為で、痛みを与えたり、身体にあざや外傷を与える行為。 【具体的な例】 ・平手打ちをする。つねる。殴る。蹴る。やけど、打撲をさせる。 ・刃物や器物で外傷を与える。　など ②本人に向けられた危険な行為や身体に何らかの影響を与える行為。 【具体的な例】 ・本人に向けて物を壊したり、投げつけたりする。 ・本人に向けて刃物を近づけたり、振り回したりする。（※）　など ③本人の利益にならない強制による行為によって痛みを与えたり、代替方法があるにもかかわらず高齢者を乱暴に取り扱う行為。 【具体的な例】 ・医学的判断に基づかない痛みを伴うようなリハビリを強要する。 ・移動させるときに無理に引きずる。無理やり食事を口に入れる。　など ④外部との接触を意図的、継続的に遮断する行為。 【具体的な例】 ・身体を拘束し、自分で動くことを制限する（ベッドに縛り付ける。ベッドに柵を付ける。つなぎ服を着せる。意図的に薬を過剰に服用させて、動きを抑制する。　など）。 ・外から鍵をかけて閉じ込める。中から鍵をかけて長時間家の中に入れない。　など
ⅱ　介護・世話の放棄・放任	①意図的であるか、結果的であるかを問わず、介護や生活の世話を行っている者が、その提供を放棄または放任し、高齢者の生活環境や、高齢者自身の身体・精神的状態を悪化させていること。 【具体的な例】 ・入浴しておらず異臭がする、髪や爪が伸び放題だったり、皮膚や衣服、寝具が汚れている。 ・水分や食事を十分に与えられていないことで、空腹状態が長時間にわたって続いたり、脱水症状や栄養失調の状態にある。 ・室内にごみを放置する、冷暖房を使わせないなど、劣悪な住環境の中で生活させる。　など

※「暴行とは人に向かって不法なる物理的勢力を発揮することで、その物理的力が人の身体に接触することは必要でない。例えば、人に向かって石を投げ又は棒を打ち下せば、仮に石や棒が相手方の身体に触れないでも暴行罪は成立する」（東京高裁判決昭和25年6月10日）。

　上記判例のとおり、身体的虐待における暴力的行為とは、刑法上の「暴行」と同様、高齢者の身体に接触しなくても、高齢者に向かって危険な行為や身体に何らかの影響を与える行為があれば、身体的虐待と認定することができます。

養護者による高齢者虐待類型の例

区　分	具　体　的　な　例
ii　介護・世話の放棄・放任	②専門的診断や治療、ケアが必要にもかかわらず、高齢者が必要とする医療・介護保険サービスなどを、周囲が納得できる理由なく制限したり使わせない、放置する。 【具体的な例】 ・徘徊や病気の状態を放置する。 ・虐待対応従事者が、医療機関への受診や専門的ケアが必要と説明しているにもかかわらず、無視する。 ・本来は入院や治療が必要にもかかわらず、強引に病院や施設等から連れ帰る。　　など ③同居人等による高齢者虐待と同様の行為を放置する。 ・孫が高齢者に対して行う暴力や暴言行為を放置する。　　など
iii　心理的虐待	脅しや侮辱などの言語や威圧的な態度、無視、嫌がらせ等によって、精神的苦痛を与えること。 【具体的な例】 ・老化現象やそれに伴う言動などを嘲笑したり、それを人前で話すなどにより、高齢者に恥をかかせる（排泄の失敗、食べこぼしなど）。 ・怒鳴る、ののしる、悪口を言う。 ・侮蔑を込めて、子どものように扱う。 ・排泄交換や片づけをしやすいという目的で、本人の尊厳を無視してトイレに行けるのにおむつをあてたり、食事の全介助をする。 ・台所や洗濯機を使わせないなど、生活に必要な道具の使用を制限する。 ・家族や親族、友人等との団らんから排除する。　　など
iv　性的虐待	本人との間で合意が形成されていない、あらゆる形態の性的な行為またはその強要。 【具体的な例】 ・排泄の失敗に対して懲罰的に下半身を裸にして放置する。 ・排泄や着替えの介助がしやすいという目的で、下半身を裸にしたり、下着のままで放置する。 ・人前で排泄行為をさせる、おむつ交換をする。 ・性器を写真に撮る、スケッチをする。 ・キス、性器への接触、性行為を強要する。 ・わいせつな映像や写真を見せる。 ・自慰行為を見せる。　　など
v　経済的虐待	本人の合意なしに財産や金銭を使用し、本人の希望する金銭の使用を理由なく制限すること。 【具体的な例】 ・日常生活に必要な金銭を渡さない、使わせない。 ・本人の自宅等を本人に無断で売却する。 ・年金や預貯金を無断で使用する。 ・入院や受診、介護保険サービスなどに必要な費用を支払わない。　　など

厚生労働省マニュアル「高齢者虐待の例」の表をもとに加筆

養護者による高齢者虐待のとらえ方に関する Q&A

Q1 なぜ支援困難事例として対応するのではなく、虐待と認定する必要があるのでしょうか。

▶ 高齢者虐待対応の目的は、虐待を解消し、高齢者が安心して生活を送るために環境を整えることです。その目的を実現するために、虐待を受けている高齢者の保護はもとより、必要な場合には、養護者も支援の対象として明確にするために、虐待と認定することが重要です。

相談や通報を受け付けた事例が高齢者虐待に該当するかどうかを判断することは、高齢者や養護者を支援の対象として位置づけるためになされるものです。また、高齢者虐待と認定することで、市町村権限の行使も含めた適切な対応を検討することが可能となります。このとき、高齢者や養護者の虐待に対する自覚は問いません。客観的に見て、高齢者の権利が侵害されていると確認できる場合には、虐待と認定して対応を行う必要があります。

Q2 同居して養護する娘ではなく、同居はしているが養護はしていない孫（娘の子）による虐待は、「養護者による高齢者虐待」ととらえることができるのでしょうか。

▶ 養護者でない同居人の虐待そのものは、「養護者による高齢者虐待」とはいえません（第2条第4項）。

しかし、養護者が、養護者以外の同居人による身体的虐待・心理的虐待・性的虐待を止めることなく放置した場合には、虐待を放置した養護者の行為は「養護を著しく怠ること」に当たります（第4項第1号ロ）。したがって、このような場合には「養護者による虐待」として高齢者虐待防止法による対応を行っていくことになります。

Q3 同居していない親族や知人による経済的虐待への対応はどのように行ったらよいでしょうか。

▶ 高齢者虐待防止法では、経済的虐待の主体を「養護者又は高齢者の親族」と規定しています（第2条第4項第2号）。

したがって、同居の有無にかかわらず、高齢者の親族が経済的虐待をしていれば、本法の適用があります。また、同居していない知人であっても養護者といえる場合もあるでしょう。

これに対し、養護者とは評価されない知人が経済的虐待をしている場合は、本法の適用はないことになります。

この場合、第27条（財産上の不当取引による被害の防止等）や、刑法・民法等の一般規定により対処することになりますが、経済的虐待から高齢者を守るため、成年後見制度の申立てが必要となるケースが多いと思われます。また、事例によっては、刑法の詐欺罪や窃盗罪に該当することがあれば告訴・告発が、民法上は不当利得の返還請求や不法行為による損害賠償請求をすることが必要になる場合も考えられます。

Q4 養護者や家族が「本人のため」と言ってリハビリや介護をして、その結果、本人にけがを負わせたり、精神的苦痛を与えている場合は、虐待に該当するのでしょうか。

▶ 養護者や家族が、「本人の健康のため」と言って、専門的知識に基づかないリハビリを行った結果、高齢者に外傷や精神的苦痛を与えたり、「本人は何もできないから」と決めつけて全介助をし、高齢者が精神的苦痛を感じている場合には、虐待と認定することができます（けがを負わせれば身体的虐待、精神的苦痛を与えれば心理的虐待に該当します）。養護者や家族に、高齢者の心身の状態や医療、介護に関する知識がなかったり偏っている場合、虐待を解消するために、養護者や家族に対して必要な知識をもってもらうような支援を行うことが求められます。

　また、「養護者は一生懸命介護しているから」という理由で虐待ではないととらえてしまうなど、虐待対応従事者側の判断で高齢者の権利を侵害することのないよう、正確で事実に基づいた判断を行うことが重要です。

Q5 あざや外傷が残っていない場合、身体的虐待と認定できますか。

▶ 高齢者によっては、内出血ができやすかったり、時間の経過によってあざの場所が移動することなどが考えられます。

　そのため、あざや外傷が残っていない場合や、養護者が否定する場合でも、高齢者や周囲からの聞き取りで話を突き合わせて、事実確認を正確に行い、虐待に該当するかどうかを判断する必要があります。

Q6 言葉による暴力や脅し、恥をかかせることなどは、後で再現することも確認することも難しいのですが、心理的虐待を単独で認定することはできますか。

▶ 心理的苦痛の程度は、高齢者の受け止め方や、長年の家族関係が影響しますが、最終的に高齢者の気持ちを確認し、おびえていたり、精神的に苦痛を感じている場合には、虐待として必要な対応を行うことが求められます。例えば、毎日怒鳴られ続けたり、叩かれる真似をされ続けていたことに加え、高齢者がおびえていたことを根拠に、心理的虐待として単独で認定した事例もあります。

　一方、心理的虐待の背後には他の虐待が潜んでいる可能性もあります。例えば、養護者が排泄や着替えの介助を行いやすいという目的で、高齢者の下半身を下着の状態で放置し、高齢者がそれを苦痛と感じている場合などは、性的虐待と心理的虐待に該当すると考えられます。

　いずれにしても、高齢者が精神的に苦痛を感じている場合には、高齢者の権利が侵害されている疑いがあるとして、心理的虐待の疑いについて、正確に事実確認を行うことが重要です。

Q7 消費者被害は、経済的虐待として対応する必要がありますか。

▶ 本手引きでは、第三者による財産上の不当取引による被害に関して、高齢者虐待に準じた対応を行う必要があると考え、第8章でその具体的対応を取り上げています。詳細は第8章を参照してください。

Q8 高齢者本人が必要な医療や介護保険サービスを拒否したり、自ら不衛生な住環境で生活している場合（セルフネグレクト）、どのように対応すればよいでしょうか。

▶ 高齢者が自らの意思で、または認知症やうつ状態などのために生活に関する能力や意欲が低下し、周りに対して援助を求めず、客観的にみて本人の人権が侵害されている事例があり、これをセルフネグレクト（自己放任）といいます。

　セルフネグレクトは、高齢者虐待防止法に定める虐待の5類型のいずれにも該当しませんが、高齢者の権利利益が客観的に侵害されていることには変わりがないといえます。

　客観的に見て支援が必要なセルフネグレクトの状態とは、例えば、①判断能力が低下している場合、②本人の健康状態に影響が出ている場合、③近隣との深刻なトラブルになっている場合などがあげられますが、支援が必要かどうかを総合的に判断し、虐待に準じた対応をすることが求められます。

　いずれにしても、基本的に自己決定権が尊重されるべきですが、高齢者本人との信頼関係を構築する過程で、本人に働きかけていくことが必要となる場合もあります。

　厚生労働省マニュアルでも、「市町村は、高齢者虐待防止法に規定する高齢者虐待かどうか判別しがたい事例であっても、高齢者の権利が侵害されていたり、生命や健康、生活が損なわれているような事態が予測されるなど支援が必要な場合には、高齢者虐待防止法の取り扱いに準じて、必要な援助を行っていく必要があります」と記載されています。

第2章

高齢者虐待対応と権利擁護

第1節 権利擁護の重要性

　虐待は、高齢者に対する最も重大な権利侵害です。高齢者虐待への対応は、高齢者が住み慣れた地域で尊厳ある生活を維持していくために、現に起きている虐待を解消させ、安心で安全な環境の下での生活を再構築し、高齢者の権利擁護を実現させることを目的に行うものです。

　権利擁護の基本は、個人の権利をその人が主体的に行使できるよう代弁したり、支援することです。しかし、高齢者本人が判断能力の低下により問題を認識できなかったり、おかれている現状に対して助けを求める力が低下していたり、その方法を知らなければ、「声なき声」として気づかれることなく、権利は無視され侵害されることとなってしまいます。

　権利擁護は、すべての人の自己実現、自己決定を尊重し、権利を行使できるよう支援するものですが、重大な権利侵害があるときには法制度を活用した支援を行う必要があります。高齢者虐待対応は、利用者の依頼や契約に基づく支援とは異なり、虐待を受けている高齢者の生命や身体、財産を保護し、安全で安心な生活を再構築するための介入ととらえることができます。

　高齢者虐待対応従事者は、権利侵害の程度により自己決定を尊重できる状態にあるかどうかを見極め、適切なタイミングで虐待対応を行うことが重要です。

第2章 高齢者虐待対応と権利擁護

第2節 高齢者虐待の未然防止・早期発見の取組み

　高齢者虐待は、その法律の名称にもあるように、虐待を未然に防止することが最も重要です。そのために、住民が高齢者虐待に関して正しい理解をもてるような地域づくりを進め、高齢者への支援に関係する機関や団体との連携・協力関係を構築する取組みが不可欠となります。

1 虐待を未然に防ぐためのアプローチ

　高齢者虐待を未然に防止するためには、家庭内における権利意識の啓発、認知症等に対する正しい理解や介護知識の周知などのほか、介護保険制度の利用促進などによる養護者の負担軽減策などが有効です。

　また、近隣との付き合いがなく孤立している高齢者のいる世帯などに対し、関係者による働きかけを通じて、虐待が発生する要因を低減させるなど、高齢者虐待を未然に防ぐための積極的な取組みが重要となります。

2 虐待の早期発見・早期対応

　高齢者虐待への対応は、問題が深刻化する前に発見し、高齢者や養護者に対する支援を開始することが重要です。民生委員や自治会・町内会等の地域組織との協力・連携、地域住民への普及啓発、保健・医療・福祉関係機関等との連携体制の構築、相談・対応窓口の周知などによって、虐待を未然に防ぎ、仮に虐待が起きても早期に発見されることにより相談や通報がなされ、早期に対応できる仕組みを整えることが求められます。

第3節 高齢者虐待対応の基本的考え方と視点

　実際に高齢者虐待が発生した場合には、市町村担当部署や地域包括支援センターは、①高齢者への支援の視点、②養護者への支援の視点、③高齢者虐待対応のプロセスにおける留意点、④組織的な虐待対応の視点を意識して、虐待対応を行うことが重要です。

高齢者への支援の視点

1）自己決定への支援

　高齢者虐待対応においては、無視され続けたり、暴力を受けたりすることにより、高齢者が本来の生きる力と自信を失い無気力状態となっている心理状況を理解し、本来もっている力を引き出す関わりを行い、本人の自己決定を支援します。

　また、認知症がある高齢者に対しても、その表情や家族、関係者とのやりとりの反応を観察したり、認知症発症前の本人の性格や希望などを周囲から聞き取るなど、本人の意向をできるだけ考慮することが求められます。

2）本人保護と危機介入

　高齢者虐待対応においては、高齢者自身が介入や分離保護を拒否する場合であっても客観的にみて「高齢者の安心・安全の確保」が必要な場合は、「自己決定の尊重」よりも「高齢者の安心・安全の確保」を優先させます。

　この専門的判断は、特に、高齢者の生命や身体、財産が危機的状況におかれている場合に、市町村の責任により行われます。

3）高齢者が安心して生活を送るための環境整備

　高齢者虐待対応においては、高齢者のおかれている現在の状況に加え「生活全体」や「人生全体」を意識して支える視点が重要です。虐待が解消した後、高齢者が主体的に生きられるような生活や人間関係の再構築を目指した支援を考える必要があります。

2 養護者への支援の視点

　高齢者虐待防止法では、市町村は、養護者による高齢者虐待の防止および養護者による高齢者虐待を受けた高齢者の保護のため、高齢者および養護者に対して、相談、指導および助言を行うとともに、

養護者の負担軽減のため、養護者に対して必要な措置を講ずることが規定されています(第6条、第14条)。

養護者への支援は、虐待の解消と、高齢者が安心して生活を送るための環境整備に向けて必要と考えられる場合に、適切に行うことが求められます。

1)高齢者と養護者の利害対立への配慮

高齢者虐待対応においては、一人の対応従事者が高齢者、養護者への支援を行った結果、それぞれの利益が対立して根本的な問題の解決ができなくなることを避けることが重要です。そのために、高齢者への支援と養護者への支援は、それぞれ別の対応従事者(チーム)によってなされる必要があります。

2)虐待の発生要因と関連する課題への支援

家庭内における高齢者虐待は、さまざまな要因によって引き起こされます。養護者が障害や疾患、介護負担や生活上の課題を抱えており、それが虐待の要因になっているにもかかわらず必要な支援に結びついていないような場合には、虐待を解消させるために養護者支援に取り組むことになります。

3)養護者支援機関へのつなぎ

養護者が虐待発生の要因と直接関係しない疾患や障害、生活上の課題を抱えている場合や、虐待が解消した後に養護者が引き続きこれらの課題を抱えている場合は、適切な機関につなぎ、支援が開始されるよう働きかけを行うことが重要です。

3 高齢者虐待対応のプロセスにおける留意点

1)相談・通報・届出を受け付けた際には、複数の目で確認する

虐待に関する情報が市町村担当部署や地域包括支援センターに届けられるかどうかは、情報提供者の虐待に関する知識や主観に大きく左右されることがあります。

さまざまな相談が寄せられるなかから、一見虐待の疑いが感じられない事例についても、相談・通報・届出を受け付けた組織の複数の職員の目で確認や協議をして、虐待の疑いを見逃さないことが重要です。

2)目標や対応方針の設定、計画立案の根拠となる情報収集

各段階で明らかになった課題について解消していく必要があります。そのために、虐待発生要因に結びつく課題の有無を明らかにしていくために客観的事実として収集していくことが重要です。

3）虐待の解消と高齢者が安心して生活を送るための環境整備を意識した虐待発生の要因分析と課題の抽出

高齢者虐待と認定した事例については、虐待の解消と高齢者が安心して生活を送るための環境整備を意識した、虐待発生の要因分析と課題の抽出が不可欠です。そのために、目的を明確にした情報収集を行い、集めた情報から虐待発生の要因を分析し、虐待対応計画に反映させるという一連の流れが重要となります。

4）虐待対応計画の作成

高齢者虐待対応は、虐待の解消と高齢者が安心して生活を送るために必要な対応を、多くの関係機関が関与しながらチームでアプローチすることが重要です。関係機関が目標や課題を共有化したうえで適切な対応を行うことが求められるため、虐待対応計画では、いつまでに、誰が、何をするのか、期限を区切って役割分担を明確にすることが求められます。

5）虐待対応計画の評価の実施

虐待対応が終結しないということは、高齢者に対する権利侵害が継続していることを意味します。そのため、常に終結を意識して虐待対応を行うことが重要です。

市町村が行った各種の判断や対応が適切であったか、課題の解決につながったかについて検証し、適切な進行管理を行うために、期限を区切って虐待対応計画を評価することが重要です。

6）終結

虐待対応計画の目標が達成され、虐待の解消と高齢者が安心して生活を送るための環境が整えられたと確認できたら虐待対応を終結させ、その後のフォローや支援は地域包括支援センターの権利擁護対応（虐待対応を除く）や包括的・継続的ケアマネジメント支援への移行、地域の他の社会資源につなぐようにします。

組織的な虐待対応の視点

1）チームアプローチ

高齢者虐待が発生する背景には、複数の複雑な要因があることが少なくありません。また、高齢者虐待対応においては、虐待が起こっている現在の対応だけでなく、虐待が解消した後の高齢者の生活の再構築までを視野に入れた支援が不可欠です。そのため、行政が虐待対応に必要だと選定した機関や組織等が虐待対応チームとして各段階で関与することとなります。

2）常に迅速な対応を意識する

高齢者虐待は、発生から時間が経過するに従って深刻化したり、高齢者の生命や身体が危機的状況におかれていくことも予想されるため、相談や通報がなされた場合には、迅速な対応が必要です。受理後は、緊急性の判断、虐待の有無が速やかに確認できるよう事実確認の期限を明確にする必要があります。

3）必ず組織的に対応する

高齢者虐待対応では、担当者一人で判断することを避け、組織的な対応を行うことが基本となります。相談・通報・届出を受け付けたら組織内で協議し、虐待対応の可能性がある場合、受け付けた相談や通報内容を市町村担当部署と地域包括支援センター間で共有します。そのうえで、緊急性の判断や市町村の権限行使などの判断や決定にあたっては、役割分担等の打合せを行う必要があります。

また、高齢者の安全や事実確認のための調査では、担当者一人に過度の負担や責任が及ばないようにするとともに、客観性を確保する観点から必ず複数の職員で対応するようにします。

4）適切に権限を行使する

高齢者虐待対応においては、生命や身体、財産の侵害から高齢者を保護し、安全で安心な生活を再構築するために、特に立入調査、やむを得ない事由による措置など、市町村のみが有する権限の行使が重要な意味をもっています。そのため、必要な場合には、適切に市町村権限を行使することが求められます。

第3章

養護者による高齢者虐待対応への体制整備

第1節 養護者による高齢者虐待対応への体制整備

　高齢者虐待防止法では、高齢者虐待の防止、高齢者虐待を受けた高齢者の迅速かつ適切な保護および養護者に対する適切な支援を行うため、国および地方公共団体、国民、高齢者の福祉に業務上または職務上関係のある団体および従事者等に対する責務が規定されています。
　本手引きでは、市町村、都道府県、国に対して、高齢者虐待防止法で規定されている項目と、各主体の役割を示します。

1 高齢者虐待防止法に規定される市町村の責務と役割

　高齢者虐待防止法では、高齢者虐待の防止、高齢者虐待を受けた高齢者の迅速かつ適切な保護および養護者に対する適切な支援について、市町村が第一義的に責任をもつことが規定されています（努力義務の記載も含む）。

■ 高齢者虐待防止法に規定される市町村の責務と役割

≪高齢者への対応に関する項目≫
- 高齢者や養護者に対する相談、指導、助言（第6条）
- 通報又は届出を受けた場合の守秘義務（第8条）
- 通報又は届出を受けた場合、速やかな高齢者の安全確認、通報等に係る事実確認、高齢者虐待対応協力者と対応についての協議（第9条第1項）
- 老人福祉法に規定する措置及びそのための居室の確保、成年後見制度利用開始に関する審判の請求（第9条第2項、第10条）
- 立入調査の実施（第11条第1項）
- 立入調査の際の警察署長に対する援助要請（第12条第1項）
- 老人福祉法に規定する措置が採られた高齢者に対する養護者の面会制限（第13条）
- 養護者、親族又は養介護施設従事者等以外の者による財産上の不当取引の被害に関する相談の受付、関係部局・機関の紹介（第27条第1項）
- 財産上の不当取引の被害を受け、又は受けるおそれのある高齢者に係る審判の請求（第27条第2項）

≪養護者支援に関する項目≫
- 養護者に対する負担軽減のための相談、指導及び助言その他必要な措置（第14条第1項）
- 養護者に対する負担軽減のために、高齢者が短期間養護を受けるために必要となる居室の確保（第14条第2項）

≪体制整備に関する項目≫
- 関係省庁相互間その他関係機関及び民間団体の間の連携の強化、民間団体の支援その他必要な体制の整備（第3条第1項）
- 高齢者虐待の防止及び高齢者虐待を受けた高齢者の保護並びに養護者に対する支援が専門的知識に基づき適切に行われるよう、専門的な人材の確保及び資質の向上を図るため、関係機関の職員の研修等必要な措置（第3条第2項）
- 高齢者虐待に係る通報義務、人権侵犯事件に係る救済制度等について必要な広報その他の啓発活動（第3条第3項）

- 専門的に従事する職員の確保(第15条)
- 関係機関、民間団体等との連携協力体制の整備(第16条)
- 対応窓口、高齢者虐待対応協力者の名称の周知(第18条)
- 成年後見制度の周知のための措置、成年後見制度の利用に係る経済的負担の軽減のための措置(第28条)

　この他、市町村では、介護保険法に規定する地域支援事業として、高齢者虐待の防止、早期発見のための事業、高齢者の権利擁護のため必要な援助を行う事業が義務づけられており、高齢者虐待防止法とともに運用していくことが必要となります。

市町村が法の求めている権限を行使せず適切な対応を行わなかった場合の法的責任について

　市町村が法の求めている権限を行使せず適切な対応を行わなかった場合、市町村はどのような法的責任を負うことになるのでしょうか。
　市町村が適切な権限行使をせず高齢者虐待の対応を放置した場合のように、虐待対応をすべき作為義務があるのにその権限を行使せず、その結果、高齢者の生命や身体、財産に損害が生じた場合、市町村は国家賠償法第1条第1項に基づき損害賠償の責任を負う可能性があります。
　ここで大切なことは、具体的な虐待対応の場面で、積極的に対応をすべき作為義務があるにもかかわらず、市町村が適切な対応をしないことは違法なことであるという認識です。コアメンバー会議や虐待対応ケース会議などで、具体的な場面において市町村として何をなすべきかという点を見極めることが必要です。

2 市町村が整備するべき体制

❶ 相談・対応窓口の設置、周知および時間外対応

　高齢者虐待防止法では、高齢者虐待および養護者支援に関する相談の実施、通報、届出の受理、相談者に対する助言・指導等を行う部署を明示し、窓口等を周知させなければならないと定めています(第18条)。この相談・対応窓口は、高齢者虐待対応協力者への委託も可能となっており、市町村の他に地域包括支援センター等でも実施することができます。

　高齢者虐待に関する窓口は、地域の実情によって担っている機関やその設置数も異なると考えられますが、相談・対応窓口がどこなのか端的にわかる名称を用いて、住民や関係機関に対して、その名称や連絡先を周知しなければなりません。また、休日・夜間の対応窓口についてもあわせて周知することが必要です。

【参考】高齢者虐待・養護者支援対応部署・窓口の周知事項（例）

```
高齢者の虐待や養護者の支援に関する相談は下記まで
【平日】
○○市役所   □□課  △△係    TEL  ○○○－○○○○
○○市高齢者虐待防止センター    TEL  △△△－△△△△
○○地域包括支援センター       TEL  □□□－□□□□

【休日夜間】
○○市役所   □□課  △△係    TEL  ○○○－△△□□（夜間）
○○地域包括支援センター       TEL  ×××－××××－××××（携帯）
```

また、明確に高齢者虐待が疑われない相談が他の窓口に入る可能性もあります。他の窓口に相談や通報・届出が入った場合も、速やかに市町村担当部署の窓口に連絡が入るように、庁内関係部署および関係機関の相談窓口間で連携体制を整備しておくことが重要です。

❷ 市町村による判断とそのための協議の場の設定

高齢者虐待対応においては、必要な対応やその判断根拠、方針を組織的に合議によって決定する必要があることから、そのための協議の場を設定する必要があります。特に、「虐待の有無」「緊急対応の必要性」「市町村権限の行使」「虐待対応の終結」については市町村担当部署の管理職が出席する会議において、必要な情報をもとに、適切な判断を行うことが求められます。他の会議においても、同様の趣旨から会議への管理職の出席が望まれます。

また、適切な判断を行うためにも、対応の全体状況や推移を把握するためにも、記録を残すことが重要です。相談受付票や事実確認票など判断の根拠を示す帳票や、虐待対応の全体状況やその経過を記載する経過記録、協議の場において対応を決定するまでの議論の過程を記す会議記録（議事録）などを併用することで、市町村が実施した対応やその判断根拠について説明責任を果たすことが可能となります。

❸ 連携協力体制の整備

高齢者虐待防止法では、国および地方公共団体が、虐待を受けた高齢者や養護者に対する適切な支援を行うために、関係機関や民間団体との連携強化や必要な体制の整備に努めることを規定しています（第3条第1項）。また、市町村に対しては、上記の目的を達成するために、迅速に対応できる連携協力体制を整備しなければならないことを定めています（第16条）。

①庁内関係部署との連携

高齢者虐待対応においては、受け付けた相談・通報・届出内容の市町村担当部署への引き継ぎ、必要な情報の提供および高齢者や養護者に対する対応など、対応の全プロセスにおいて庁内関係部署との連携が不可欠です。庁内関係部署との間で、どのような関与を求めるか、応じられない場合、どのようにしたら対応が可能となるかなど、連携のあり方について協議し、文書等で確認をしておくことが有効です。

②地域包括支援センターとの連携

　高齢者虐待防止法では、高齢者虐待対応協力者のうち適当と認められるものに、以下の事務の全部または一部を委託することができると規定しています（第17条）。ただし、立入調査は委託することができる事務とされていません（第11条第1項）。

■ 高齢者虐待防止法に規定する、委託可能な事務の内容

①相談、指導及び助言（第6条）
②通報又は届出の受理（第7条、第9条第1項）
③高齢者の安全確認、通報又は届出に係る事実確認のための措置（第9条第1項）
④養護者の負担軽減のための措置（第14条第1項）

　一方、介護保険法においては、各市町村に設置される地域包括支援センターにおける業務として、①介護予防ケアマネジメント業務、②総合相談支援業務、③権利擁護業務、④包括的・継続的ケアマネジメント業務が定められています（介護保険法第115条の44第1項第2～5号）。そのため、地域包括支援センターは、介護保険法に規定された業務を通じて高齢者虐待対応の実務を担う中核的機関となっています。

　市町村担当部署と委託型地域包括支援センターが適切に役割を分担し、高齢者虐待対応を効果的に行うために、委託する事務内容の範囲を明確にすることが求められます。また直営型地域包括支援センターでも、庁内関係部署との役割分担について、あらかじめ確認しておくことが求められます。

　A市では、委託型地域包括支援センターと結ぶ契約書に、委託業務として「包括的支援事業」と記載し、その詳細を仕様書にまとめています。

【参考】A市が地域包括支援センターとの間で交わしている仕様書の記載内容

A市包括的支援事業等　仕様書

1 総合相談支援業務　（略）
2 権利擁護業務
　ア（略）
　イ（略）
　ウ 高齢者に対する虐待の防止及び養護者の支援に関する対応
　高齢者等に対する虐待の防止及び養護者（高齢者虐待の防止、高齢者の養護者に対する支援等に関する法律（平成17年法律第124号）第2条第2項に規定する「養護者」をいう。）の支援について、次の業務を実施すること【介護保険法（平成9年法律第123号）第115条の44第1項第4号】。また、地域におけるネットワークを積極的に活用し、高齢者等に対する虐待の早期発見、対応並びに防止に努めること。
　　① 養護者による高齢者虐待の防止のため、高齢者及び養護者等に対して、相談、助言並びに啓発活動を行うこと（法6条関係）。また、養護者の負担を軽減するため、養護者に対する相談、指導及び助言その他必要な措置を講ずること（法14条関係）。
　　② 養護者による高齢者虐待に係る通報等を受けた場合は、市と連携を図り、必要な対応を行うこと。
　　③ 養護者による高齢者虐待に係る通報又は高齢者からの養護者による高齢者虐待を受けた旨の届出を受けたときは、速やかに、当該高齢者の安全の確認その他当該通報又は届出に係る事実の確認のための措置を講ずるとともに、市及び関係機関とその対応について協議を行うこと（法9条関係）。
　　④ 市が、養護者による高齢者虐待により高齢者の生命又は身体に重大な危険が生じているおそれがあると認めるときは、市と連携を図り、対応を行うこと（法9条関係）。
　　⑤ A市高齢者虐待防止ネットワーク運営協議会に出席し、協力すること（法16条関係）。

③関係機関とのネットワークの構築

市町村は、虐待の防止から早期発見、具体的な対応について、市町村担当部署や地域包括支援センターに連絡が入り、協力を求めることができるような「高齢者虐待防止ネットワーク」を構築することが重要です。

例えば、医療機関に対しては、

- 医師会の会合等において、高齢者が医療機関を受診した際に虐待の疑いを把握した場合の通報や、高齢者の受診状況等に関する情報提供の協力を事前に依頼しておく。
- 医療機関においても虐待把握に関するアンケートを実施し、虐待への意識を高めていく。
- 都道府県を通して、医師会への高齢者の情報提供についての協力依頼を周知してもらう。

などの働きかけを行うことが、関係構築に有効と考えられます。

❹ 要綱やマニュアルの整備

市町村が組織的に高齢者虐待に対応するには、要綱やマニュアルを整備することが重要です。

要綱を整備することで、担当部署や担当職員の業務を明確に規定することができ、人事異動にかかわりなく、組織として虐待対応を行う根拠や目的を明確にすることができます。

また、市町村担当部署と地域包括支援センター間でマニュアルを共有することで、それぞれの主体に求められる役割について共通認識をもつことができ、対応の標準化を図ることが可能となります。

以下に、高齢者虐待に適切に対応するために、要綱に記載することが望まれる項目例を示します。

【参考】要綱に記載することが望まれる項目例

- 要綱の趣旨や目的
- 相談・通報・届出受付窓口の担当部署名
- 相談・通報・届出を受け付けた際の対応(受付記録の作成、連絡する部署名)
- 高齢者の安全確認を行う担当部署名
- 対応について協議を行う会議の設置
- 会議の招集者・出席者
- 会議の協議事項(対応方針、具体的な対応内容、実施した対応の評価など)
- 個人情報の取り扱い
- 会議記録の作成

また、適切に市町村権限を行使することができるよう、「立入調査の実施要綱」や「やむを得ない事由による措置の実施要綱」を整備することも求められます。

❺ 専門的人材の確保・育成

高齢者虐待防止法では、市町村に対して、高齢者虐待対応を適切に実施するために、専門的に事務に従事する職員を確保するように努めることを規定しています(第15条)。

年々、高齢者虐待の相談・通報件数、虐待を受けたと判断した事例件数も増加しています。また、高齢者や養護者が認知症や精神疾患を抱えている場合には専門機関との連携が不可欠であるとともに、虐待対応を終結させた後、高齢者が安心して生活を送るための環境整備まで視野に入れた支援を

第3章 養護者による高齢者虐待対応への体制整備

行う必要があるなど、高齢者虐待対応には高い専門性が求められます。

そのため、市町村には虐待対応を適切に行うために、専門的人材の確保・育成に努めることが求められます。

【参考】養護者からの不当な要求等への対応

高齢者虐待対応の過程で、養護者から不当な要求や、嫌がらせ、脅し等が市町村や地域包括支援センターに対して行われる場合があります。これらの行為への対応に当たっては、通常の養護者支援とは区別し、組織的な対応が必要となります。

> （質問）
> 高齢者を養護者から分離保護した後に、養護者が毎日数回にわたって担当課にやって来て抗議をしたり、電話等で「高齢者を返せ！」「訴えるぞ」といった内容の強い要求があります。業務の支障となるばかりではなく、ときには、不安を覚えるほどの脅しや罵声を受けています。どのように対応したらよいでしょうか。

- 養護者から上記のような行為があった場合、高齢者虐待担当部署に窓口を一本化させ、組織的に対応していくことが重要です。庁内の他の部署や地域包括支援センターに養護者からの働きかけがあっても、高齢者虐待担当部署で対応することをあらかじめ周知・確認しておくことが重要です。
- 養護者の言動を整理し、窓口や連絡等における対応について管理者を含めた職員間で統一して決めておきます。不当要求に対する対応マニュアルがある場合には、それに従って対応することが必要です。
- 養護者に対しては複数人で対応し、毅然とした態度で臨むとともに、やりとりを記録に残しておく必要があります。できれば相手の了解を得て録音をすることも、交渉経過を証拠に残しておくという点で有効です。
- 対応方法については、必要な場合は弁護士や高齢者虐待対応専門職チーム等の助言を仰ぎ、整理していきます。
- 暴言や相談内容が終了してもいつまでも居座るような行為があれば、警察へ通報し協力を求めることとなります。
- 養護者に精神的疾患がある場合には、保健所等関係機関と連携し医療機関等にもつなげていくことを考えます。

<法的対応>
- 市町村担当部署の職員や地域包括支援センターの職員が養護者から暴行・脅迫を受け、養護者への対応ができない状況になった場合には、警察の援助を求めるべきです。養護者による犯罪行為について告訴・告発をすることによって、警察の援助を受けることができます。
  告訴・告発の内容としては、以下のように整理することができます。
  ア．市町村担当部署や地域包括支援センターの窓口または立入調査の現場で、担当者に対して暴行・脅迫をした場合には暴行罪・脅迫罪・強要罪。怪我をさせた場合には傷害罪。
  イ．立入調査など虐待対応の執行をしているときに、市町村の担当者に対して暴行・脅迫を加え、業務の執行を妨害した場合には、公務執行妨害罪。
  ウ．市町村担当部署や地域包括支援センターの窓口で、担当者に対して暴行・脅迫を加え、業務を妨害した場合は、威力業務妨害罪。

- 養護者が、市町村担当部署や地域包括支援センターの職員に対して、執拗に面談を求めてきたり、電話をしつこくかけてくるような場合で、必ずしも犯罪に該当しない場合には、地方裁判所に仮処分命令の申立てをすることもできます。担当者や職員に対して半径○○メートル以上接近することを禁止したり、電話をかけることを禁止し、それにもかかわらず養護者が面談を求めたり電話をかけてきた場合には、制裁金を課すことができます。この申立ては、実際に被害を受けている担当者や職員が行うことができるほか、市町村長や地域包括支援センター委託先法人の管理者が申立人になることもできます。

- 不当な要求をする養護者に対して、弁護士を代理人につけるよう説得することも考えられます。代理人の弁護士に養護者の主張を整理してもらい、その主張を正当な手段で実現してもらうことにより、不当な要求に歯止めがかかることになります。

③ 都道府県の責務と役割

❶ 高齢者虐待防止法に規定する都道府県の責務と役割

高齢者虐待防止法において、都道府県の役割は以下のように規定されています（努力義務の記載も含む）。

■ 高齢者虐待防止法に規定する都道府県の責務と役割

≪高齢者への対応に関する項目≫
- 市町村が行う措置の実施に関し、市町村間の連絡調整、市町村に対する情報の提供その他必要な援助（第19条第1項）

≪体制整備に関する項目≫
- 関係省庁相互間その他関係機関及び民間団体の間の連携の強化、民間団体の支援その他必要な体制の整備（第3条第1項）
- 高齢者虐待の防止及び高齢者虐待を受けた高齢者の保護並びに養護者に対する支援が専門的知識に基づき適切に行われるよう、専門的な人材の確保及び資質の向上を図るため、関係機関の職員の研修等必要な措置（第3条第2項）
- 高齢者虐待に係る通報義務、人権侵犯事件に係る救済制度等について必要な広報その他の啓発活動（第3条第3項）
- 市町村が行う措置の適切な実施を確保するため必要があると認められるとき、市町村に対して必要な助言（第19条第2項）
- 成年後見制度の周知のための措置、成年後見制度の利用に係る経済的負担の軽減のための措置（第28条）

❷ 都道府県に期待される役割

前項にあげた法の規定を具体化するものとして、都道府県には以下の役割が期待されます。

①市町村が行う虐待対応を支援するために必要な体制の整備

高齢者虐待防止法では、国および地方公共団体に対し、関係省庁相互間その他関係機関および民間団体の間の連携の強化、民間団体の支援その他必要な体制の整備に努めることを規定しています（第3条第1項）。また、都道府県は、市町村が行う措置の実施に関し、市町村相互間の連絡調整、市町村に対する情報の提供その他必要な援助を行うことが規定されています（第19条第1項）。

ア. ネットワークの構築や協定締結に基づく関係機関からの情報収集支援

虐待が疑われる相談・通報・届出を受け付けた市町村担当部署は、高齢者の生命、身体の安全および受け付けた相談等の内容に関する事実確認を行います。しかしながら、相手機関から個人情報保護を理由に情報提供を拒否され、市町村担当部署が対応や判断に必要な情報を得られない場合が少なくありません。

都道府県には、虐待対応における関係機関からの情報提供は、個人情報保護法における目的外利用制限の例外規定に該当することの周知、あるいは都道府県レベルでの高齢者虐待防止ネットワークを活用した、個人情報に関する協定締結などへの支援が期待されます。

イ. 居室確保のための支援

　　高齢者虐待防止法では、市町村がやむを得ない事由による措置を適用して高齢者を分離保護するために、必要な居室を確保するための措置を講ずるよう定めています（第10条）。しかし、施設等の社会資源の配置には地域差があり、市町村単独で継続的に居室を確保することは困難な場合もあるのが現実です。居室の確保にあたっては、広域で居室を確保するために施設との調整を行ったり、空き室の状況について情報提供を行うなど、市町村が適切かつ迅速に、高齢者の分離保護を行えるような支援を行うことが望まれます。

　　なお、2011（平成23）年度から、高齢者権利擁護等推進事業として、都道府県が高齢者を保護するためのシェルターの確保を行う「高齢者虐待防止シェルター確保事業」が拡充されています。

ウ. 広域での社会資源の調整

　　高齢者虐待対応においては、高齢者、養護者ともに、保健・医療・福祉などにわたって支援が必要になることが多くあります。しかし、厚生労働省調査結果によると、「保健医療福祉サービス介入支援ネットワーク」への取組みを行っている市町村は50％を下回る状況が続いています（「参考資料」180頁）。

　　都道府県は、保健福祉事務所（保健所・福祉事務所）を中心に、管内の社会資源を活用できるように広域での社会資源の調整支援を行ったり、対応が困難な養護者への支援において、市町村を支援することが望まれます。

エ. 市町村に対する専門的な支援

　　都道府県は、市町村が対応や判断に困難を感じた場合、相談に応じたり、連携して対応を行うことが求められます。組織的かつ専門的な虐待対応を可能とするために、都道府県は、医師会、弁護士会、社会福祉士会等の専門職団体とのネットワークをつくり、市町村が専門的アドバイスを受けられる体制を整備することが望まれます。

②専門的人材の育成

　高齢者虐待防止法では、国および地方公共団体に対し、高齢者虐待対応が適切に行われるよう、専門的な人材の確保と資質の向上を図るため、関連機関の職員の研修等必要な措置を講ずることを定めています（第3条第2項）。

ア. 専門的人材の育成

　　高齢者虐待防止法では、市町村に対して、専門的に事務に従事する職員を確保するように努めることを規定しています（第3条第2項、第15条、前出）。

　　都道府県には、市町村単独で実施することが難しい研修を実施したり、保健福祉事務所（保健所・福祉事務所）単位で研修を実施するための協力を行うなど、人材の育成に向けた支援を行うことが期待されます。

イ. 事例の検証

　　高齢者虐待対応は、市町村による対応件数や経験の差も大きく、高齢者虐待対応の質の向上を図るためには、一定規模での事例の検証がより効果的であることが想定されます。

　　他方、高齢者虐待防止法では第26条で、国の責務として高齢者虐待対応に資する調査および研究をあげているところですが、今起きている虐待や権利侵害に対して迅速かつ適切な対応をしていくことは、市町村にとって喫緊の課題でもあり、日々直面する対応課題に対してタイムリーに支援してくれる機能が必要となります。

　　これらを考え合わせると、市町村における高齢者虐待対応力の向上を図るためには、市町村にとってより身近な都道府県の役割もまた大きく、都道府県が積極的に事例検証等の機会を設定していくことなどが期待されます。さらに、蓄積した事例の検証結果を先の「②ア.」で提示した研修につなげていくことが、各市町村における対応力強化や再発防止にとって有効となります。

③老人福祉法や介護保険法に規定されていない施設における虐待への対応

　本手引きでは、現在適用可能な法律がない施設、老人福祉法や介護保険法に規定されていない施設における高齢者虐待については、養護者による高齢者虐待として、市町村と都道府県が連携して対応する必要があることを示しています（詳細は「第9章」参照）。

　一方、未届けでも有料老人ホームの定義に該当する施設は、老人福祉法に基づく都道府県の立入検査や改善命令の対象となるため、「養介護施設従事者等による高齢者虐待」として、市町村と都道府県が連携しながら対応を行うことになります。このため、都道府県は、有料老人ホームの定義に該当する施設に対して、迅速に届出を出させることが必要となります。

4 国の責務と役割

❶ 国の責務と役割

　高齢者虐待防止法においては、養護者による高齢者虐待と養介護施設従事者等による高齢者虐待に共通して、国および地方公共団体の役割として、以下のように規定されています（努力義務の記載も含む）。

■ 高齢者虐待防止法に規定する国の責務と役割

≪体制整備に関する項目≫
- 関係省庁相互間その他関係機関及び民間団体の間の連携の強化、民間団体の支援その他必要な体制の整備（第3条第1項）
- 高齢者虐待の防止及び高齢者虐待を受けた高齢者の保護並びに養護者に対する支援が専門的知識に基づき適切に行われるよう、専門的な人材の確保及び資質の向上を図るため、関係機関の職員の研修等必要な措置（第3条第2項）
- 高齢者虐待に係る通報義務、人権侵犯事件に係る救済制度等について必要な広報その他の啓発活動（第3条第3項）
- 高齢者虐待の事例分析、高齢者虐待があった場合の適切な対応方法、高齢者に対する適切な養護の方法その他の支援に資する事項についての調査及び研究（第26条）
- 成年後見制度の周知のための措置、成年後見制度の利用に係る経済的負担の軽減のための措置（第28条）

❷ 事例検証や調査・研究の役割

　高齢者虐待防止法では、国に対して、高齢者虐待の事例分析、高齢者虐待があった場合の適切な対応方法、高齢者に対する適切な養護の方法その他の支援に資する事項についての調査および研究を行うことを定めています（第26条）。

　2009（平成21）年度に養護者による高齢者虐待と判断された事例では、31件32名の方が死亡しています（厚生労働省調査）。また、日本社会福祉士会調査では、高齢者虐待対応における困難さとして、事実確認や緊急性の判断等に際しての判断基準がないこと、複合的な要素をもった困難事例への対応の難しさなどが上位にあげられました（「参考資料」181頁）。

　国はその責務として、全国の自治体からの情報収集によって得られた死亡事例の医学的見地等からのデータの蓄積・検証や、困難事例の分析を行うとともに、緊急性の判断をはじめとするさまざまな対応指標の開発など、全国レベルでの検証や開発に積極的に取り組むとともに、その成果や必要な情報を市町村、都道府県に提供していくことが求められます。

第2節 虐待対応と個人情報の取り扱い

1 個人情報保護に関する法律の規定

❶ 個人情報保護法、高齢者虐待防止法で示された利用の制限等

　相談や通報、届出によって知り得た情報や通報者に関する情報は、個人のプライバシーにかかわる極めて繊細な性質のものです。

　個人情報保護法では、個人情報取扱事業者（個人情報等を事業の用に供している者）に対して、本人の同意を得ずに特定の利用目的以外に個人情報を取り扱ってはならないこと（第16条　利用目的による制限）、本人の同意を得ずに個人情報を第三者に提供してはならないこと（第23条　第三者提供の制限）を義務づけています。

　厚生労働省では、上記に該当する個人情報取扱事業者ではない介護事業者などについても、個人情報については慎重に取り扱うべきであると、ガイドラインに示しています（厚生労働省「医療・介護関係事業者における個人情報の適切な取扱いのためのガイドライン」）。

　また、高齢者虐待防止法でも、市町村職員や高齢者虐待防止法上の事務委託を受けた機関の役員、職員に対して守秘義務を課しています（第8条、第17条）。

　高齢者虐待対応のプロセスでは、関係機関・関係者が、虐待を受けている（おそれのある）高齢者や、虐待行為を行っている養護者に関する情報に接触する機会が多いことから、市町村は、関係機関、関係者に対して、個人情報を保護するための対応を求めていく必要があります。

❷ 個人情報保護法の例外規定

　個人情報保護法の利用目的による制限、第三者提供の制限は、次に示すような場合には、例外が認められています。

　これを高齢者虐待対応にあてはめると、

- 虐待に関する事実確認は、高齢者虐待防止法第9条第1項に基づくものであることから、次頁の個人情報保護法例外規定の第1号の「法令に基づく場合」に該当する。
- 事実確認の目的は、高齢者の生命・身体・財産に対する危険からの救済にあることから、次頁の規定第2号の「人の生命、身体又は財産の保護のために必要がある場合であって、本人の同意を得ることが困難である場合」に該当する。
- 市町村またはその委託を受けた地域包括支援センターが高齢者虐待防止法の定める事務を遂行することに対して協力する必要があることから、次頁の規定第4号に該当する。

以上の理由から、介護事業者などが、高齢者虐待対応において、高齢者本人の同意なく目的外に個人情報を取り扱うことや、第三者（市町村など）に情報提供をすることは認められることになります。

【参考】個人情報保護法第16条第3項および第23条第1項の例外規定

> 一 法令に基づく場合
> 二 人の生命、身体または財産の保護のために必要がある場合であって、本人の同意を得ることが困難であるとき。
> 三 略
> 四 国の機関もしくは地方公共団体またはその委託を受けた者が法令の定める事務を遂行することに対して協力する必要がある場合であって、本人の同意を得ることにより当該事務の遂行に支障を及ぼすおそれがあるとき。
> 以下、略

2 運用上の工夫

① 個人情報保護条例に基づく庁内関係部署からの情報収集

国の行政機関内部や行政機関相互において、相当な理由があれば、本人の同意を得ずに個人情報を取り扱うことは許されます（行政機関の保有する個人情報の保護に関する法律第8条第2項）。同様に、市町村内部や市町村相互における個人情報の取り扱いについては、各市町村の個人情報保護条例に規定されています。市町村担当部署相互に、虐待の有無や緊急性の判断、その他虐待対応をするうえで必要な個人情報を利用することは相当な理由があり、法的にも許される情報の収集方法です。

個人情報保護条例で、個人情報を保有する関係部署の課長宛てに申請書を提出する庁内ルールを定めている自治体があります。

B市では、庁内関係部署に対して、年度当初に申請書を提出しておくことで、高齢者虐待が疑われる事例に関する個人情報を、適宜入手することができるようになっています。

【参考】B市の個人情報保護条例施行規則と記録情報目的外利用承認申請書

B市個人情報保護条例施行規則（抜粋）

> 第●条（目的外利用の手続き）
> 　条例第●条第●項の規定による記録情報の利用をしようとする課長は、利用しようとする記録情報を保有する課長に申し出なければならない。

B市記録情報目的外利用承認申請書

平成○年△月□日

生活保護担当課長　様

高齢者福祉担当　課　長
（地域包括支援センター）

次のとおり記録情報の目的外利用をしたいので、承認してください。

個人情報ファイル又は公文書の名称	生活保護ケースファイル 災害時要援護者台帳
目的外利用したい記録情報の内容	①生活保護受給者の氏名、住所、生年月日および生活保護開始・停止・廃止の異動情報等 ②寝たきり、ひとり暮らし、認知症および二人暮らし高齢者に関する個人番号、カナ氏名、氏名、性別、生年月日、住所および電話番号と民生児童委員の氏名情報 ただし、いずれも調査対象の高齢者が関係機関への情報提供に同意していないものを除く。 ③略
利　用　目　的	①介護保険法第115条44第1項第4号に基づく権利擁護のための援助を行うため ②高齢者虐待の防止、高齢者の養護者に対する支援等に関する法律第9条に基づく、高齢者の事実確認および支援を行うため ③略
目的外利用の根拠	B市個人情報保護条例第●条第●項第●号に該当
利　用　期　間	平成○年△月×日から平成○年△月×日まで
備　　考	

❷ 本人情報の第三者提供についての同意

　いくつかの自治体では、高齢者や家族に対して、虐待が発生した場合など、第三者に高齢者の情報を提供することについて、事前に説明したり、同意を得るなどの取組みをしています。ただし、記入時と虐待を受けているときでは高齢者の心情や状況が異なる場合もあり、再度確認をとることが適切です。

第3章 養護者による高齢者虐待対応への体制整備

【参考】C市の介護保険サービス利用契約書の記載内容

C市では、介護保険サービス事業者との契約時、重要事項説明書や利用契約書などで秘密保持の条項に以下の内容を追加するなど、虐待の疑いが発生した場合の個人情報の提供について明記し、本人や家族に説明し、事前同意を求めています。

C市介護保険サービス利用契約書（抜粋）

> 第●条　（秘密保持）
> 　利用者の生命・身体の安全が害される可能性があると考えられる場合、及び利用者の財産が侵害される可能性がある場合、その他利用者の権利が侵害される可能性があると考えられる場合、事業者はC市役所の高齢者虐待担当部署に相談・連絡をして、適切な援助を求めることがあります。

【参考】D市の１人暮らし高齢者や高齢者のみの世帯の台帳に記載している項目など

D市の地域包括支援センターでは、１人暮らし高齢者や高齢者のみの世帯の台帳を作成しており、書式内に、災害時など必要な場合に、第三者に個人情報を提供することについて同意を得る欄を設けています。

D市が作成している、１人暮らし高齢者や高齢者のみの世帯の台帳に記載している項目と、情報を提供する場合の例（抜粋）

- ●台帳に記載している項目
  - ・氏名、生年月日、住所、緊急連絡先
  - ・要介護認定状況
  - ・サービス利用状況
  - ・住環境の状況、家の間取り
  - ・身体状況
  - ・精神状況
  - ・日常生活状況
  - ・就労状況
  - ・受診状況、主治医
  - ・１人暮らしになった時期、理由

- ●情報提供する場合
  - ・地域の社会資源や人材マップを作成するとき
  - ・警察署の交通安全、防犯対策に活用するとき
  - ・消防署の防火指導のとき
  - ・災害時の緊急支援時

- ●同意の取り方
  以上の場合、台帳に登録している内容が利用されることに同意します。

  名前　　　　　　　　　　　　　　印

❸ ネットワークの構築や協定締結に基づく関係機関からの情報収集

　医療機関や介護保険事業者などの関係機関は、市町村に対して虐待対応について協力義務を負っており（第16条）、これらの関係機関は高齢者虐待に関して早期発見義務や協力義務があります（第5条）。こうしたことからも、情報提供を求められた医療機関や介護保険事業者などの関係機関は、市町村に対して進んで情報提供をすべき立場にあります。

　特に医療機関からの情報収集については、関係機関とのネットワークを構築し、医療機関と個人情報に関する協定を結ぶことなどによって、高齢者の医療情報をスムーズに入手することが可能になる場合があります。

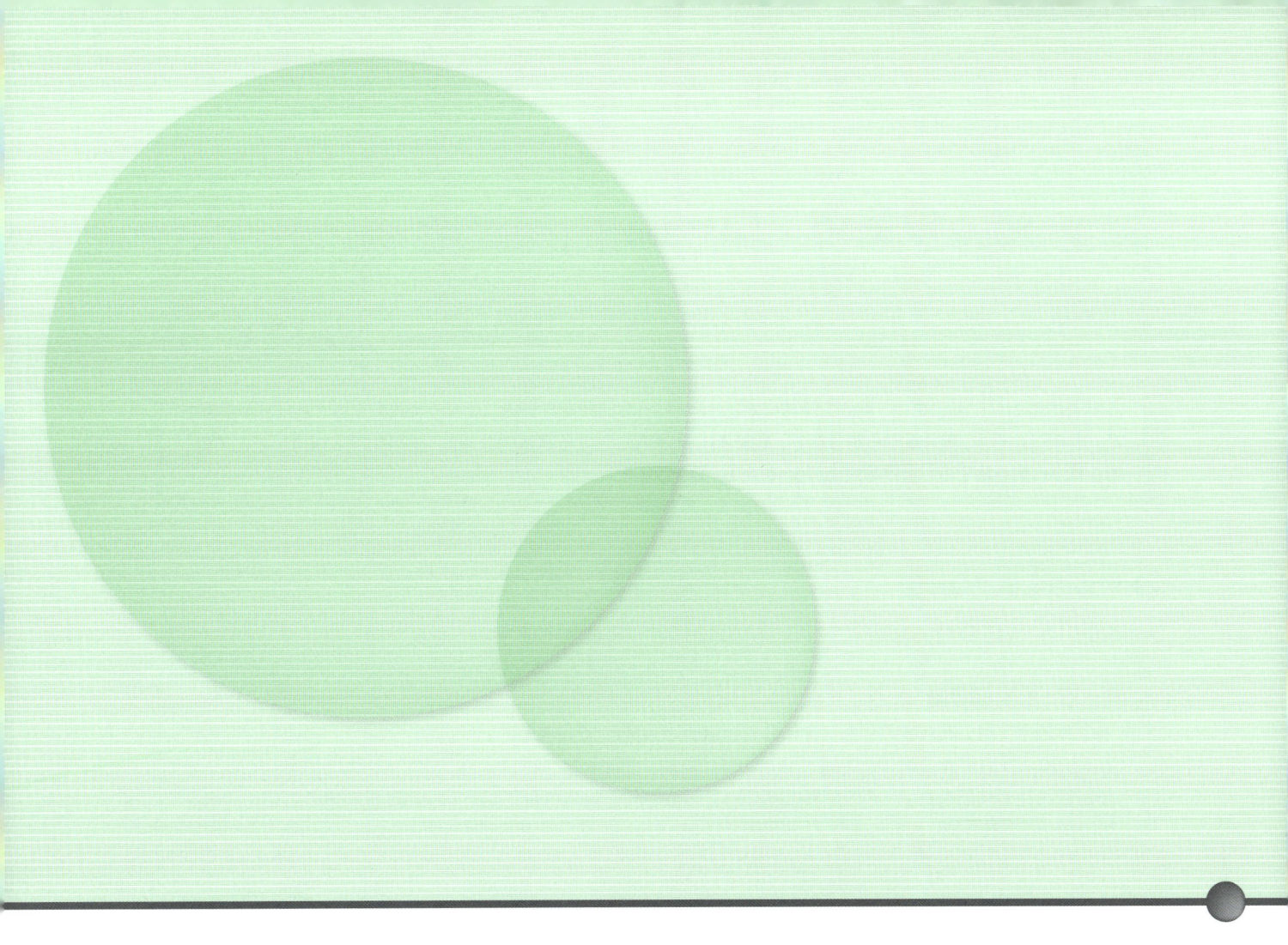

対応の全体フロー図

対応の全体フロー図

高齢者虐待対応においては、目的を明確にするとともに、進行状況を見通しながら対応を実施することが重要です。本手引きでは、第4章から第6章で、高齢者虐待対応における基本的な流れを説明しています。ここでは、第4章から第6章で取り上げる対応の全体フロー図を示します。

▶対応の全体フロー図

本手引きでは、虐待対応を大きく3つの段階に分けて説明します。

第4章：初動期段階
- 初動期段階では、高齢者の生命・身体の安全確保が目的となります。
- 初動期段階とは、高齢者虐待を疑わせる相談・通報・届出を受け付けた後、コアメンバー会議で虐待の有無と緊急性の判断を行い、その判断に基づいて作成された対応方針に沿って行われた一連の対応の評価を行うまでの流れを指します。

第5章：対応段階
- 対応段階では、高齢者の生命・身体の安全確保を常に意識しながら、虐待の解消と高齢者が安心して生活を送る環境を整えるために必要な対応を行うことが目的となります。
- 対応段階とは、虐待と認定した事例に対して、「情報収集と虐待発生要因・課題の整理→虐待対応計画（案）の作成→虐待対応ケース会議（虐待対応計画案の協議・決定）→計画の実施→対応段階の評価会議→（評価の内容に応じて）必要な情報収集と整理→虐待対応計画の見直し～終結」という循環を繰り返す流れを指します。

第6章：終結段階
- 虐待対応の終結にあたっては、「虐待が解消されたと確認できること」が最低要件となります。
- 同時に、虐待の解消が、高齢者が安心して生活を送ることにつながるのかを見極める必要があります。
- 虐待がない状態で、高齢者が安心して地域で暮らすために、権利擁護対応（虐待対応を除く）や包括的・継続的ケアマネジメント支援に移行する必要があります。

次頁からは、虐待対応の段階別に、市町村担当部署と地域包括支援センター、そして関係機関が連携・協力しながら行うフロー図を示します。

養護者による高齢者虐待への対応の全体フロー図の見方

フロー図では、市町村、地域包括支援センター、関係機関という主体別の対応を示します。

・(例) 【相談・通報・届出の受付】：市町村、地域包括支援センター、関係機関が役割を分担して行う対応

・(例) 【訪問調査】：市町村、地域包括支援センターが共同で行う対応

・(例) 【虐待の有無の判断】：市町村権限および市町村のみが行う判断の実施に関する対応

●養護者による高齢者虐待対応の全体フロー図〈第4章〉

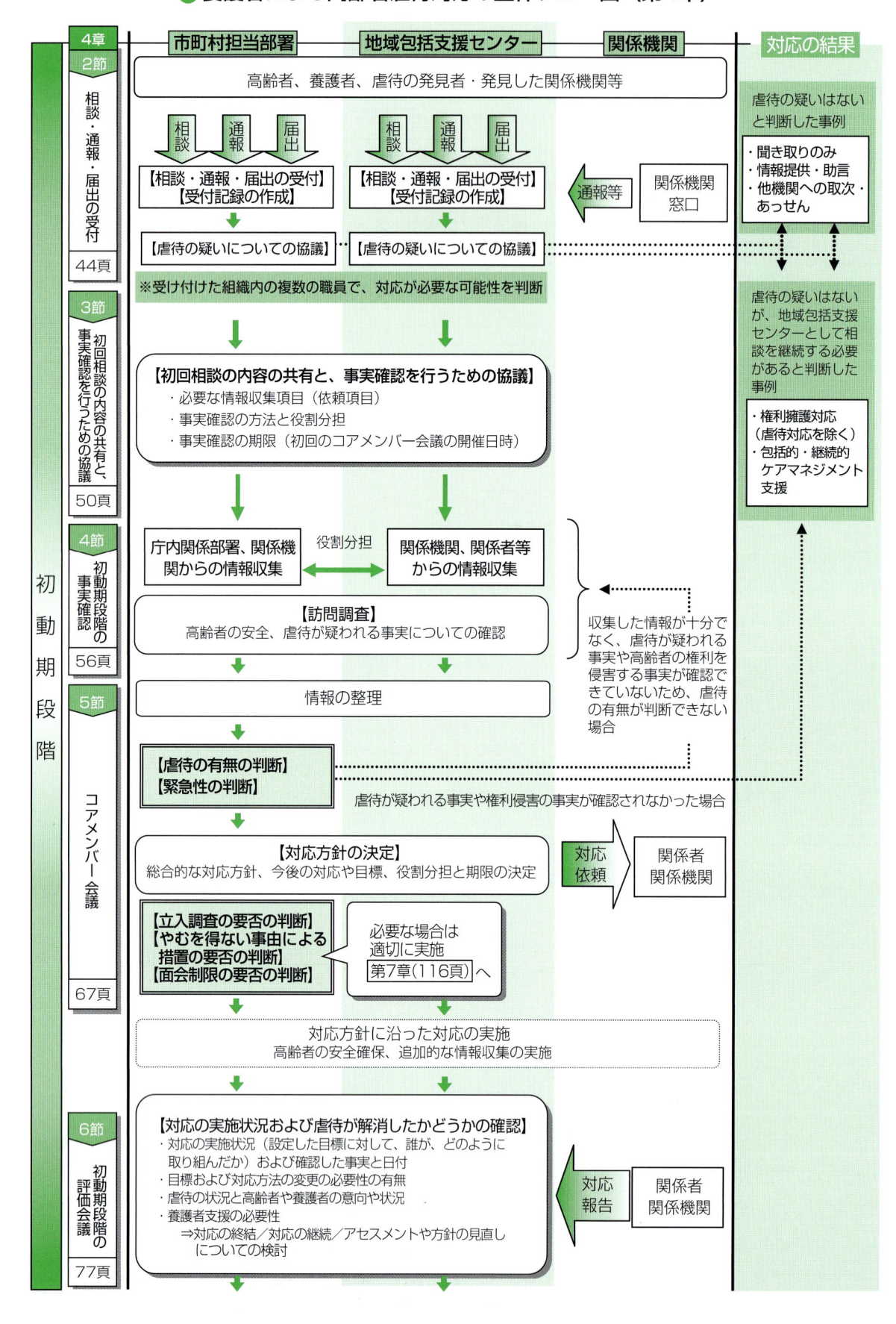

	市町村担当部署	地域包括支援センター	関係機関	対応の結果

第4章

2節 相談・通報・届出の受付 (44頁)

高齢者、養護者、虐待の発見者・発見した関係機関等

↓ 相談／通報／届出

【相談・通報・届出の受付】
【受付記録の作成】（市町村担当部署／地域包括支援センター）

← 通報等 ← 関係機関窓口

【虐待の疑いについての協議】……【虐待の疑いについての協議】

※受け付けた組織内の複数の職員で、対応が必要な可能性を判断

対応の結果：虐待の疑いはないと判断した事例
- 聞き取りのみ
- 情報提供・助言
- 他機関への取次・あっせん

3節 初回相談の内容の共有と、事実確認を行うための協議 (50頁)

【初回相談の内容の共有と、事実確認を行うための協議】
・必要な情報収集項目（依頼項目）
・事実確認の方法と役割分担
・事実確認の期限（初回のコアメンバー会議の開催日時）

4節 初動期段階の事実確認 (56頁)

庁内関係部署、関係機関からの情報収集 ←役割分担→ 関係機関、関係者等からの情報収集

【訪問調査】
高齢者の安全、虐待が疑われる事実についての確認

情報の整理

対応の結果：虐待の疑いはないが、地域包括支援センターとして相談を継続する必要があると判断した事例
- 権利擁護対応（虐待対応を除く）
- 包括的・継続的ケアマネジメント支援

収集した情報が十分でなく、虐待が疑われる事実や高齢者の権利を侵害する事実が確認できていないため、虐待の有無が判断できない場合

5節 コアメンバー会議 (67頁)

【虐待の有無の判断】
【緊急性の判断】

虐待が疑われる事実や権利侵害の事実が確認されなかった場合

【対応方針の決定】
総合的な対応方針、今後の対応や目標、役割分担と期限の決定

→ 対応依頼 → 関係者・関係機関

【立入調査の要否の判断】
【やむを得ない事由による措置の要否の判断】
【面会制限の要否の判断】

必要な場合は適切に実施 第7章（116頁）へ

対応方針に沿った対応の実施
高齢者の安全確保、追加的な情報収集の実施

6節 初動期段階の評価会議 (77頁)

【対応の実施状況および虐待が解消したかどうかの確認】
・対応の実施状況（設定した目標に対して、誰が、どのように取り組んだか）および確認した事実と日付
・目標および対応方法の変更の必要性の有無
・虐待の状況と高齢者や養護者の意向や状況
・養護者支援の必要性
　⇒対応の終結／対応の継続／アセスメントや方針の見直しについての検討

← 対応報告 ← 関係者・関係機関

初動期段階

対応の全体フロー図

●養護者による高齢者虐待対応の全体フロー図〈第5・6章〉

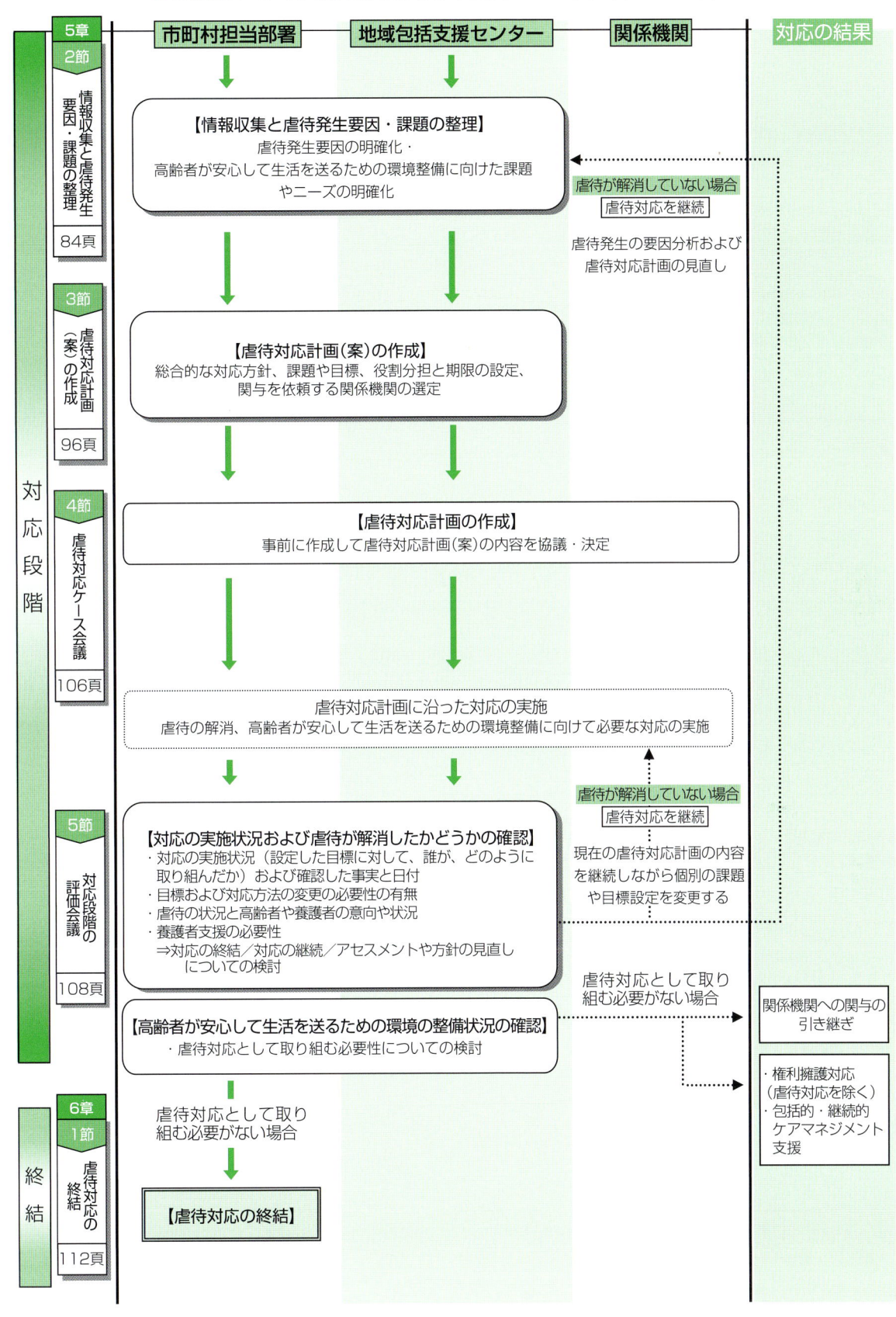

	市町村担当部署	地域包括支援センター	関係機関	対応の結果

対応段階

5章 2節　情報収集と虐待発生要因・課題の整理（84頁）

【情報収集と虐待発生要因・課題の整理】
虐待発生要因の明確化・
高齢者が安心して生活を送るための環境整備に向けた課題やニーズの明確化

→（関係機関より）虐待が解消していない場合　虐待対応を継続
虐待発生の要因分析および虐待対応計画の見直し

3節　虐待対応計画（案）の作成（96頁）

【虐待対応計画（案）の作成】
総合的な対応方針、課題や目標、役割分担と期限の設定、関与を依頼する関係機関の選定

4節　虐待対応ケース会議（106頁）

【虐待対応計画の作成】
事前に作成して虐待対応計画（案）の内容を協議・決定

虐待対応計画に沿った対応の実施
虐待の解消、高齢者が安心して生活を送るための環境整備に向けて必要な対応の実施

→ 虐待が解消していない場合　虐待対応を継続
現在の虐待対応計画の内容を継続しながら個別の課題や目標設定を変更する

5節　対応段階の評価会議（108頁）

【対応の実施状況および虐待が解消したかどうかの確認】
・対応の実施状況（設定した目標に対して、誰が、どのように取り組んだか）および確認した事実と日付
・目標および対応方法の変更の必要性の有無
・虐待の状況と高齢者や養護者の意向や状況
・養護者支援の必要性
⇒対応の終結／対応の継続／アセスメントや方針の見直しについての検討

虐待対応として取り組む必要がない場合 → 関係機関への関与の引き継ぎ

・権利擁護対応（虐待対応を除く）
・包括的・継続的ケアマネジメント支援

【高齢者が安心して生活を送るための環境の整備状況の確認】
・虐待対応として取り組む必要性についての検討

終結

6章 1節　虐待対応の終結（112頁）

虐待対応として取り組む必要がない場合

【虐待対応の終結】

第4章

初動期段階

第1節 初動期段階の概要と範囲

1 初動期段階の概要

虐待対応の初動期段階では、高齢者の生命や身体の安全確保が目的となります。

初動期段階とは、高齢者虐待を疑わせる相談・通報・届出を受け付けた後、コアメンバー会議で虐待の有無と緊急性の判断を行い、その判断に基づいて作成された対応方針に沿って行われた一連の対応の評価を行うまでの流れをいいます。

2 初動期段階に該当する法的根拠

高齢者虐待防止法では、市町村が相談や通報、届出を受け付けた場合、速やかに、高齢者の安全確認、通報または届出に係る事実確認、高齢者虐待対応協力者とその対応について協議を行うことが規定されています（第9条第1項、第16条）。

具体的には、高齢者の生命や身体の安全を確保するという目的を実現するための、事実確認と虐待の有無・緊急性の判断、対応方針の決定と実施、評価などの一連の取組みが該当します。

第4章 初動期段階

③ 初動期段階の範囲

4章2節 相談・通報・届出の受付
・関係機関や地域住民、高齢者本人等から、高齢者虐待に関する相談・通報・届出を受け付けます。

⬇

4章3節 初回相談の内容の共有と、事実確認を行うための協議
・初回相談の内容を地域包括支援センター内で虐待対応の可能性を協議し確認します。
・その後、市町村担当部署と地域包括支援センターは受け付けた初回相談の内容を共有するとともに、事実確認を行うために必要な事項を協議します。

⬇

4章4節 初動期段階の事実確認
・虐待の有無と緊急性を判断するため、庁内関係部署および関係機関からの情報収集とともに、高齢者や養護者への訪問調査を行います。

⬇

4章5節 コアメンバー会議
・事実確認の結果をもとに、この段階で集まっている情報を整理します。
・整理した情報をもとに、虐待の有無と緊急性の判断を行います。
・虐待と認定した事例については、高齢者の生命や身体の安全を確保するための対応方針を迅速に決定します。
・事実確認が不十分で虐待と認定できなかった事例についても、虐待の有無の判断ができるよう、期限を区切って事実確認を継続するための対応方針を決定します。
・必要な場合には、立入調査ややむを得ない事由による措置の要否など市町村権限の行使についても検討を行います。

⬇

4章6節 初動期段階の評価会議
・コアメンバー会議で決定した対応方針に基づいて行った対応状況等について確認・評価を行います。

第2節　相談・通報・届出の受付

> **POINT**
>
> ◆虐待事例は「虐待」という言葉を使って、相談や通報が寄せられるとは限りません。
> ◆虐待の疑いを見逃さないためには、相談受付の際にチェックリストに基づいて聞き取りを行うこと、相談等の内容について受け付けた機関内で組織的に、「虐待の疑い」について協議することが重要です。

対応の流れ

相談・通報・届出の受付　→　受付記録の作成　→　受け付けた組織内での、虐待の疑いについての協議

1　相談・通報・届出の受付

　高齢者虐待防止法（第7条第2項）は、国民に対して、生命や身体に重大な危険が生じていない場合でも、「虐待を受けたと思われる高齢者」について、市町村に通報することを求めています。虐待の疑いがある場合には、躊躇することなく通報することによって、幅広く虐待の芽を摘むことがねらいです。他方、市町村としては、通報をしっかりと虐待通報として受け付けることが責務であると考えるべきです。

　地域包括支援センターに設置された総合相談窓口には、「虐待」という言葉が用いられないまま、相談が持ち込まれることも少なくありません。

　寄せられた情報から高齢者虐待の疑いを見逃さないためには、市町村内の関係する相談窓口を含めて、共通の書式（チェック項目）に基づく相談受付票を使用し、相談者（通報者）の属性、高齢者本人の状況、養護者の状況、相談の内容や訴え（通報や届出の場合は虐待の状況）等について、的確に聞き取りを行うことが重要です。

第4章 初動期段階

【参考】確認事項の例

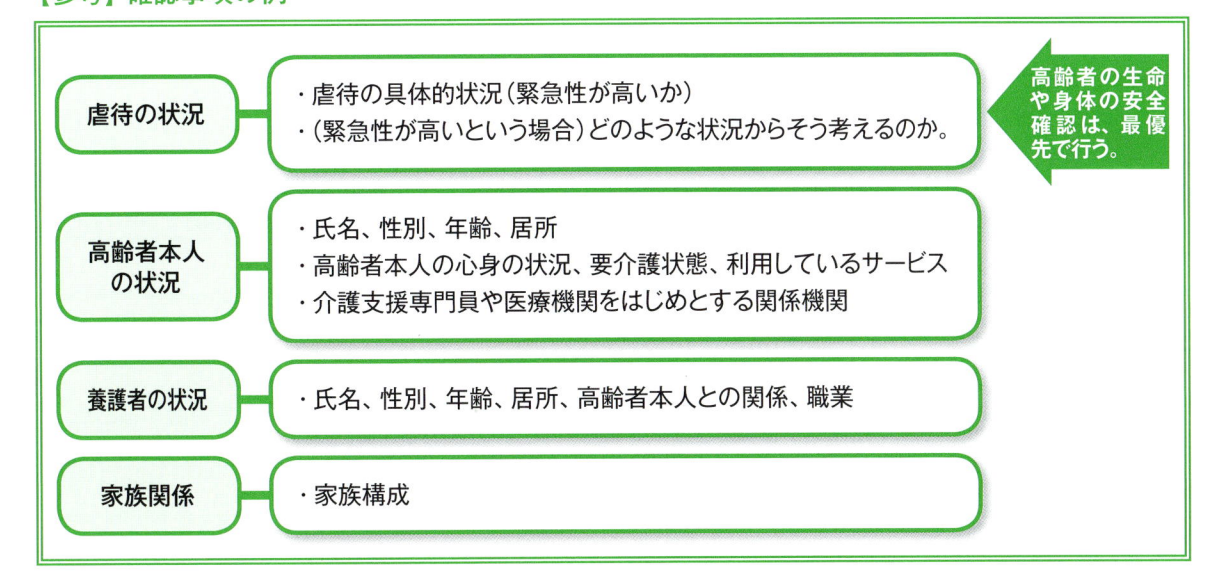

- **虐待の状況**
  - 虐待の具体的状況（緊急性が高いか）
  - （緊急性が高いという場合）どのような状況からそう考えるのか。

- **高齢者本人の状況**
  - 氏名、性別、年齢、居所
  - 高齢者本人の心身の状況、要介護状態、利用しているサービス
  - 介護支援専門員や医療機関をはじめとする関係機関

- **養護者の状況**
  - 氏名、性別、年齢、居所、高齢者本人との関係、職業

- **家族関係**
  - 家族構成

> 高齢者の生命や身体の安全確認は、最優先で行う。

【参考】確実な情報を得るための工夫

市町村や地域包括支援センター等には守秘義務があることを伝える
- 高齢者虐待防止法第8条では市町村に、第17条第2項では高齢者虐待対応事務を委託されている地域包括支援センター等に対し、受け付けた相談や通報について守秘義務が課せられています。
- 情報提供者は、自分が相談（通報）した内容がどのように扱われるのか、自分が相談したことで悪者扱いしたと思われたり、仕返しされるのではないかなど、不安を感じ、ときには匿名で連絡をしてくることも考えられます。
- そのため、寄せられた情報の内容はもちろん、情報提供者を特定する情報は外部に決してもれないことを伝え、安心して話ができる環境を整えることが求められます。

情報提供者と高齢者との関係、および情報源を確認する
- 家庭内における虐待は、さまざまな人・機関から情報が寄せられるため、情報提供者の属性により、情報の質が異なったり、情報内容に価値観や感情が入りやすいという特質があります。
- そのため、情報提供者と高齢者との関係、および情報提供者がその情報を、自身で実際に目撃したのか、推測したのか、誰かから聞いたのかなど、情報源を明確にします。

あいまいな表現はできるだけ数値化する
- あいまいな表現（例：いつも、とても、何度も）は使わず、数値化するように努めます。
- 例えば、「夜、怒鳴り声や泣き声が聞こえる」といった通報内容の場合、「何回聞いたのか」「どの時間帯か」など、可能な範囲で数字に置き換えて確認を行います。

日時を正確に確認する
- 虐待が疑われる出来事が起こったときと、情報提供者がその出来事を発見したとき、さらにその情報が市町村や地域包括支援センターに寄せられたときでは時間が経過していることが多く、情報内容にタイムラグが生じている場合があります。
- 高齢者がけがをしたのはいつか、情報提供者がその傷を確認したのはいつか、高齢者や養護者の発言を聞いたのはいつかなど、時間の経過によって変化するものは、日時の正確な確認が必要です。

> **相手の心情や立場に配慮した聞き取りを行う**
> ・情報提供者が戸惑いや不安を感じていたり、「かかわりたくないけれど見過ごせない」と意を決して連絡することも考えられます。
> ・そのため、詰問口調で尋ねたり、矢継ぎ早に質問するなど、情報提供者の心情を害するような聞き取りは慎むことが重要です。
> ・情報提供者が当該高齢者の近隣住民である場合には、将来的に協力を依頼する可能性も視野に入れ、連絡先を聞きます。また、担当者の名前を伝え、気がついたことがあったらいつでも連絡してほしいことを伝えます。

> **必要な範囲で、情報提供者へのフィードバックを行う**
> ・情報提供者には、守秘義務の許す範囲で、市町村と地域包括支援センターが責任をもって対応すること、その後の対応について報告することを伝えます。
> ・ただし、守秘義務との関係から、報告できないことがあることも伝える必要があります。

❷ 受付記録の作成

　相談・通報・届出（以下、「初回相談」という）を受け付ける際には、受け付けた情報をできるだけ詳細・正確に聞き取ることで、その後の組織内外で虐待対応の必要性についての協議がスムーズに行えるようになります。市町村担当部署や地域包括支援センターおよび関係窓口は、虐待やその可能性のある相談を聞きもらさないために、聞き取るべき項目について帳票のかたちに整理し、受付時に手元に置いて活用できるようにしておくことが重要です。

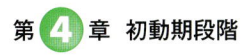

【参考】相談・通報・届出受付票（総合相談）例

相談・通報・届出受付票（総合相談）

相談年月日	年　月　日　時　分～　時　分		対応者：	所属機関：	
相談者（通報者）	氏名			受付方法	□電話　□来所　□その他（　　　）
	住所または所属機関名			電話番号	
	本人との関係	□本人　　□家族親族（同居・別居）続柄：　　□近隣住民・知人　□民生委員 □地域包括支援センター　□在宅介護支援センター　□介護支援専門員　□介護保険サービス事業所 □医療機関　　　　□警察　　　　　□その他（　　　　　　）			

【本人の状況】

氏　名		性別		生年月日	□明治□大正□昭和　年　月　日	年齢	歳
現住所	住民票登録住所　□同左　□異 電話：　　　　　　　　その他連絡先：　　　　　　　　（続柄：　　　）						
居　所	□自宅　□病院（　　　）　□施設（　　　）　□その他（　　　）						
介護認定	□非該当　□要支援（　）　□要介護（　）　□申請中（　月　日）　□未申請　□申請予定						
利用サービス	介護保険　□あり（　　　　　）□なし　介護支援専門員 介護保険外　□あり（　　　　　）□なし　居宅介護支援事業所						
主疾患	□一般（　　　）　□認知症（　　　）　□精神疾患（　　　）　□難病（　　　）						
身体状況				障害手帳	□無　□有（等級：　　種別：　　）		
経済状況				生活保護受給（□なし　□あり）			

【本人の意向など】※生活歴、キーパーソン、関係機関などわかる範囲で書き込む

【世帯構成】
家族状況（ジェノグラム）

【介護者の状況】

氏名		年齢	歳
続柄	□配偶者　□息子　□娘　□息子の配偶者 □娘の配偶者　□実兄弟　□実姉妹　□義兄弟 □義姉妹　□孫　□その他（　　　）		
連絡先	□同上 電話番号　　　　　職業		
その他特記事項			

【主訴・相談の概要】

相談内容	
虐待の可能性	□家から怒鳴り声や泣き声が聞こえたり、大きな物音がする〔疑い〕 □暑い日や寒い日、雨の日なのに高齢者が長時間外にいる〔疑い〕 □介護が必要なのに、サービスを利用している様子がない〔疑い〕 □高齢者の服が汚れていたり、お風呂に入っている様子がない〔疑い〕 □あざや傷がある〔疑い〕 □問いかけに反応がない、無表情、怯えている〔疑い〕 □食事をきちんと食べていない〔疑い〕 □年金などお金の管理ができていない〔疑い〕 □養護者の態度（　　　　　　　　　　　　　　） □その他（具体的内容を記載）
情報源	相談者（通報・届出者）は　□実際に目撃した　□怒鳴り声や泣き声、物音等を聞いて推測した □本人から聞いた　□関係者（　　　）から聞いた

【今後の対応】

□相談終了：□聞き取りのみ　□情報提供・助言　□他機関への取次・斡旋（機関名：　　　）□その他（　　　）
□相談継続：□権利擁護対応（虐待対応を除く）　□包括的継続的ケアマネジメント支援　□高齢者虐待　□その他（　　　）
備考（

社団法人日本社会福祉士会 作成　VerⅡ-2（出典：東京都国分寺市作成様式を参考に作成）

3 受け付けた組織内での、虐待の疑いについての協議

❶ 複数の職員による組織内での協議

　受け付けた初回相談の内容、虐待のおそれの判断については、相談を聞いた担当者が単独で判断するのではなく、組織として判断することが重要です。担当者単独での判断は、虐待の疑いについて見逃しのリスクを高める大きな要因となります。そのためにも、前頁の帳票例のように相談受付の書式等を工夫し、複数の職員の目でチェックできるようにするなどして、組織的判断のための体制づくりを行うことが不可欠です。

❷ 虐待の疑いについての判断とその後の対応

　虐待の疑いについて判断する場合、相談の内容や訴え、情報源に着目します。以下のような訴えがあった場合、虐待の疑いが推測されます。特に、相談者が実際に以下のようなことを目撃したり、本人から話を聞いている場合、虐待の疑いは濃厚となります。

《虐待の疑いが推測される例》

> ・家から怒鳴り声や鳴き声が聞こえたり、大きな物音がする
> ・熱い日や寒い日、雨の日なのに、高齢者が長時間外にいる
> ・介護が必要なのに、サービスを利用している様子がない
> ・あざや傷がある
> ・問いかけに反応がない、無表情、おびえている
> ・食事をきちんと食べていない
> ・年金などお金の管理ができていない
> ・養護者の態度（攻撃的であったり、拒否的である　など）

《虐待の疑いの判断とその後の対応》

　組織内協議では、受け付けた初回相談を、①虐待の疑いがある、②虐待の疑いはないが地域包括支援センターとして対応を継続する必要がある、③虐待の疑いはなく対応継続の必要もない、のいずれかに分類し、それぞれについて必要な対応を行います。虐待の疑いがないと判断した事例についても、その後の対応について検討し、適切な機関につなげていくことが求められます。

虐待の疑いの判断	必要な対応
①虐待の疑いがあると判断した事例	・市町村担当部署と地域包括支援センターで情報内容を共有する。
②虐待の疑いはないが、地域包括支援センターとして相談を継続する必要があると判断した事例（対応継続）	・権利擁護対応（虐待対応を除く） （例：虐待はなかったが、認知症の進行に伴って金銭管理や契約等の手続きが困難になってきた場合→成年後見制度の本人申立ての活用　など） ・包括的・継続的ケアマネジメント支援 （例：担当の介護支援専門員が、高齢者と養護者の関係調整に苦慮していた場合→主任介護支援専門員が調整役となり、担当の介護支援専門員を支援　など）
③虐待の疑いがないと判断した事例（対応継続の必要なし）	・聞き取りのみ ・情報提供・助言 ・他機関への取次・あっせん

第4章 初動期段階

◆相談・通報・届出の受付時点の例◆

包括的・継続的ケアマネジメント支援のなかで虐待の疑いを感じ、虐待対応をした例

キーワード：主任介護支援専門員の気づき、ネグレクト、組織内連携

　80歳代男性（要介護3、福祉用具レンタルのみ利用）、娘と同居
　地域包括支援センターに、介護支援専門員から「本人の閉じこもりが心配なためデイサービス利用を勧めたところ、長女に不要と言われた。以来、玄関から入れてもらえなくなった。長女は週に2～3日しか自宅に帰ってこないようで、本人は1人で外出できない。また、長女は気性が荒く、周りの人には攻撃的な態度をとる。今後どのように対応したらよいか」という相談が入った。
　主任介護支援専門員は、身の回りのことが十分にできない高齢者を何日も一人にさせておくことは、介護・世話の放棄・放任の可能性があると考え、地域包括支援センター内で協議し、市の虐待対応担当者に報告後、共同して事実確認を実施した。

≪解説≫
　介護支援専門員が対応困難な事例や不安を抱えたときには、地域包括支援センターの主任介護支援専門員に相談することが多い。その際、家族との関係悪化を意識し、虐待の疑いについては控えた相談になる場合もある。そのような場合でも、地域包括支援センターとしては、家族との関係を整理しつつ、常に虐待の可能性について意識しておく必要がある。

ミーティングを通じて、虐待の疑いを見逃さずに対応を開始できた例

キーワード：認知症の理解、組織的判断

　地域包括支援センターの朝のミーティングで、前日に受け付けた相談について情報交換を行ったところ、1人の職員から「民生委員から『2か月ぐらい前から、地域のサロンを利用している80歳代の女性が、食事のときに隣の人の分まで食べようとしたり、道で会ったとき、尿の臭いがするようになってきた。認知症が進んできたのでしょうか？』と相談があり、『その可能性も考えられるので、家族を通して主治医に相談をしてもらうよう』助言をした」と報告があった。
　ミーティングのなかで、他に問題はないかを検討したところ、「高齢者の服が汚れていたり、お風呂に入っている様子がない（疑い）」「食事をきちんと食べていない（疑い）」ということも確認され、市の虐待担当部署と協議をし、地域包括支援センターが本人への訪問面接を実施した。その結果、介護・世話の放棄・放任の疑いがあると判断した。

≪解説≫
　民生委員や関係機関からの相談内容を検討する場合、地域包括支援センターは、毎朝のミーティング等を通して組織全体で情報を共有するとともに、虐待の疑いの可能性を確認し、今後の対応を検討する体制を整えておくことが大切である。
　市町村担当部署においても、住民からの問い合わせや相談内容で、継続的な支援の必要性等が考えられる場合は、組織内の複数の職員で協議のうえ、早めに地域包括支援センターと情報を共有し、共同して対応していく意識をもつことが求められる。

第3節 初回相談の内容の共有と、事実確認を行うための協議

POINT

◆市町村担当部署と地域包括支援センターは、初回相談の内容を地域包括支援センター内で虐待対応の可能性を協議、確認後は虐待対応を行う必要性について認識を共有する必要があります。
◆虐待の疑いがあると判断した事例については、速やかに事実確認を行うための協議をし、コアメンバー会議の開催日時を設定します。
◆確認する情報の種類によって役割を分担し、虐待の有無と緊急性の判断を行うために必要な情報を集めることが重要です。

対応の流れ

初回相談の内容の共有 → 事実確認を行うための協議 → 協議記録の作成

1 初回相談の内容の共有

　高齢者虐待防止法は、高齢者虐待防止の責任主体を市町村であると位置づけており、虐待かどうかの判断を行うのも市町村です。地域包括支援センターにおいて虐待の疑いがあると判断した場合、速やかに市町村に報告を行い、市町村による判断につなげる必要があります。

　市町村担当部署と地域包括支援センターは、虐待の疑いがあると判断した事例について、相互にその情報を共有し、虐待対応の必要性について認識を共有する必要があります。そのためには、初回相談を受け付けた時点における虐待の可能性について、確認しあうことが重要です。

2 事実確認を行うための協議

　高齢者虐待の場合、初回相談で把握した情報から高齢者の生命や身体に危険性が感じられない場合でも、事態が急変することは十分に予想されることです。そのため、ここでは48時間を目安に行う速やかな事実確認によって、高齢者の生命や身体の安全や虐待の有無を判断する事実を確認するた

第4章 初動期段階

めに必要な情報を収集することが不可欠となります。

　事実確認を効果的に行うために、市町村担当部署と地域包括支援センターは、あらかじめ以下の点について確認・協議を行います。

　○必要な情報収集項目（依頼項目）
　○事実確認の方法と役割分担
　○事実確認の期限（初回のコアメンバー会議の開催日時）

❶ 収集すべき情報の内容と役割分担

　事実確認は「庁内関係部署および関係機関からの情報収集」と「高齢者や養護者への訪問調査」と、大きく2つの方法で行います。情報収集に際しては、確認が必要な情報の種類に応じて適した機関が事実確認を行うよう、あらかじめ、収集すべき情報の内容と収集方法、担当について役割分担することが求められます（市町村担当部署が行う情報収集項目については、「4章4節 ❶　庁内関係部署および関係機関からの情報収集」（56頁）を参照）。

❷ 相談・通報・届出の受付から、事実確認の実施、コアメンバー会議開催までの時間の目安

　高齢者虐待防止法では、高齢者虐待に関する相談・通報・届出を受けた場合の高齢者の安全確認、通報あるいは届出に係る事実確認、対応についての協議に関して、速やかに措置を講じ、協議を行うことを規定しています（第9条第1項）。特に、初動期段階においては、高齢者の安全確認・保護が最優先されることから、一定の時間的目途を設定して、必要な判断や対応を行っていくことが重要になります。ここでは下記の点を参考に目安としては48時間以内に行います。

　例えば、児童虐待対応では、「48時間以内の目視による安全確認を原則とする（平成22年9月30日、厚生労働省課長通知）」ことが義務づけられています（「【参考】児童虐待において虐待通告のあった場合の対応の基本事項」（下記参照））。また、市町村のなかには、高齢者虐待対応においても、24時間以内あるいは緊急性の判断に応じた即日～48時間以内の安否確認等をマニュアル等で明記している自治体もみられます。

【参考】児童虐待において虐待通告があった場合の対応の基本事項

●虐待通告のあった児童の安全確認の手引き（平成22年9月30日、厚生労働省雇用均等・児童家庭局総務課長通知）（抜粋）

3．虐待通告があった場合の対応の基本事項
　（1）安全確認は、児童相談所職員又は児童相談所が依頼した者により、子どもを直接目視することにより行うことを基本とし、（略）通告受理後、各自治体ごとに定めた所定時間内に実施することとする。当該所定時間は、（略）迅速な対応を確保する観点から、48時間以内とすることを原則とする。

❸ 事実確認中に予測されるリスクと対応方法

　事実確認中のリスクとしては、①高齢者に医療的処置が必要な場合、②養護者等から介入を拒否されることが予測される場合が考えられます。これらの事態に遭遇した場合の対応方法を事前に協議しておくことが必要になります。

　医療的処置の必要性の判断のためには、保健医療職の同行が有効ですし、介入拒否の場合には、警察との連携も含め、訪問者や訪問方法の工夫をする(→詳細は「4章4節 ❷　高齢者や養護者への訪問調査」(59頁)を参照)などの対応が必要です。

第4章 初動期段階

③ 協議記録の作成

市町村担当部署と地域包括支援センターは、ここで例示するような「高齢者虐待情報共有・協議票」を活用し、初回相談における虐待の可能性、情報収集依頼項目、事実確認の方法と役割分担、事実確認の期限（初回のコアメンバー会議の開催日時）などについて、協議結果を整理・記録することが重要です。

【参考】高齢者虐待情報共有・協議票　例

高齢者虐待情報共有・協議票

【虐待の可能性（通報段階）】

虐待の可能性（通報段階）	□身体的虐待の疑い　□放棄・放任の疑い　□心理的虐待の疑い　□性的虐待の疑い　□経済的虐待の疑い □虐待とは言い切れないが不適切な状況（　　　　　　　　　　　　　　　　　　　）

【情報収集依頼項目】

依頼日時：　　　　年　　月　　日　　時　　分
依　頼　先：＿＿＿＿＿＿＿＿＿＿＿＿＿＿＿＿　　依頼方法（電話　訪問　その他）

世帯構成	□住民票	□その他（　　　　　　　　　　　　　）		
介護保険	□介護認定の有無	□担当居宅介護支援事業所	□介護保険料所得段階	□介護保険料納付状況
福祉サービス等	□生活保護の受給	□障害者手帳の有無（身・知・精）	□障害福祉サービス利用状況	□
経済状況	□課税状況　　　□国民年金		□障害年金	□国民健康保険納付状況
	□後期高齢者医療制度保険料納付状況		□水道料金滞納状況	□公営住宅家賃滞納状況
関係機関等	□主治医・医療機関　□保健所・保健センターの関与		□他機関（　　　　　　　）の関与	
その他	□（　　　　　　　　　　　）		□（　　　　　　　　　　　　　　　）	

※情報収集依頼によって得られた情報は、アセスメント要約票へ集約し整理する

【事実確認の方法と役割分担】

協議日時：　　　　年　　月　　日　　時　　分
協　議　者：＿＿＿＿＿＿＿＿＿＿＿＿＿＿＿＿　　協議方法（電話　訪問　その他）

事実確認の方法	面接調査	高齢者：□自宅訪問　□来所　□その他の場所（　　　　　）　面接者（　　，　　）
		養護者：□自宅訪問　□来所　□その他の場所（　　　　　）　面接者（　　，　　）
	関係者からの聞き取り	□ケース会議等　　　　　　（　　　　　　　　　　　担当：　　　　　　　）
		□関係者・関係機関1（　　　　　　　　　　　担当：　　　　　　　）
		□関係者・関係機関2（　　　　　　　　　　　担当：　　　　　　　）
		□関係者・関係機関3（　　　　　　　　　　　担当：　　　　　　　）
	※訪問時の状況や聞き取りした内容を「事実確認票」へ記載	
事実確認中に予測されるリスクと対応方法		
事実確認期限	年　　月　　日　　時迄　※48時間以内のコアメンバー会議開催を踏まえて設定する	

※事実確認の方法と役割分担に関する協議が終わったら「事実確認」へ

社団法人日本社会福祉士会 作成　VerⅡ-2 (出典：東京都国分寺市作成様式を参考に作成)

◆事実確認を行うための役割分担を協議する際の例◆

事実確認の役割を介護支援専門員へ依頼してしまった例

キーワード：誤った事実確認

　70歳代男性（要介護２）、次男夫婦と同居
　地域包括支援センターに、デイサービス事業所から「高齢者の顔、腕に殴られたようなあざがある」との通報が入った。市虐待対応担当者に連絡し、直ちに対応について協議を行い、介護支援専門員に高齢者宅を訪問してもらい、次男への状況確認を依頼した。
　訪問した介護支援専門員からは「次男にあざのことを尋ねたが『デイサービスから帰り疲れて寝ている、何だか転んだみたいですね』との回答であった。何かあれば相談してほしいと伝えたところ、『わざわざすみません』としっかりと受け答えをしていたので心配はない」との報告がなされた。市虐待対応担当者と地域包括支援センターは、緊急性は低く、介護保険サービス利用の継続で様子を見ていくこととした。
　ところが、3日後のデイサービス利用時、新たなあざが発見された。改めて、市虐待対応担当者と地域包括支援センター職員が事実確認を行い、緊急のコアメンバー会議を実施。危険性が高いと判断し、やむを得ない事由による措置を適用し、特別養護老人ホームへの短期入所を実施することとした。

≪解説≫
　事実確認は、市町村担当部署と地域包括支援センターが相談者からの相談内容をもとに、早期に高齢者の生命、身体の危険性に関する情報を中心に、お互いに役割分担をしながら実施していくものである。
　事実確認は、信頼関係がある、以前から本人や養護者との関わりがあるといった理由などにより、介護支援専門員や介護保険サービス事業者にまかせるものではない。市町村担当部署と地域包括支援センターの複数の職員で、客観的な事実と多面的に把握していくために実施する必要があり、そのための調整・対応が必要である。

事実確認中に予測されるリスクと対応方法について協議を行った例

キーワード：面接時の役割分担、リスクの確認、警察への協力要請

　80歳代の高齢者夫婦と、精神に障害のある長男の3人暮らし
　地域包括支援センターに、民生委員から「先月に2回ほど、玄関先で奥さんが旦那さんにひどく怒鳴られ、殴られているところを見かけた。奥さんは物忘れがあり、ごみ出しの日を間違えることもある。家の中からは、ほとんど外に出てこない。長男の怒鳴り声もよく聞こえる。長男は、以前は精神科に通っていたが、今は通院している様子もない。夫婦は長男の病気をかばい、周囲に隠し、ひっそり暮らしてきたので、外部の人の訪問を受け入れるかわからないが、一度様子を見てほしい」という相談が入った。
　市虐待担当部署に相談内容を伝えたところ、「高齢者2人とも年金を受給、各種滞納などはない。最近の受診歴なし。長男は無収入、相談機関の関わりなし」との情報を得た。
　民生委員からは「奥さんの認知症の症状が進み、近所との交流が減っているようで、ここのところ、訪問しても施錠がしてあり、会えないことが多い。夫は毎日昼ころ買い物に出かけるので、見かけたら声をかけるが、無愛想で会話にはならない」などの新たな情報を得た。

予測されるリスクと対応方法
リスク1　訪問しても会うことができない→夫が買い物に出かける時間帯に訪問する。
リスク2　妻に医療的処置が必要→保健師を訪問メンバーに入れ、必要ならば救急車を呼ぶ。
リスク3　長男が暴力をふるう→警察へ事前に相談しておき、暴力をふるったら警察を呼ぶ。
　　　　　　　　　　　　　　保健所とも相談し、医療機関にも相談しておく。

≪解説≫
　事実確認のための訪問調査を行う際は、事前の情報収集により考えられるリスクをあらかじめ予測し、対策を講じる必要がある。
　よくあるリスクとしては、「①面接拒否」「②高齢者の生命、身体に危険があり、緊急に保護する必要がある」「③養護者が暴力をふるう」などがある。
　それぞれの対策として、
①訪問を受け入れてもらうために、訪問者、訪問場所、訪問日時、訪問理由などを工夫する。身分証明書も忘れずに携帯する。
②医療的処置について判断のできる職種（保健師など）と複数で訪問する。
③養護者が暴力をふるう場合には、警察の協力を要請する。

　また、事実確認は、関係者側の思いどおりに進められるとは限らない。しかし、高齢者本人に対して虐待行為を受けている状況があるか、生命の危険性を含めた状況確認や生活上での不安はないかといった意思確認に取り組む必要がある。
　養護者から高齢者本人との面接を拒否される場合には、高齢者への実態把握を仕事としていることを説明し理解を求める、当日の面接が難しいようであれば、近日中に再度訪問面接できるように調整するなどして、高齢者の生命や身体の安全を確認するために工夫を重ねることが重要である。

第4節 初動期段階の事実確認

　初動期段階での事実確認では、事実確認を行うための事前協議によって確認された手順、役割分担に従い、庁内関係部署および関係機関からの情報収集と、高齢者や養護者への訪問調査を行います。
　なお、関係機関からの情報収集と個人情報保護および例外規定等の関係については、「3章2節 虐待対応と個人情報の取り扱い」(30頁)を参照ください。

1 庁内関係部署および関係機関からの情報収集

POINT

◆年金や税などの経済状況、医療機関の受診内容等、委託型地域包括支援センターでは入手が難しい情報については、市町村担当部署が積極的に行う必要があります。
◆庁内関係部署および関係機関から情報収集をする際には、虐待に関連した高齢者の情報を中心に集めます。

対応の流れ

庁内関係部署からの情報収集 → 関係機関からの情報収集

❶ 庁内関係部署からの情報収集

　市町村担当部署は、疑われる虐待の内容に応じて、高齢者の情報を中心に、庁内関係部署から情報収集を行います。
　以下に、庁内関係部署から集める情報の例を示します。

第 4 章 初動期段階

【参考】庁内関係部署から集める情報の例

- 世帯構成
  - ・住民票

- 介護保険
  - ・介護認定の有無
  - ・担当居宅介護支援事業所
  - ・介護保険料所得段階
  - ・介護保険料納付状況

- 福祉サービス等
  - ・生活保護受給の有無
  - ・障害者手帳の有無（身体・知的・精神）
  - ・障害福祉サービス利用状況

- 経済状況
  - ・国民年金
  - ・国民健康保険納付状況
  - ・後期高齢者医療制度保険料の納付状況
  - ・公共料金の滞納状況
  - ・公営住宅家賃の滞納状況

❷ 関係機関からの情報収集

　市町村担当部署と地域包括支援センターは、協議によって役割を分担しながら、関係機関から必要な情報収集を行います。以下に、関係機関から集める情報の例を示します。

【参考】関係機関から集める情報の例

- 医療に関する情報
  ＜主治医＞
  ＜医療機関＞
  - ・疾病・傷病、既往歴
  - ・現在や過去に受診している医療機関、受診状況、服薬状況
  - ・本人や家族の受診時の様子
  - ・入院期間、そのときの病名、病状
  - ・診断の必要があるが受診を拒否する理由

- ＜担当の介護支援専門員＞
  ＜利用している介護保険サービス提供事業所＞
  - ・高齢者本人や養護者、家族の関係
  - ・サービスの利用状況
  - ・居室等の生活環境
  - ・サービス利用時の高齢者の様子
  - ・虐待への気づき

- ＜民生委員＞
  ＜近隣住民＞
  - ・高齢者本人や養護者、家族の関係
  - ・家族の歴史や近隣との付き合い

庁内関係部署および関係機関から情報収集をする際の留意事項

・調査項目の漏れを防ぎ、客観性を高めるためにも、複数職員による訪問を原則とします。
・秘密の保持、詳細な情報を入手すること等の理由により、訪問による情報収集を原則とします。
・民生委員や近隣住民からの聞き取りを行う場合、高齢者や養護者を支援する立場であることを明確にし、高齢者や養護者、家族のプライバシーに配慮するよう注意が必要です。

◆庁内関係部署および関係機関から行う情報収集における例◆

医療機関から情報収集を行ったことを養護者に伝達された例

キーワード：守秘義務、関係機関との事前協議、養護者への情報共有

80歳代女性（介護保険未申請）、長男と2人暮らし
地域包括支援センターに、近隣住民から「長男が母親に対して暴言、暴力をしているようである」との通報が入った。
市虐待対応担当部署から、介護保険の主治医意見書を記載した医師に、通院履歴、虐待状況を把握するために連絡を入れたところ、外傷等もなく、長男とともに定期的に通院も行われており、問題ない状況ということを確認した。
また、市虐待対応担当者と地域包括支援センターにて高齢者宅を訪問したが、虐待が疑われるような状況を把握することはなかったため、関係者でしばらく地域での見守りで対応すると判断した。
後日、市虐待対応担当部署に、長男から「主治医から『市の担当者から虐待が疑われるという連絡があった。母親を叩くようなことをしてはいけない』と注意された」と苦情の電話が入った。

≪解説≫
養護者や他の親族等に、相談内容や情報収集を行った内容が伝われば、市町村や地域包括支援センターが介入することへの不信感にもつながり、その後の対応にも大きな影響が出ることが懸念される。そのため、庁内関係部署および関係機関から情報提供をしてもらう際には、高齢者、養護者、その家族等に、情報収集した内容や情報収集を行った理由が伝わらないように、守秘義務について説明し、理解を求めることが重要である。

2 高齢者や養護者への訪問調査

> **POINT**
> ◆高齢者の安全および初回相談の内容から推測される虐待の疑いについての事実は、必ず高齢者や養護者を直接訪問して確認しなければなりません。
> ◆訪問調査では、第一に高齢者の生命や身体の安全を確認し、その後、高齢者と養護者に対して、それぞれの担当者が異なる場所で面接を行う必要があります。
> ◆たとえすべての情報収集ができていなくても、事前に確認した期限までに、収集した情報をもとに、情報を整理することが重要です。

対応の流れ

訪問調査の事前準備 → 高齢者の生命や身体の安全確認 → 虐待が疑われる事実についての確認 → （必要に応じて）介入拒否の場合の対応

❶ 訪問調査の事前準備

1) 訪問調査の必要性

初回相談受付直後における高齢者の安全と事実の確認は、その後の虐待の認定や対応の必要性や内容を判断していくうえで極めて重要です。高齢者虐待防止法第9条第1項には「直接訪問」という言葉はありませんが、過去の記録や伝聞（伝え聞き）による情報に基づいて判断を行うのではなく、担当者が高齢者を直接訪問して、高齢者の安全と事実関係を確認する必要があります。

2) 訪問調査の事前準備

訪問調査の事前準備として、まず、事実確認を行うための事前協議で決定した訪問方法や役割分担に基づいて、具体的な手順を確認します。

特に初回訪問の時点では、「虐待が行われているか」ということすら判明していない状態であるため、訪問目的としてどのような説明が効果的かということについても十分検討しておく必要があります。例えば「虐待」という言葉は使わず、健診の案内や高齢者の困りごと相談のお知らせなどといった別の理由をつくる工夫も有効です。

訪問調査を実施する際の留意事項

・高齢者や養護者を訪問する際には、客観性を高めるため、原則として2人以上の職員で訪問します。また、高齢者の生命や身体の安全確認をする必要がある場合には、医療職の同行が求められます。
・高齢者と養護者への面接担当者は分けて、別々の場所で面接を行うことが重要です。

❷ 高齢者の生命や身体の安全確認

　訪問により高齢者と面接することができた場合、医療、福祉の両専門職で、以下に示す「緊急性が高いと予測される状況」を見極める必要があります。

　ただし、高齢者が脱水や低栄養の状態にある場合、認知症など精神疾患が疑われる場合、高齢者がパワレス（無気力状態）に陥っている場合や、養護者がその場に一緒にいるときといないときとでは、訴えが異なることもあります。

　面接のなかで、高齢者や養護者の状態を正確に把握したり意向を引き出すためには、高齢者や養護者にとって安心・安全な環境を設定すること、高齢者と養護者からの聞き取り役を分けることが不可欠です。

【参考】緊急性が高いと予測される状況

身体の状態・けがなど
- 外傷等［頭部外傷（血腫、骨折等の疑い）、腹部外傷、重度の褥瘡］（それらの部位、大きさ、色）
- 全身状態・意識レベル［全身衰弱、意識混濁］
- 脱水症状［重い脱水症状、脱水症状の繰り返し］
- 栄養状態等［栄養失調］

話の内容
- 恐怖や不安の訴え［「怖い」「痛い」「怒られる」などの発言］
- 保護の訴え［「殺される」「○○が怖い」「何も食べていない」「家にいたくない」「帰りたくない」などの発言］
- 強い自殺念慮［「死にたい」などの発言、自分を否定的に話す］

養護者の態度
- 支援者への発言［「何をするかわからない」「殺してしまうかもしれない」などの訴えがある］
- 保護の訴え［虐待者が高齢者の保護を求めている］
- 暴力、脅しなど［刃物、ビンなど凶器を使った暴力や脅しがある］

❸ 虐待が疑われる事実についての確認

　高齢者の生命や身体の安全が確認された後、虐待が疑われる事実について確認を行います。

　虐待が疑われる事実について確認する際には、チェックシートを活用しながら行うと、確認する事実の漏れを少なくすることができるとともに、共通の項目について複数で確認を行うことが可能となります。

　その際、「いつ(日時)」「誰(市町村担当部署の職員、地域包括支援センターの職員など)が」「誰から」「何(身体の状態・けが等、生活の状況、話の内容、表情・態度、サービスなどの利用状況、養護者の態度など)を」「どのような方法で」確認したかを記録することが重要です(63頁「事実確認票－チェックシート(裏面)」を参照)。

　また、高齢者本人や養護者、第三者の発言内容や行動・態度などについてもそのまま記録します。

　さらに、虐待開始の時期、虐待発生のきっかけ、発生頻度、発生しやすい時間帯等、虐待の状況についても、可能な範囲で確認します(62頁「事実確認票－チェックシート(表面)」を参照)。

　虐待の有無や緊急性の判断は明確な根拠に基づいて行うため、確認された事実のみを正確に記録に残します。推測や確認されなかった事実の記載や、初回相談で受け付けた内容と直接確認した事実とを混同させることは避けなければなりません。

　初動期段階の事実確認は限られた時間内で行うため、その後の虐待の認定や対応の必要性の判断にかかわる項目すべてを集めることは難しいといえます。また、場合によっては、高齢者や養護者に会えなかったり、訪問を拒否されることも予想されます。そうした場合も、共通の項目で、収集できた事実のみを正確に記録する必要があります。

観察・聞き取り、事実確認記録を作成する際の留意事項

高齢者の状況に合わせた観察・聞き取りを行う

- 高齢者に認知症が疑われる場合、自分のおかれている状況を認識することが難しかったり、話に一貫性がないことも予想されます。そのような場合でも、高齢者の尊厳を尊重し、面接時のやりとりや表情、周りの人への反応など、全体的な状況を丁寧に観察することが必要です。
- また、認知症や知的な障害が疑われる高齢者や養護者に対しては、その人に合わせたコミュニケーションを行う工夫が求められます。

高齢者や養護者のプライバシーを侵すことがないよう十分に配慮する

- 高齢者の身体状況を確認する場合、心理的負担を取り除き、衣服を脱いで確認する場合は同性職員が対応する配慮が求められます。
- 傷の場所や大きさは図で示したり、高齢者や養護者の了解のもとに写真に残します。

【参考】事実確認票ーチェックシート(表面)例

事実確認票ーチェックシート

確認者：		確認日時：	年　月　日　時　～　年　月　日　時			
高齢者本人氏名		性別	□男　□女	生年月日	年　月　日生	年齢　　　歳
確認場所	□居宅　□来所（□行政　□地域包括支援センター）　□その他（　　　）					
確認時の同席者の有無	□無　　□有（氏名：　　　　　　　　　）					

発言内容や状態・行動・態度など（見聞きしたことをそのまま記入）
【本人】
【養護者】
【第三者】：（　　　　　）

虐待の全体的状況

発生状況
1．虐待が始まったと思われる時期：　　　　年　　　　月頃
2．虐待が発生する頻度：
3．虐待が発生するきっかけ：
4．虐待が発生しやすい時間帯：

※裏面の事実確認項目（サイン）を利用して事実確認を行う。

社団法人日本社会福祉士会 作成　VerⅡ-2（出典：東京都健康長寿医療センター研究所作成様式を参考に作成）

【参考】事実確認票−チェックシート（裏面）例

事実確認項目（サイン）

※1：「通」：通報があった内容に○をつける。「確認日」：行政および地域包括支援センター職員が確認した日付を記入。
※2：「確認項目」の列の太字で下線の項目（例「外傷等」）が確認された場合は、『緊急保護の検討』が必要。

分類	通	確認日	確認項目	サイン；当てはまるものがあれば○で囲み、他に気になる点があれば（ ）に簡単に記入	確認方法（番号に○印またはチェック）　確認者（カッコ内に「誰が」、「誰（何）から」を記入）　1.写真、2.目視、3.記録、4.聴き取り、5.その他
身体の状態・けが等			**外傷等**	頭部外傷（血腫、骨折等の疑い）、腹部外傷、重度の褥そう、その他（　）　部位：　大きさ：	1、2、3、4、5　（　）が（　）から確認した
			全身状態・意識レベル	全身衰弱、意識混濁、その他（　）	1、2、3、4、5　（　）が（　）から確認した
			脱水症状	重い脱水症状、脱水症状の繰り返し、軽い脱水症状、その他（　）	1、2、3、4、5　（　）が（　）から確認した
			栄養状態等	栄養失調、低栄養・低血糖の疑い、その他（　）	1、2、3、4、5　（　）が（　）から確認した
			あざや傷	身体に複数のあざ、頻繁なあざ、やけど、刺し傷、打撲痕・腫張、その他（　）　部位：　大きさ：　色：	1、2、3、4、5　（　）が（　）から確認した
			体重の増減	急な体重の減少、やせすぎ、その他（　）	1、2、3、4、5　（　）が（　）から確認した
			出血や傷の有無	生殖器等の傷、出血、かゆみの訴え、その他（　）	1、2、3、4、5　（　）が（　）から確認した
			その他		1、2、3、4、5　（　）が（　）から確認した
生活の状況			衣服・寝具の清潔さ	着の身着のまま、濡れたままの下着、汚れたままのシーツ、その他（　）	1、2、3、4、5　（　）が（　）から確認した
			身体の清潔さ	身体の異臭、汚れのひどい髪、皮膚の潰瘍、のび放題の爪、その他（　）	1、2、3、4、5　（　）が（　）から確認した
			適切な食事	菓子パンのみの食事、余所ではガツガツ食べる、拒食や過食が見られる、その他（　）	1、2、3、4、5　（　）が（　）から確認した
			適切な睡眠	不眠の訴え、不規則な睡眠、その他（　）	1、2、3、4、5　（　）が（　）から確認した
			行為の制限	自由に外出できない、自由に家族以外の人と話すことができない、長時間家の外に出されている、その他（　）	1、2、3、4、5　（　）が（　）から確認した
			不自然な状況	資産と日常生活の大きな落差、食べる物にも困っている、年金通帳・預貯金通帳がない、その他（　）	1、2、3、4、5　（　）が（　）から確認した
			住環境の適切さ	異臭がする、極度に乱雑、ベタベタした感じ、暖房の欠如、その他（　）	1、2、3、4、5　（　）が（　）から確認した
			その他		1、2、3、4、5　（　）が（　）から確認した
話の内容			**恐怖や不安の訴え**	「怖い」「痛い」「怒られる」「殴られる」などの発言、その他（　）	1、2、3、4、5　（　）が（　）から確認した
			保護の訴え	「殺される」「○○が怖い」「何も食べていない」「家にいたくない」「帰りたくない」などの発言、その他（　）	1、2、3、4、5　（　）が（　）から確認した
			強い自殺念慮	「死にたい」などの発言、自分を否定的に話す、その他（　）	1、2、3、4、5　（　）が（　）から確認した
			あざや傷の説明	つじつまが合わない、求めても説明しない、隠そうとする、その他（　）	1、2、3、4、5　（　）が（　）から確認した
			金銭の訴え	「お金をとられた」「年金が入ってこない」「貯金がなくなった」などの発言、その他（　）	1、2、3、4、5　（　）が（　）から確認した
			性的事柄の訴え	「生殖器の写真を撮られた」などの発言、その他（　）	1、2、3、4、5　（　）が（　）から確認した
			話のためらい	関係者に話すことをためらう、話す内容が変化、その他（　）	1、2、3、4、5　（　）が（　）から確認した
			その他		1、2、3、4、5　（　）が（　）から確認した
表情・態度			おびえ、不安	おびえた表情、急に不安がる、怖がる、人目を避けたがる、その他（　）	1、2、3、4、5　（　）が（　）から確認した
			無気力さ	無気力な表情、問いかけに無反応、その他（　）	1、2、3、4、5　（　）が（　）から確認した
			態度の変化	家族のいる場面いない場面で態度が異なる、なげやりな態度、急な態度の変化、その他（　）	1、2、3、4、5　（　）が（　）から確認した
			その他		1、2、3、4、5　（　）が（　）から確認した
サービスなどの利用状況			適切な医療の受診	家族が受診を拒否、受診を勧めても行った気配がない、その他（　）	1、2、3、4、5　（　）が（　）から確認した
			適切な服薬の管理	本人が処方されていない薬を服用、処方された薬を適切に服薬できていない、その他（　）	1、2、3、4、5　（　）が（　）から確認した
			入退院の状況	入退院の繰り返し、救急搬送の繰り返し、その他（　）	1、2、3、4、5　（　）が（　）から確認した
			適切な介護等サービス	必要であるが未利用、勧めても無視あるいは拒否、必要量が極端に不足、その他（　）	1、2、3、4、5　（　）が（　）から確認した
			支援のためらい・拒否	援助を受けたがらない、新たなサービスは拒否、その他（　）	1、2、3、4、5　（　）が（　）から確認した
			費用負担	サービス利用負担が突然払えなくなる、サービス利用をためらう、その他（　）	1、2、3、4、5　（　）が（　）から確認した
			その他		1、2、3、4、5　（　）が（　）から確認した
養護者の態度等			**支援者への発言**	「何をするかわからない」「殺してしまうかもしれない」等の訴えがある、その他（　）	1、2、3、4、5　（　）が（　）から確認した
			保護の訴え	虐待者が高齢者の保護を求めている、その他（　）	1、2、3、4、5　（　）が（　）から確認した
			暴力、脅し等	刃物、ビンなど凶器を使った暴力や脅しがある、その他（　）	1、2、3、4、5　（　）が（　）から確認した
			高齢者に対する態度	冷淡、横柄、無関心、支配的、攻撃的、拒否的、その他（　）	1、2、3、4、5　（　）が（　）から確認した
			高齢者への発言	「早く死んでしまえ」など否定的な発言、コミュニケーションをとろうとしない、その他（　）	1、2、3、4、5　（　）が（　）から確認した
			支援者に対する態度	援助の専門家と会うのを避ける、話したがらない、拒否的、専門家に責任転嫁、その他（　）	1、2、3、4、5　（　）が（　）から確認した
			精神状態・判断能力	虐待者の精神的不安定・判断力低下、非現実的な認識、その他（　）	1、2、3、4、5　（　）が（　）から確認した
			その他		1、2、3、4、5　（　）が（　）から確認した

社団法人日本社会福祉士会 作成 VerⅡ-2（出典：東京都健康長寿医療センター研究所作成様式を参考に作成）

❹ 介入拒否の場合の対応

どのような訪問調査を行うべきか事前に準備を行ったとしても、高齢者や養護者から介入を拒否されることもあります。その場合でも、高齢者の生命や身体の安全確認を行うことができる方法を検討し、事前に確認した期限までに、繰り返し事実確認を行うことが重要です。

以下に、介入拒否の場合の工夫例を示します。

1）訪問方法の工夫

①訪問者
民生委員、親類などに同行を依頼したり、紹介してもらう方法も有効です。

②訪問場所
事前の情報収集により、高齢者が介護保険サービスを利用していたり、定期的に医療機関を受診していることが明らかになった場合には、介護保険サービス事業所や医療機関で高齢者から聞き取りを行うなど、柔軟な対応を行うことが重要です。

③訪問日時
事前の情報収集により、高齢者や養護者が在宅または不在の日時を確認し、日時を変えながら訪問を重ねることも求められます。

2）さまざまな工夫を重ねても、高齢者の生命や身体の安全を確認することができない場合

さまざまな工夫を重ねても、高齢者の生命や身体の安全を確認することができない場合、適切な時期に、立入調査の要否を検討することが必要となります。立入調査の要否を判断する根拠として、これまでに訪問した日時とその結果の記録が重要となります（例「○月△日□時（訪問者名）、訪問したが留守で会えず」など）。

◆**高齢者、養護者に訪問調査を行うための工夫**◆

キーワード：介入拒否、複数人の訪問調査、役割分担

70歳代後半の夫婦2人世帯
　地域包括支援センターに、高齢者宅の隣人から「隣のおばあちゃんが、近所の庭に生ゴミをまいて周りで問題になっている。10年くらい前から様子がおかしく、最近はいくら注意しても意味がわからないのか、おびえたように逃げていってしまう。おじいちゃんには何度か病院にも連れていくよう勧めたが、受診もさせていないようで、他人の家のことに口を出してくれるなと怒鳴られた。この2週間ほどは姿も見ていないし、食事もどうしているのかわからず、心配」との相談が入った。
　市虐待担当部署と地域包括支援センターは、事実確認を行うための協議とともに、訪問前に以下の内容を確認した。
　○訪 問 者：妻の認知症の症状について見極める必要があるので、市の健康診断の説明も兼ね、市の保健
　　　　　　　師と地域包括支援センターの社会福祉士が訪問する。
　○訪問日時：夫の犬の散歩時間の終わる頃（午前8時半頃）
　○訪問理由：住民の名前は伏せ、市の健康診断未受診高齢者への保健指導を理由に訪問する。
　○そ の 他：
　　　・事実確認時の質問、観察すべき点（本人の身体状況や生活状況、話の内容、表情、夫の態度等）を事前
　　　　に共有した。
　　　・市担当部署は、妻の分離保護の必要がある場合の対応について準備しておく。

＜最初の声かけ、事実確認当日の進め方（市の保健師と社会福祉士2人で訪問）＞
　①「おはようございます。市役所の保健師の○○です。75歳以上の方で、市の健康診断を未受診なので
　　気になって来ました。ちょっとお話を伺わせてください」
　　≪解説≫行政機関（市町村の保健部局）が業務（保健指導）として訪問したことを明確に伝えることで、初
　　　　　対面での不信感や、不安を解消し、理解を得る。
　②「ご主人にお話をお伺いした後、奥さんにもお話をお伺いしてもよろしいですか」
　　≪解説≫養護者からもきちんと話を聞くつもりがある姿勢を示すと、本人に会わせても問題がないといっ
　　　　　た気持ちになってもらいやすい。
　③（高齢者の様子を確認できたら）「奥さんのお世話は大変でしょう。よく今まで1人で看てこられました
　　ね。介護保険サービスの利用などを考えられたことはなかったのですか」
　　≪解説≫訪問の目的は虐待を認めさせることではなく、高齢者や養護者のおかれている状況を把握する
　　　　　ことである。養護者の辛さに寄り添うことで、新たな情報が引き出せるよう配慮する。
　④「一人で抱え込まず、私たちにも手伝わせてください。またお訪ねしてもいいですか」
　　≪解説≫次につながる約束事をしておく。

≪解説≫
　高齢者にも、養護者にも、支援を受け入れる気持ちが希薄な場合、最初の関わり方の工夫が重要である。できるだけ高齢者本人および養護者と会える訪問方法を工夫し、会えた場合は、業務として訪問していることを伝えるほうが、受け入れられることが多い。
　また、養護者の事情を聞くことに時間を割いてしまいがちだが、本人の生命、身体の安全確認を優先する必要がある。そのために、複数（2人以上）の職員で別々に面接を行えるよう事前準備が重要な意味をもつ。その際、あまり人数が多いと威圧感を与えることにもなるので、相手の生活環境や性格などを加味し、人数調整、役割分担をすることが求められる。

同席者や面接環境によって高齢者の意思表示が変化する例

キーワード：高齢者本人の訴え、気持ちの揺らぎ、面接環境

　70歳代男性（要介護3、認知症あり）、娘夫婦と同居
　病院からの退院後、疎遠にしていた娘夫婦宅で同居することとなり、訪問看護を導入する。
　訪問看護の看護師と2人になる入浴時に「娘に殴られた。縁を切ってでも家を出たい」と訴えがあった。報告を受けた介護支援専門員は直ちに訪問したが、娘の前では「転んだだけ、ここにいるつもり」と話をしたという。
　介護支援専門員から連絡を受けた地域包括支援センターが、高齢者と面接するため娘宅を訪問したが、常時、娘夫婦が同席しており、高齢者に対して威圧的な態度、表情を示していた。一方、高齢者は常に娘夫婦の顔色をうかがいながら言葉を選んでいる様子で、虐待の疑いについて話を聞くことはできなかった。介護負担があることから、高齢者、家族にショートステイなど介護保険サービスの利用を広げることを提案した。

≪解説≫
　高齢者が「家を出たい」と言ったのは、本人と看護師だけの安心した空間であり、一方で同じ自宅でも家族が同席している場面では、正反対の発言が聞かれた。
　本人の意思表示が一貫しない場合には、本人の気持ちの揺れおよび判断能力によるものなのか、面接環境によるものなのか丁寧に見極める必要がある。また、面接を行う際には、安心・安全な環境のもとで、複数の職員で、何度も確認していくことが求められる。

本人や養護者と虐待について話ができない場合の留意事項

①「高齢者と養護者双方が虐待について語らないパターン」、②「高齢者が助けを求めているにもかかわらず養護者が虐待について認めないパターン」、③「高齢者が虐待を認めず養護者が虐待を認めるパターン」が考えられる。

≪解説≫
　虐待を受けている高齢者、養護者どちらかでも虐待行為を語らない、容認していない場合であっても、客観的事実をもとに、高齢者本人の生命および身体の危険性が高いと判断した場合には、本人保護を優先していくことに変わりはない。また、高齢者、養護者どちらかが虐待を容認していないことや、養護者等からの強い拒否、不当な訴え、関係者への攻撃的な言動がある場合でも、対応内容が消極的にならないよう注意する必要がある。そのためには、事実を正確に把握し、組織的な判断と対応をするための、明確な判断根拠が必要である。このことは、養護者とのトラブルを防ぐ重要な手続きともなる。

　①および②の場合、養護者からの強い介入拒否、対応への批判などから援助が思うように進まないことが考えられる。高齢者本人の安全の確保を優先し、分離保護、やむを得ない事由による措置の適用も視野に入れて取り組む必要がある。その際、養護者には、対応を受け入れてもらうことが高齢者本人および養護者にとって、現状を改善していくきっかけとなることを伝え、理解を得ていくこととなる。
　②の場合、養護者は、意識して虐待行為を行っている場合もあれば、意識せずに虐待行為となっている場合もある。また、高齢者本人と養護者との思いのズレ等からその内容が客観的事実とは異なった内容で通報される場合もある。養護者の虐待行為への認識があるのかないのかにより介入方法も変わる。今までの双方の関わりや生活状況の把握に努め、総合的な判断が必要となる。
　③の場合、高齢者本人の虐待への認識や心の葛藤も考えられる。高齢者本人の考えや思いを関係者が代弁しながら確認を取っていく。養護者自身も虐待を認めていることから、養護者への支援を含め、どのように虐待を解消していく方法があるのか情報を提供し、早期の介入に結び付けていくことができる。

第5節 コアメンバー会議

POINT

◆虐待の有無と緊急性の判断は、市町村の責任に基づいて開催されるコアメンバー会議で行います。
◆初回のコアメンバー会議は事実確認終了後、速やかに開催されることが必要です。
◆迅速かつ適切に市町村権限の行使を含めた判断を行う必要があるため、コアメンバー会議には市町村担当部署の管理職の出席が必要です。

1 コアメンバー会議の開催

① 出席者

　コアメンバー会議は、初動期の虐待対応に位置づけられる会議で、市町村の責任において虐待の有無と緊急性の判断を行い、当面の対応方針を決定するために開催されるもので、市町村担当部署の管理職および担当職員、地域包括支援センター職員によって構成されます。

　さらに、事例の内容に応じて、庁内関係部署の職員（生活保護ケースワーカー、保健センター保健師など）や、専門的な助言者（医師や弁護士、高齢者虐待対応専門職チームの弁護士や社会福祉士）等の出席を、市町村担当部署から要請することが効果的です。

　虐待の有無や緊急性の判断を行う場では、状況に対する情報共有・合議とともに、必要に応じて、立入調査ややむを得ない事由による措置といった市町村権限の行使についても速やかに意思決定していく必要があり、そのためにも管理職の会議への参加が必要です。意思決定者の不在によって、状況認識の共有や対応が滞ることのないよう留意する必要があります。

意思決定の場と情報収集の場の切り分けについての留意事項

　介護支援専門員や民生委員などは、場合によっては通報者であったり、あるいは当該高齢者や養護者の状況について有益な情報を有していることが想定されます。しかしながら、コアメンバー会議はあくまで市町村としての判断の場と位置づけられます。このため、介護支援専門員や民生委員などには会議への参加を要請するのではなく、情報収集の段階で必要な情報の聞き取りを行っておきます。

2 協議事項

❶ 事実確認で集めた情報の整理

　事実確認からコアメンバー会議までに収集した情報を整理します。その際、直接収集した情報と間接的な情報は分けることが必要です。

　虐待の有無と緊急性を判断するために必要な情報が集まっていないという理由で、判断を先延ばしにすることは避けなければなりません。判断に必要な情報が集まっていない場合には、現在の時点までに収集できた情報で「明らかなこと」と「不明なこと」を区別し、「今後、虐待の有無と緊急性の判断を行うために確認する必要がある情報は何か」を明確にします。

❷ 虐待の有無と緊急性の判断

　❶の情報の整理を通じて、虐待の有無と緊急性の有無について判断をします。

　虐待の有無については、虐待の事実はない、判断できなかった、虐待の事実が確認された、のいずれかに整理し、虐待の事実が確認された場合、具体的にどの虐待類型に属するのかについても、確認します（第1章「養護者による高齢者虐待類型の例」（5頁）参照）。

　緊急性の判断は、緊急的に分離保護をする必要があるか、立入調査の要否について検討する必要があるか、事実確認の継続の必要があるか、などの観点から整理します。

❸ 対応方針の決定

　虐待認定した事例、事実確認が不十分で虐待と認定できなかった事例について対応方針を決定します。

　一方、虐待が疑われる事実や権利侵害の事実が確認されなかった場合など、虐待ではないと判断した事例については、必要に応じて、権利擁護対応（虐待対応を除く）や包括的・継続的ケアマネジメント支援に移行したり、適切な関係機関に関与を引き継ぐことが重要です。

　＊コアメンバー会議の協議の流れについては、次頁の【参考】を参照。

　あわせて、虐待の有無の判断（4章5節❹）、緊急性の判断（4章5節❺）、対応方針の決定（4章5節❻）についても参照ください。

3 役割分担

　市町村担当部署と地域包括支援センターは、コアメンバー会議を開催するにあたり、役割を分担することが大切です。以下にその分担を例示します。

> ・市町村担当部署 ………… **会議の招集**、進行、役割分担をして収集した事実確認の結果資料の準備、**会議記録（議論の経過がわかるような議事録）の作成・保管**など
> ・地域包括支援センター … 役割分担をして収集した事実確認結果資料の準備、会議記録（帳票類）の作成など

※高齢者虐待対応の第一義的責任を有するのは市町村であることから、コアメンバー会議の開催・招集、会議記録（議論の経過がわかるような議事録）の作成・保管は、市町村担当部署が担うことが求められます。

第 4 章 初動期段階

【参考】コアメンバー会議での協議の流れ

【事実確認結果をもとにした情報の整理】
・高齢者の安全(心身の状態や判断能力、生活状況等)の確認と整理
・虐待が疑われる事実や、高齢者の権利を侵害する事実の有無の確認と整理

　↓

	必要となる対応

【Ⅰ. 虐待の有無の判断】
● 虐待が疑われる事実が確認された場合
● 高齢者の権利を侵害する事実等が確認された場合
　→「虐待あり」と判断し、「Ⅱ. 緊急性の判断」を行うとともに、対応方針を決定する
　「Ⅱ. 緊急性の判断」へ
● 虐待が疑われる事実や権利侵害の事実が確認されなかった場合
　→「虐待なし」と判断し、権利擁護対応等の対応に移行
● 収集した情報が十分でなく、虐待が疑われる事実や高齢者の権利を侵害する事実が確認できていないため、虐待の有無が判断できない場合
　→ 期限を区切り、事実確認を継続
※初回相談の内容から当該高齢者の生命や身体に危険があると考えられるが、介入拒否等に遭い、高齢者の安全確認ができない場合は、「立入調査の要否の検討」へ

→ ・権利擁護対応(虐待対応を除く)に移行
・包括的・継続的ケアマネジメント支援に移行
・関係機関窓口への引き継ぎ

→ 【事実確認を継続】
・虐待の有無の判断が可能となる情報、その他高齢者や養護者に関する必要な情報を確認し、対応方針で情報収集の役割分担、期限、収集方法を定める

　↓

【Ⅱ. 緊急性の判断】
● 高齢者が、重篤な外傷、脱水、栄養失調、衰弱等により、入院や通院が必要な状態にある場合
● 状況が切迫しており、高齢者や養護者から保護の訴えがある場合
● 暴力や脅しが日常的に行われている場合
● 今後重大な結果が生じる、繰り返されるおそれが高い場合
● 虐待につながる家庭状況、リスク要因がある場合
　→【緊急対応による分離保護の検討・実施】
● 適切なサービス導入によって、養護者の介護負担が軽減されることが明らかな場合
● 高齢者の判断能力が低下しているため、適切な財産管理ができていない場合(財産や資産が搾取されていて同居継続により被害がさらに大きくなるおそれが高い)
● 経済的に困窮していて、サービス等の活用ができていない場合
　→【適切なサービス等の導入の検討】
● さまざまな工夫をこらしたうえで、なお高齢者の生命や身体の安全を確認できない場合
　→【立入調査の要否の検討】

→ 【緊急対応による分離保護の検討・実施】
・入院治療の必要性を検討
・入院治療の必要性が高い場合、医療機関を受診し、医師の指示を仰ぐ
・入院治療の必要性が低い場合、分離保護の検討

→ 【適切なサービス等の導入の検討】
・治療が必要にもかかわらず、医療機関を受診していない場合は、受診に向けた支援の実施
・介護保険サービスの利用可能性の検討、または利用状況の確認
・成年後見制度または日常生活自立支援事業の活用の検討
・生活保護相談・申請、各種減免手続き等の検討

→ 【立入調査の要否の検討】
・さまざまな工夫をこらしたうえで、なお高齢者の生命や、身体の安全を確認できない場合には、立入調査の要否を検討

4 虐待の有無の判断

> **POINT**
> ◆虐待の有無を判断する際には、高齢者本人や養護者の虐待に対する自覚の有無は問いません。
> ◆寄せられた事例が高齢者虐待に該当するか否かを判断することは、養護者を罰することを目的とするものではありません。高齢者と養護者を支援の対象として位置づけることを目的として行うものです。

　寄せられた事例が高齢者虐待に該当するか否かを判断することは、高齢者と養護者を支援の対象と位置づけるために行います。また、虐待として認定することは、市町村に対して、適切な権限の行使を促すことも意味しています。

　虐待の有無を判断する際には、高齢者本人や養護者の虐待に対する自覚の有無は問いません。同時に、虐待対応従事者側が「養護者は一生懸命介護しているから」と主観を持ち込むことも避けなければなりません。

　虐待の有無は、事実確認によって得られた情報の整理を通じて明らかになった「高齢者の権利が侵害されている事実」に着目して判断する必要があります。

　以下に、虐待の有無の判断結果と必要となる対応例を示します。

【参考】虐待の有無を判断する例と必要となる対応例

虐待の有無の判断	必要となる対応例
●虐待が疑われる事実が確認された場合 ●高齢者の権利を侵害する事実が確認された場合	「虐待あり」と判断し、「Ⅱ．緊急性の判断」を行うとともに、対応方針を決定する
●虐待が疑われる事実や権利侵害の事実が確認されなかった場合 例：大きな音が聞こえたという通報を受けたが、事実確認の結果、高い所の物を取ろうとして落としてしまった音だったなど、高齢者、養護者ともに誤解であることを認めている場合　など	「虐待なし」と判断し、権利擁護対応等の対応に移行
●収集した情報が十分でなく、通報等の内容や他の権利侵害事実が確認できておらず、虐待の有無が判断できない場合	期限を区切り、事実確認を継続

◆虐待の有無の判断における例◆

養護者（弟夫婦）が姉の年金を管理し、本人の医療費や施設等への利用料を支払わない例

キーワード：利用料の滞納、経済的虐待、成年後見制度（市町村長申立て）

　60歳代女性（要介護3、認知症あり）、弟夫婦と3人暮らし
　市町村担当部署に、短期入所生活介護事業所から「弟夫婦が、施設の対応が悪いと不満を訴え、半年間利用料の支払いをしない。期限を明示して、督促や退所について通知するが、一度も面会や連絡がない。別の施設へ措置移管してほしい」と連絡が入った。
　市担当部署と地域包括支援センターにて、これまでの介護保険サービスの利用状況を確認する。すると、短期入所生活介護事業所を転々とし、どこの施設でも、当初の2、3か月分は利用料を支払うが、その後は施設の対応を理由に不払いとなるため、施設側と再三トラブルを起こしていることが明らかとなった。
　市担当部署、地域包括支援センターにて、弟夫婦宅を訪問するが、玄関先で「適切な対応をしない施設側が悪い、支払いはしない、姉（高齢者）は引き取らない」「姉の年金は自分たちが管理している、いずれ利用料も支払う」と言うだけで、それ以上、取り合おうとしなかった。
　緊急のコアメンバー会議において、高齢者本人の年金を管理しているにもかかわらず、利用料を適切に支払わず、必要な面会や引き取り等を行うこともないことから、介護・世話の放棄・放任、経済的虐待と判断するとともに、やむを得ない事由による措置を適用しての施設入所に切り替えることを確認した。また、弟夫婦に対し、措置費の自己負担を請求し、納付されなければ、一定の期間をもって、成年後見制度の市町村長申立てを進めていくことも確認した。

※事実確認項目に基づいて、虐待として判断した根拠

高齢者および養護者への面接から
　①サービスなどの利用状況：高齢者の年金を管理しているにもかかわらず、利用料を支払わないために、高齢者に必要な介護保険サービスが受けられない状況にあり、継続的で安全な生活の場が確保されていない。
　②養護者の態度：今後の対応や適切な介護保険サービス利用に向けた話し合いに応じようとしない。

第三者からの聞き取りから
　③入所先の施設長：これまで支払いについて何度も連絡し、話もしてきたが、最近は全く話に応じてもらえない。本来であれば退所してもらうところを、本人のために支援をしてきたが、もう限界である。

≪解説≫
　高齢者本人の年金や財産を管理している家族（養護者）が、いろいろな理由をつけ、本人が受診している医療機関や介護保険施設、事業所等に支払いを適切に行わない場合や本人にとって最低限必要な医療や介護保険サービスすら利用させない場合等においては、関係機関と高齢者、家族の問題、高齢者と家族間の問題であるといった見解によって、市町村担当部署や地域包括支援センターは消極的となりやすい。しかし、その経緯等を勘案し、高齢者本人の安全、安心な生活の場が確保できていない、またできなくなることが予測されるとすれば、高齢者虐待に該当すると判断し、措置等を含め適切な対応を行う必要がある。

5 緊急性の判断

> **POINT**
> ◆緊急性の判断にあたっては、高齢者や養護者の心身の状況や生活状況、関係性、虐待の程度や頻度などをもとに、総合的に判断することが求められます。
> ◆高齢者の生命や身体にかかわる危険が大きいと判断される場合、高齢者の「自己決定の尊重」より「客観的状況から判断される高齢者の安全・安心の確保」を優先させる場合もあります。

ここで、緊急性の判断とは、以下のような内容を意味します。

- 高齢者の安全確認を行い、「生命又は身体に危険が生じているおそれがある場合」に、緊急入院や高齢者短期入所施設等への一時保護のための措置を図ること。
- 高齢者や養護者が協力拒否などをして事実確認ができない場合に、立入調査の要否を検討すること。

高齢者の生命や身体にかかわる危険性が高い場合や、放置しておくと重大な結果を招くおそれが予測される場合、他の方法では虐待の解消が期待できない場合などに、市町村が高齢者を保護する必要があると認めた場合、市町村は迅速かつ積極的に分離保護の措置などを講じなければなりません（第9条第2項）。

高齢者の生命や身体にかかわる危険が大きいと判断される場合、高齢者の「自己決定の尊重」より「客観的状況から判断される高齢者の安全・安心の確保」を優先させる場合もあります。その際には、そのように判断した根拠を明確にしておく必要があります。

緊急性の判断にあたっては、高齢者や養護者の心身の状況や生活状況、関係性、虐待の程度や頻度など、事実確認による情報整理をもとに、総合的に判断することが重要です。

総合的に判断する根拠として、次のような例があげられます。

- 入院や通院が必要（重篤な外傷、脱水、栄養失調、衰弱等）
- 高齢者本人・養護者が保護を求めている
- 暴力や脅しが日常的に行われている
- 今後重大な結果が生じる、繰り返されるおそれが高い状態
- 虐待につながる家庭状況、リスク要因がある
- 高齢者の安全確認ができていない

そのためには、事実確認に際して、60頁にあげた「緊急性が高いと予測される状況」について把握しておくことが必要になります。

6 対応方針の決定

> **POINT**
> ◆ 市町村担当部署は、虐待と認定した事例について、対応方針を協議・決定します。
> ◆ 設定した期限までに、高齢者の生命、身体の安全確認を行うことができなかった事例については、事実確認の継続または立入調査の必要性について判断し、対応します。
> ◆ それぞれの事例について、決定した対応方針に基づいて、今後行う対応や目標、役割分担と期限についても協議・決定します。

　市町村担当部署は、虐待の有無と緊急性の判断を行った結果、虐待と認定した事例、事実確認を継続と判断した事例について、必要な対応方針を決定します。

　いずれの事例でも、対応方針を決定するうえでは、「高齢者の生命や身体の安全確保」という目的を明確にしたうえで、事例の状況に応じて検討することが重要です。

【参考】事例の状況と対応例

1．緊急対応による分離保護の検討・実施が必要な場合

① 高齢者が、重篤な外傷、脱水、栄養失調、衰弱等により、入院や通院が必要な状態にある場合
　⇒ <u>入院治療の必要性を検討</u>
　　ア．入院治療の必要性が高い場合、医療機関を受診し、医師の指示を仰ぐ。
　　イ．入院治療の必要性が低い場合、下記②～⑤を検討

② 状況が切迫しており、高齢者や養護者から保護の訴えがある場合
③ 暴力や脅しが日常的に行われている場合
④ 今後重大な結果が生じる、繰り返されるおそれが高い場合
　（例えば）暴力の危険があるが、高齢者の判断能力や気力が低下していたり、避難できる場所がない、自ら避難できる状況にない　など
⑤ 虐待につながる家庭状況、リスク要因がある　など
　⇒ <u>分離保護の検討</u>
　　ア．「やむを得ない事由による措置（老人福祉法第11条第1項）」を適用し、養護老人ホームへの措置、特別養護老人ホームへのやむを得ない事由による措置、養護受託者への委託（詳細は、「7章2節　やむを得ない事由による措置」(127頁)を参照)
　　イ．介護保険サービスを利用し、契約により特別養護老人ホームへの入所、またはショートステイの利用
　　ウ．別居の家族や親族宅、友人宅、ホテル、軽費老人ホーム　などの利用

　特に、サービス利用契約を結ぶ能力が不十分な認知症高齢者の場合、要介護認定を待つ時間的猶予がない場合、分離保護した高齢者に養護者が接触することによって高齢者の不安が増大したり、安全が守られない危険性がある場合などには、高齢者を保護し権利侵害を防ぐための手段として、適切に「やむを得ない事由による措置」を行う必要があります。

【参考】事例の状況と対応例（続き）

> **2．適切なサービス等の導入の検討が必要な場合**
>
> ①適切なサービス導入によって、養護者の介護負担が軽減されることが明らかな場合
> ⇒<u>治療が必要にもかかわらず、医療機関を受診していない場合は、受診に向けた支援の実施</u>
> ⇒<u>介護保険サービスの利用可能性の検討、または利用状況の確認</u>
> 　ア．契約による介護保険サービスの利用や、要介護認定が難しい場合
> 　　・「やむを得ない事由による措置（老人福祉法第10条第4項）」を適用し、在宅サービスを導入する
> 　　　（詳細は、「7章2節　やむを得ない事由による措置」（127頁）を参照）
> 　イ．介護保険サービスを申請しているが、利用していない場合
> 　　・介護保険サービスの利用を検討する
> 　ウ．介護保険サービスを利用しているが、サービス量や種類が不足している場合
> 　　・適切なサービス量や種類を検討する
> ②高齢者の判断能力が低下しているため、適切な財産管理ができていない場合
> ⇒<u>成年後見制度または日常生活自立支援事業の活用の検討</u>
> 　　（詳細は、「7章5節　成年後見制度」（141頁）を参照）
> ③経済的に困窮していて、サービス等の活用ができていない場合
> ⇒<u>生活保護相談・申請、各種減免手続き等の検討</u>
>
> **3．（収集した情報が不十分で虐待の有無が判断できず）事実確認継続を決定した場合**
>
> ⇒<u>虐待の有無の判断が可能となる情報、その他高齢者や養護者に関する必要な情報を確認し、対応方針で情報収集の方法、役割分担、期限を定める</u>
>
> **4．立入調査の要否を検討する場合**
>
> ⇒<u>さまざまな工夫をこらしたうえで、なお高齢者の生命、身体の安全を確認できない場合には、立入調査の要否を検討</u>
> 　　（詳細は、「7章1節　立入調査」（116頁）を参照）

　対応方針が決定したら、役割分担に応じて期日までに対応し、評価を行います。
　評価では、当初の目標が達成できたか、目標設定や対応の見直しの必要性があるのか、などについて適切に見極めることが重要です（詳細は、「4章6節　初動期段階の評価会議」（77頁）参照）。

第4章 初動期段階

　市町村担当部署と地域包括支援センターは、コアメンバー会議で虐待の有無と緊急性の判断を行った事例について対応方針を協議・決定します。その際には、虐待の有無と緊急性を判断した根拠とともに、以下に示す、今後行う対応や目標、役割分担と期限を記録する「高齢者虐待対応会議記録・計画書〜コアメンバー会議用」のような項目を入れた帳票を活用することが有効です。

【参考】高齢者虐待対応会議記録・計画書〜コアメンバー会議用（表裏両面）例

第1表　**高齢者虐待対応会議記録・計画書（1）〜コアメンバー会議用**

決裁欄（例）：課長／係長／担当者

- 高齢者本人氏名　　　　　　殿
- 計画作成者所属　　地域包括支援センター
- 計画作成者氏名
- 初回計画作成日　年　月　日
- 会議日時：　年　月　日　時　分〜　時　分

会議目的	
出席者	所属：　氏名／所属：　氏名／所属：　氏名／所属：　氏名／所属：　氏名／所属：　氏名
虐待事実の判断	□虐待の事実なし　□判断できず／□虐待の事実あり→□身体的虐待　□放棄・放任　□心理的虐待　□性的虐待　□経済的虐待　□その他
虐待事実の判断根拠	
緊急性の判断	□緊急性なし　□判断できず／□緊急性あり
緊急性の判断根拠	□入院や通院が必要（重篤な外傷、脱水、栄養失調、衰弱等）／□高齢者本人・養護者が保護を求めている／□暴力や脅しが日常的に行われている／□今後重大な結果が生じる、繰り返されるおそれが高い状態／□虐待につながる家庭状況・リスク要因がある／□高齢者の安全確認ができていない／□その他（　　）
高齢者本人の意見・希望	
養護者の意見・希望	※支援の必要性　□あり　□なし　□不明
総合的な対応方針※「アセスメント要約票」全体のまとめより	
対応の内容	□事実確認を継続（期限を区切った継続方針）／□立入調査　□警察への援助要請／□緊急分離保護（　　）　□入院（　　）／□面会制限／□在宅サービス導入・調整（　　）／【措置の適用】□有：□訪問介護　□通所介護　□短期入所生活介護　□認知症対応型共同生活介護　□小規模多機能型居宅介護　□養護老人ホーム　□特別養護老人ホーム／□無／□検討中（理由：　　）／□成年後見制度または日常生活自立支援事業の活用／□経済的支援（生活保護相談・申請／各種減免手続き等）（　　）／□その他（　　）

社団法人日本社会福祉士会 作成　VerⅡ-2（出典：東京都健康長寿医療センター研究所「支援計画書（第2版）」を参考に作成）

第2表　**高齢者虐待対応会議記録・計画書（2）〜コアメンバー会議用**

決裁欄（例）：課長／係長／担当者

対象	優先順位	課題	目標	対応方法（具体的な役割分担）		実施日時・期間／評価日
				何を・どのように	関係機関・担当者等	
高齢者						
養護者						
その他の家族						
関係者						

対応が困難な課題／今後検討しなければならない事項など（「アセスメント要約票」の全体のまとめから記載）　　計画評価予定日　年　月　日

※記入欄が足りない場合は、様式を追加して記入

社団法人日本社会福祉士会 作成　VerⅡ-2（出典：東京都健康長寿医療センター研究所「支援計画書（第3版）」、新潟県三条市作成様式を参考に作成）

◆介入段階における例◆

やむを得ない事由による措置により分離を実施した例

キーワード：やむを得ない事由による措置、医療との連携、養護者の態度

　90歳代女性（要介護3、認知症あり）、長男と同居
　地域包括支援センターに、近隣住民から「最近本人を見かけなくなった」と相談が入った。
　事実確認のため、高齢者宅を訪問。長男からは高齢者への面接を拒否されたが、説得のうえ本人の部屋に入ると、部屋から出られないように柱に紐で縛り付けられ、ぐったりした状態であった。その場で救急搬送したところ、脱水症状、低栄養状態にて点滴治療となった。
　緊急にコアメンバー会議を開催し、事実確認をした情報を以下のように共有した。
　医師からは、「栄養状態と褥瘡の悪化が考えられる、どのような生活を強いられていたかわからないが、今までと同じ対応では、自宅での生活は心配」と言われた。長男に連絡したところ、「徘徊がひどくなり、危険なため、部屋から出られないようにしているだけだ。仕事は忙しいが、面倒はみている。自宅に連れて帰るから、病院を教えろ」と怒鳴られたため、「また連絡をする」といって電話を切った。
　高齢者は認知症により意思確認ができる状態ではないこと、長男の発言から、このまま自宅に戻すには、生命の危険があることを理由に、やむを得ない事由による措置を適用し、特別養護老人ホームへ入所させることとした。長男が、本人を施設から無理やり連れ戻しに来る危険性も高いため、面会制限についても施設側と調整を行い実施した。

≪解説≫
　本人の健康状態、生活状況を含め、生命、身体の危険があると判断していく場合には、専門職からの意見も大切な判断材料となる。
　重大な危険性が生じる前に、コアメンバー会議で迅速に緊急性の判断を行うことが重要である。同時に、養護者が高齢者を強引に保護先から連れ戻す可能性がある場合は、面会制限の検討もコアメンバー会議において検討する必要がある。養護者側の対応を予測し、必要な場合には、警察等への連携を図ることも考慮する。

第6節 初動期段階の評価会議

POINT

◆市町村は、コアメンバー会議で決定した対応方針の実施状況や、行った対応が適切だったかどうかについて検討します。
◆対応状況等の確認・評価は、当初設定した評価日を厳守して行うことが求められます。
◆初動期段階の評価会議では、対応段階のための、新たな情報収集の必要性についても検討を行います。

1 初動期段階の評価会議の開催

① 出席者

　コアメンバー会議で決定した対応方針に基づいて行った対応の実施状況等を評価する場である評価会議は、市町村担当部署の職員、地域包括支援センター職員によって構成されます。
　また、立入調査など行政権限の行使についての判断が必要となる場合には、市町村担当部署の管理職が会議に出席することが望まれます（詳細は「5章5節　対応段階の評価会議」(108頁参照)。

② 具体的な評価の方法、視点

　作成した対応方針に則して、初動期段階の目的である高齢者の生命や身体の安全の確保がなされたかをどうかを以下の手順で判断します。ここでは、あくまでも取り組んだ結果、当初の目標が達成できたかどうかに着目します。

- 設定した目標に向けて、予定どおりに取り組んだか（誰が、いつ、何をしたのか）。
- 結果について確認された事実は何か。
- その事実は、当初の目標を達成したものだったか、あるいは目標や対応方法の変更を行う必要があるのか。
- 虐待の状況と高齢者本人、養護者の意向や状況はどうか。虐待解消に向けた養護者支援の必要性はあるのか。

　これらをすべて確認したうえで、評価のまとめとして、「虐待対応の終結」「継続」「アセスメントや方針（計画）の見直し」のいずれかを決定します。その際、必ず、その評価がいつの評価であるかを明記します。
　以下に、設定した目標や対応方法の変更の必要性を検討するための確認事項の例を示します。

【参考】設定した目標や対応方法の変更の必要性を検討するための確認事項例

- ●高齢者
  - ・高齢者の生命や身体の危険が回避されているか。
  - ・対応方針に基づく対応を受け入れているか。介入拒否などにより、対応が実施できていない状況にないか。
  - ・虐待の一時的な解消が図れているか。
  - ・新たに緊急に対応すべきリスクや市町村権限の発動の必要性などが生じていないか。
  - ・対応を行った結果、または別の要因が発生したことにより、高齢者の意向、生活状況に悪化(変化)が見られていないか。

- ●養護者
  - ・高齢者に対する虐待行為が継続する状況にないか。
  - ・対応方針に基づく対応を受け入れているか。介入拒否などにより、対応が実施できていない状況にないか。
  - ・対応を行った結果、または別の要因が発生したことにより、養護者の意向、生活状況に悪化(変化)が見られていないか。

- ●その他の家族
  - ・他の家族の関わりによって、虐待の一時的解消が図られているか。新たな課題が生じていないか。
  - ・家族全体の状況や生活に変化が見られ、対応が必要な状況となっていないか。

- ●関係者(近隣・地域住民等との関係を含む)
  - ・関係者の関わりによって、虐待の一時的解消が図られているか。新たな課題が生じていないか。
  - ・関係者の関わりを拒否し、対応が行えない状況になっていないか。

❸ 役割分担

　市町村担当部署と地域包括支援センターは、評価会議を開催するにあたり、役割を分担することが大切です。以下にその分担を例示します。

- ・市町村担当部署 ………… **会議の招集**、進行、役割分担をして収集した事実確認の結果資料の準備、**会議記録(議論の経過がわかるような議事録)の作成・保管**など
- ・地域包括支援センター … 対応の実施状況等についての情報収集結果資料の準備、会議記録(帳票類)の作成など

※高齢者虐待対応の第一義的責任を有するのは市町村であることから、評価会議の開催・招集、会議記録(議論の経過がわかるような議事録)の作成・保管は、市町村担当部署が担うことが求められます。

第4章 初動期段階

❹ 会議記録の作成

初動期段階の評価会議では、ここで例示するような「高齢者虐待対応評価会議記録票」を活用し、対応方針で設定した対応の実施状況や目標の達成状況、確認された事実を正確に把握・評価するとともに、今後の対応を検討する必要があります。

【参考】高齢者虐待対応評価会議記録票 例

高齢者虐待対応評価会議記録票

決　裁　欄(例)			
課　長	係　長	担当者	

高齢者本人氏名　　　　　　殿
計画作成者所属　　　地域包括支援センター
計画作成者氏名

計画評価：＿＿＿回目　記入年月日　　年　　月　　日
会議日時：　　年　月　日　時　分〜　時　分

会議目的		出席者	所属：　　氏名　　所属：　　氏名
			所属：　　氏名　　所属：　　氏名
			所属：　　氏名　　所属：　　氏名

課題番号	目標	実施状況(誰がどのように取り組んだか)計画通りの役割分担・対応方法を実施した場合には、□にチェック	確認した事実と日付	目標及び対応方法の評価　目標及び対応方法に変更の場合、(　)内に記載
		□		□目標達成　□目標の継続　□対応方法の継続　□目標の変更　□対応方法の変更（　　）
		□		□目標達成　□目標の継続　□対応方法の継続　□目標の変更　□対応方法の変更（　　）
		□		□目標達成　□目標の継続　□対応方法の継続　□目標の変更　□対応方法の変更（　　）
		□		□目標達成　□目標の継続　□対応方法の継続　□目標の変更　□対応方法の変更（　　）
		□		□目標達成　□目標の継続　□対応方法の継続　□目標の変更　□対応方法の変更（　　）
		□		□目標達成　□目標の継続　□対応方法の継続　□目標の変更　□対応方法の変更（　　）

虐待発生のリスク状況	虐待種別	判定	【判定欄に該当番号を記入】1. 虐待が発生している　2. 虐待の疑いがある　3. 一時的に解消(再発の可能性が残る)　4. 虐待は解消した　5. 虐待は確認されていない	高齢者本人の状況(意見・希望)	養護者の状況(意見・希望)
	1. 身体的虐待				
	2. 放棄・放任				
	3. 心理的虐待				
	4. 性的虐待				
	5. 経済的虐待				養護者支援の必要性　□あり　□なし
	6. その他				

新たな対応計画の必要性	評価結果のまとめ(　　年　月　日現在の状況)	今後の対応
	1. 虐待対応の終結	1. 権利擁護対応(虐待対応を除く)に移行
	2. 現在の虐待対応計画内容に基づき、対応を継続	2. 包括的・継続的ケアマネジメント支援に移行
	3. アセスメント、虐待対応計画の見直し	3. その他(　　　　　　　)
	4. その他(　　　　　　　)	

社団法人日本社会福祉士会　作成　VerⅡ-2（出典：東京都健康長寿医療センター研究所「支援計画書（第2版）」を参考に作成）

◆初動期段階の評価会議における例◆

認知症の母親にストレスを抱える知的障害者への対応例

キーワード：虐待対応の終結の可能性、養護者支援（知的障害）チームとの連携

　70歳代女性（要介護1、認知症あり）、知的障害のある息子との2人暮らし
　市の障害福祉担当部署に、別居の娘から「母親に軽い認知症の症状が出てきたこともあり、一緒に暮らしている知的障害のある弟がイライラして手を出している。母親が怖がっているので何とかならないか」との相談が入った。障害福祉担当部署から、高齢者虐待担当部署に相談があり、事実確認のため、市の虐待担当者と地域包括支援センター職員とで、高齢者本人および娘と面談する。
　本人は「息子のことは気になるが、すぐに手が出てくるので怖い」と話す。
　息子への面接は、市の虐待担当者と障害者相談支援センターの職員が、別の部屋で行う。「母親は調理も十分にできない。同じことを何度も尋ねてくるので叩いた。しばらく1人にしてほしい」と話す。
　コアメンバー会議では、母親と息子にとって、不安のない安全な生活を確保する必要があるとして、母親には養護老人ホームへの短期入所措置を行うこととした。同時に息子には、在宅にて、障害者自立支援法によるホームヘルパーの導入を行うこととした。
　5日後の評価会議では、母親の心身の安全が確保されたことを確認するとともに、虐待対応の終結に向けていくため、母親の日常生活能力の確認と、今後の息子との同居の意思を確認することとした。また、息子に関しては、日常生活能力と母との同居の意思、ストレス解消に向けた対応を確認していくことを決定した。

≪解説≫
　初動期段階における評価会議では、コアメンバー会議で確認した対応方針の内容が予定どおり行われたかどうかを確認するとともに、新たな虐待対応計画作成の必要性を確認する必要がある。虐待対応の終結の可能性を探りながら、今後、高齢者が養護者、他の家族とのどのような関係を保ち、生活を築いていくことができるのか見極める必要がある。そのために、対応の実施状況の確認、評価は重要な機会となる。

第5章

対応段階

第1節 対応段階の概要と範囲

1 対応段階の概要

　対応段階では、主に虐待の解消と高齢者が安心して生活を送るための環境整備を目指して、必要な対応を行います。初動期対応によって、高齢者の安全は一定程度確保されていることが前提ですが、場合によって、不安定な要素が残ることも想定され、対応段階においても常に、高齢者の安全確保には目配りしておく必要があります。

　具体的には、「情報収集と虐待発生要因・課題の整理→虐待対応計画（案）の作成→虐待対応ケース会議（虐待対応計画案の協議・決定）→計画の実施→対応段階の評価会議→（評価の内容に応じて）必要な情報収集と整理→虐待対応計画の見直し〜終結」という循環になります。

2 対応段階に該当する法的根拠

　高齢者虐待防止法では、市町村が相談や通報、届出を受け付けた場合、高齢者虐待対応協力者とその対応について協議を行うことが規定されており（第9条第1項、第16条）、対応段階における市町村と虐待対応協力者による必要な協議、虐待対応計画の作成と実施、評価などの一連の取組みが、該当します。

第5章 対応段階

❸ 対応段階の範囲

5章2節 情報収集と虐待発生要因・課題の整理
・集めた情報から個々の虐待発生要因と高齢者が安心して生活を送るための環境整備に向けた課題やニーズを整理し、それぞれを明確化します。

⬇

5章3節 虐待対応計画（案）の作成
・整理した虐待発生要因をもとに、市町村担当部署と地域包括支援センターが連携して虐待対応計画（案）を作成します。

⬇

5章4節 虐待対応ケース会議
・事前に作成された虐待対応計画（案）をもとに、高齢者や養護者への課題に対応する関係機関が一堂に会した虐待対応ケース会議で、計画を協議・決定します。

⬇

5章5節 対応段階の評価会議
・虐待対応計画に基づいて行った対応の実施状況等を確認し、評価を行います。
・虐待が解消されたと確認できること、および高齢者が安心して生活を送るための環境が整えられたと確認できるまで、「5章2節」→「5章5節」という一連の対応を繰り返し行います。

第2節 情報収集と虐待発生要因・課題の整理

POINT

◆対応段階における情報収集・整理の目的は、虐待発生の要因と、高齢者が安心して生活を送るための環境整備に向けた課題やニーズを明確化することにあります。
◆虐待の解消に向けては、虐待発生要因の明確化が不可欠です。そのためには、収集した個々の情報から虐待発生のリスクを探り、それらの相互の関係性を整理・分析することが必要となります。
◆虐待解消に向けた取組み課題とともに、高齢者が安心して生活を送るために必要な対応課題やニーズにも着目して、虐待対応計画（案）に反映させていきます。

1 対応段階における情報収集・整理の2つの目的

対応段階における情報収集と整理は、次の2つを目的として行うもので、高齢者の安全確保や虐待の有無、緊急性の判断を行うために実施した初動期段階の事実確認とは目的が異なります。

❶ 虐待発生要因の明確化

対応段階における情報収集・整理の第一の目的は、虐待の解消に向けて、収集した情報から虐待発生要因を明確化することです。

虐待は、個々の虐待発生リスクが、高齢者と養護者、家族関係、近隣・地域住民等との関係、地域の社会資源との関係など、それぞれの関係性のなかで相互に作用しあって発生するものです。したがって、まずは収集した個々の情報から虐待発生のリスクを探り、次に、それら相互の関係性をみることで、虐待発生の要因を明確にします。そうすることで初めて、虐待解消に向けた課題が明らかになります。

❷ 高齢者が安心して生活を送るための環境整備に向けた課題やニーズの明確化

対応段階における情報収集の第二の目的は、高齢者が安心して生活を送るための環境整備に向けた課題やニーズの明確化です。

虐待発生要因を特定し、虐待が解消できたら高齢者の安心した生活に向けて他に必要な対応課題やニーズはないかどうかを見極める必要があります。

その際、高齢者本人の意思や希望、養護者・家族の意向について丁寧に把握することが重要になり

ますし、高齢者と養護者・家族の関係性、近隣・地域住民や地域の社会資源等の情報についても、再度、高齢者が安心して生活を送るための環境整備に向けた可能性や課題といった視点から整理・分析することが重要です。そのうえで、どのような形態での虐待対応の終結が可能かについて検討し、虐待対応計画(案)に結び付けていきます。

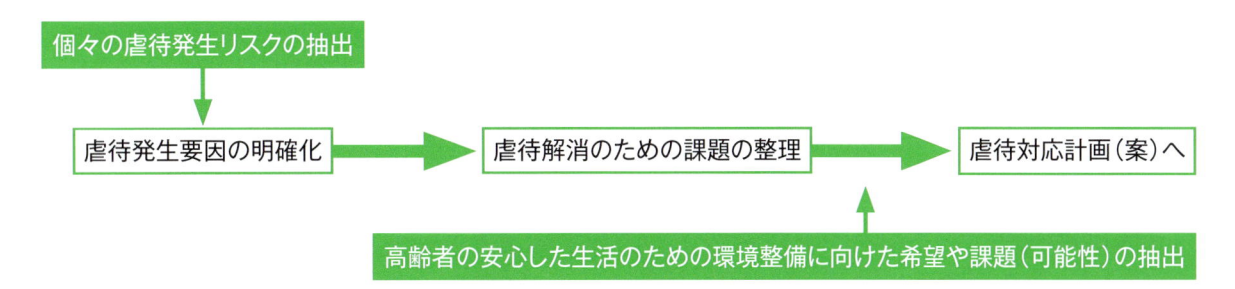

```
個々の虐待発生リスクの抽出
        ↓
虐待発生要因の明確化 → 虐待解消のための課題の整理 → 虐待対応計画(案)へ
                              ↑
         高齢者の安心した生活のための環境整備に向けた希望や課題(可能性)の抽出
```

② 情報整理項目と虐待発生リスクの例

　収集した情報は、次の6つの視点から再整理を行います。以下、基本項目や情報収集内容について例示し、情報収集の目的や着眼点について記載します。

- 1)高齢者本人の情報
- 2)養護者の情報
- 3)家族関係
- 4)近隣・地域住民等との関係
- 5)地域の社会資源
- 6)エコマップ(現在対応を行っている部署・機関の関係図)

　また、対応段階の情報収集・整理の第一の目的は、虐待発生要因の整理にあることから、虐待の発生要因を整理するための基礎的情報となる、個別情報から推測される虐待発生リスクを例示します（次頁以降の「虐待発生リスク(例)」参照）。虐待発生要因の整理に向けては、まずは、個々の情報整理項目について、発生リスクとなるものがあるかどうか、検討します。

❶ 高齢者本人の情報

①基本情報

　虐待対応計画を立案・実施するうえでの基本的な情報になります。初動期段階で、氏名や年齢が不明なまま、高齢者の安全確保を優先した対応を行っている場合もあるため、改めて基本となる情報を整理します。

②高齢者の意向・高齢者のおかれた状態

　高齢者本人から、今後の生活意向についての希望が発せられている場合、今後の対応方針を決める重要な手がかりとなりますので、その内容を確認します。ただし、いまだ発言の背景には虐待を受けたことによる心理的な影響が継続していたり、健康状態が十分回復していない状態、養護者へのおそ

れが継続している状態であることも考えられます。

　以下に示すような高齢者のおかれた状態の初動期段階からの変化についても併せて確認し、その情報が信頼できるものかどうかについて判断する必要があります。

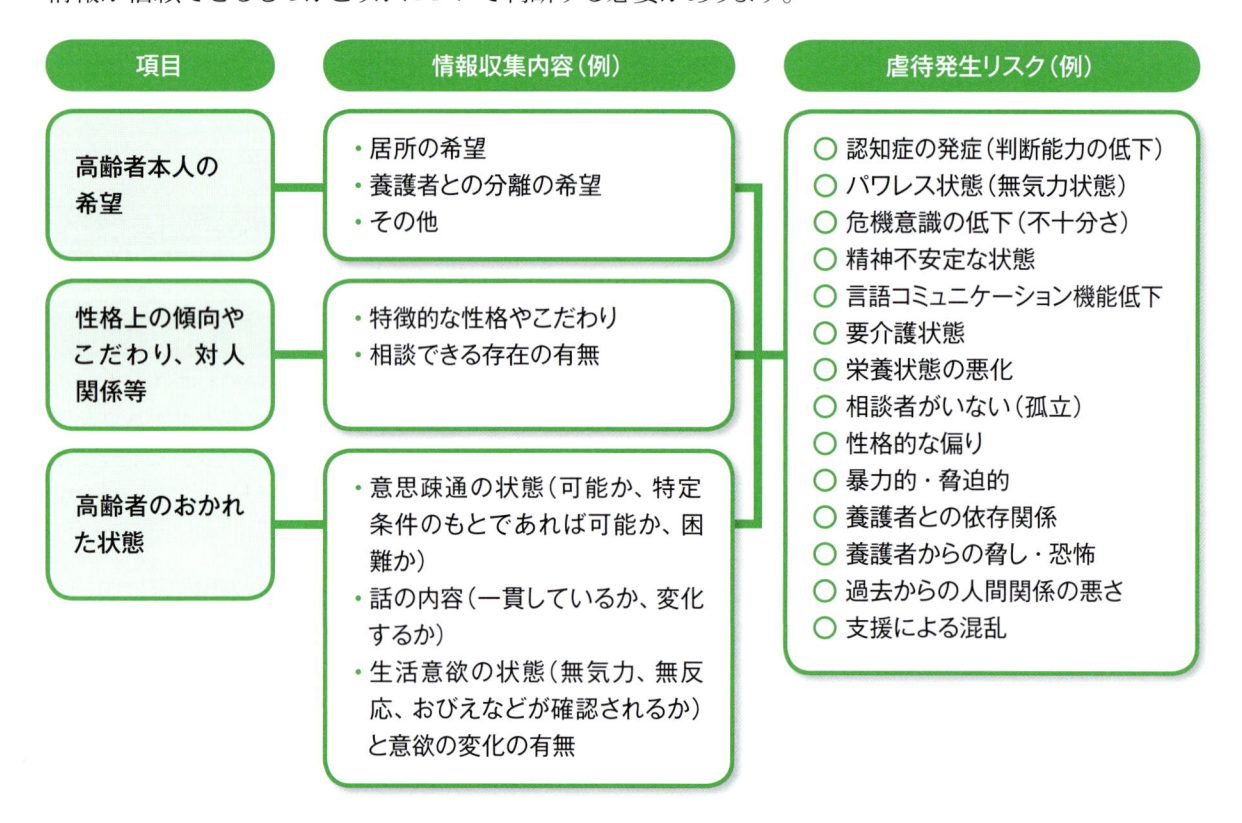

項目	情報収集内容（例）	虐待発生リスク（例）
高齢者本人の希望	・居所の希望 ・養護者との分離の希望 ・その他	○ 認知症の発症（判断能力の低下） ○ パワレス状態（無気力状態） ○ 危機意識の低下（不十分さ） ○ 精神不安定な状態 ○ 言語コミュニケーション機能低下 ○ 要介護状態 ○ 栄養状態の悪化 ○ 相談者がいない（孤立） ○ 性格的な偏り ○ 暴力的・脅迫的 ○ 養護者との依存関係 ○ 養護者からの脅し・恐怖 ○ 過去からの人間関係の悪さ ○ 支援による混乱
性格上の傾向やこだわり、対人関係等	・特徴的な性格やこだわり ・相談できる存在の有無	
高齢者のおかれた状態	・意思疎通の状態（可能か、特定条件のもとであれば可能か、困難か） ・話の内容（一貫しているか、変化するか） ・生活意欲の状態（無気力、無反応、おびえなどが確認されるか）と意欲の変化の有無	

③高齢者の危機対処能力等

　高齢者本人の危機対処能力等について確認します。以下に例示するような危機対処能力等が低いと判断される場合は、対応段階であっても、引き続き、安全の確保に留意する必要があります。

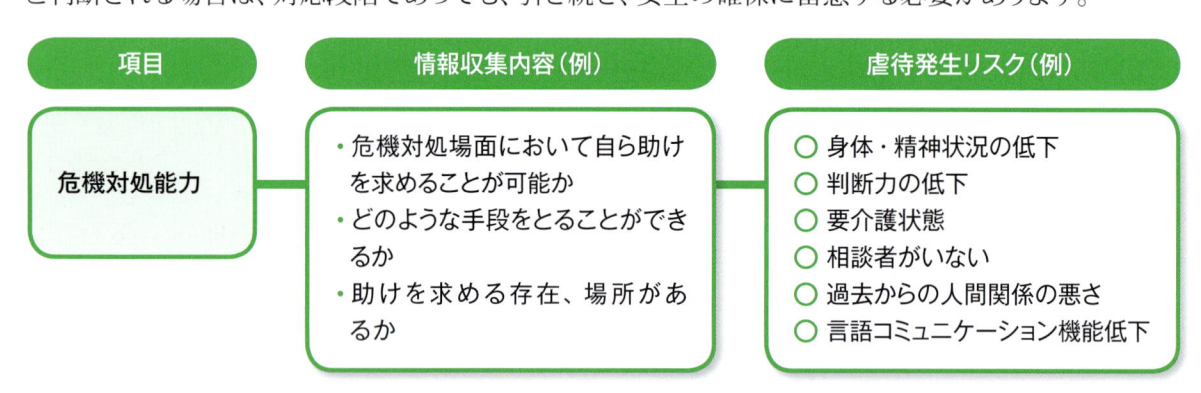

項目	情報収集内容（例）	虐待発生リスク（例）
危機対処能力	・危機対処場面において自ら助けを求めることが可能か ・どのような手段をとることができるか ・助けを求める存在、場所があるか	○ 身体・精神状況の低下 ○ 判断力の低下 ○ 要介護状態 ○ 相談者がいない ○ 過去からの人間関係の悪さ ○ 言語コミュニケーション機能低下

④本人の生活基盤（健康面・生活力）

高齢者本人の生活の基盤である、健康状態や経済状況、生活状況（介護の必要性）等に関して、下記に示す提示項目を確認します。特に、健康状態については、初動期段階での受診や診断の結果、どのような変化がみられたかについて、確認する必要があります。

項目	情報収集内容（例）	虐待発生リスク（例）
健康状態	・疾病・傷病・既往歴・受診している医療機関・受診状況・服薬状況 ・診断の必要性（暴力による外傷や不適切な環境におかれていたことによる衰弱など）と具体的症状 ・要介護認定（介護度・未申請） ・障害の有無と状態	○ 認知症の発症・悪化 ○ 要介護状態 ○ 疾病・障害がある ○ 精神的不安定（うつ等） ○ 脱水や栄養状態の悪化 ○ 治療が必要であるが医療に結び付いていない
経済状況	・収入額と本人が1か月に使える金額 ・金銭管理状況と金銭管理者 ・同意のない金銭や財産の使用等の有無 ・滞納・未払い・借金等の有無とその状況 ・公的扶助や手当等の受給状況	○ 収入が少ない ○ 判断能力の低下や金銭管理能力の低下 ○ 金銭状況が把握できていない ○ 借金・浪費癖 ○ 公的扶助や手当等の手続きができていない ○ 介護保険料や健康保険料の滞納（給付制限状態） ○ 訪問販売業者が頻繁に出入りしている
生活状況	・食事・調理・移動・買い物・掃除洗濯・入浴・排泄・服薬管理・医療機関の受診などの状況 ※自立・一部介助・全介助	○ 疾病、障害がある ○ 加齢やけがによるADLの低下 ○ 養護者との依存関係 ○ 社会的孤立 ○ 必要な介護用具が提供されていない ○ 過剰な介護（不適切な介護） ○ 生活環境の整備の能力（火の元・戸締り・温度調整）

⑤サービス・制度利用の状況

　現在の各種サービスや制度の利用状況を確認します。すでに、何らかのサービスや制度を利用している場合、それらの支援者・支援機関は、今後、虐待対応を行っていくうえで、あるいは虐待解消後の継続的な支援を行っていくうえでチームアプローチの構成メンバーともなる存在です。

　さらに、現状のサービス・制度利用状況を確認することで、今後の支援を通じて有効となるサービス・制度等を明らかにしていくことができます。

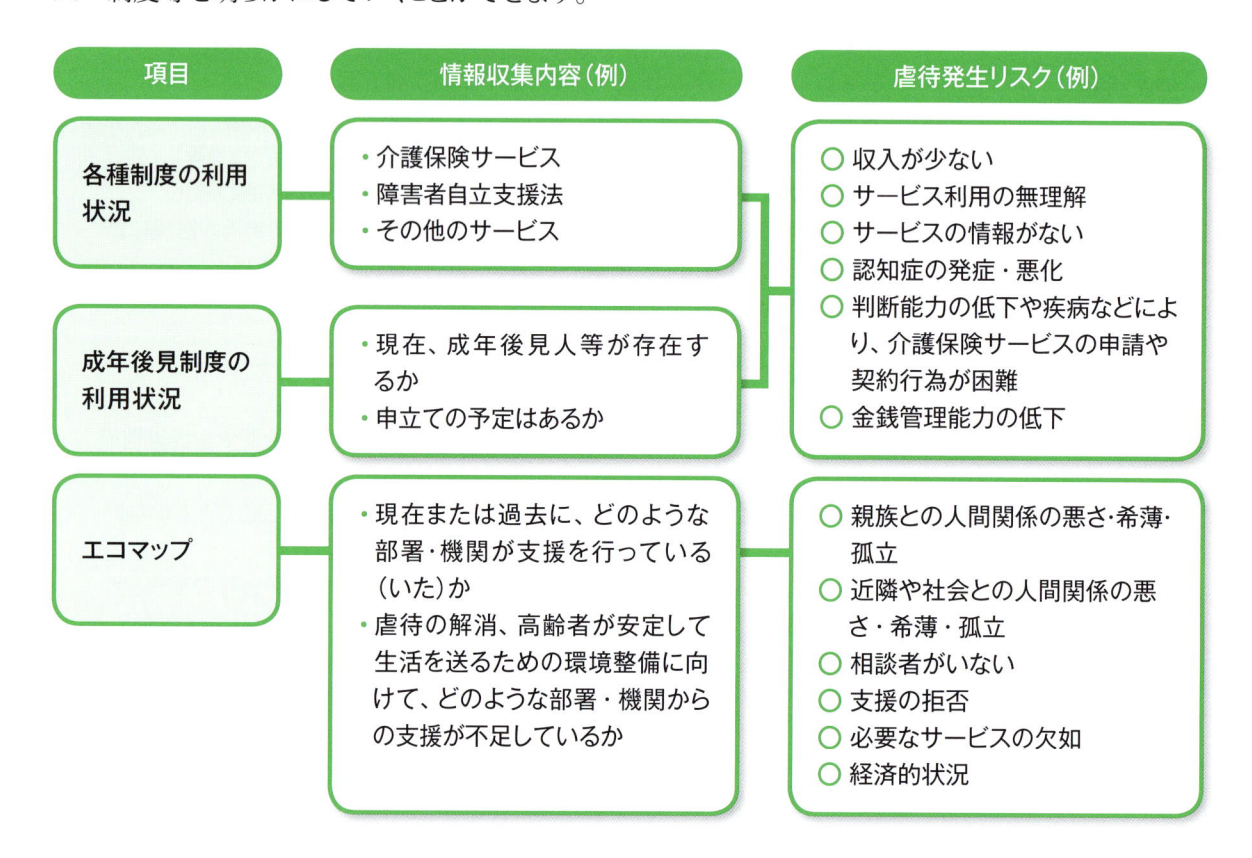

項目	情報収集内容（例）	虐待発生リスク（例）
各種制度の利用状況	・介護保険サービス ・障害者自立支援法 ・その他のサービス	○ 収入が少ない ○ サービス利用の無理解 ○ サービスの情報がない ○ 認知症の発症・悪化 ○ 判断能力の低下や疾病などにより、介護保険サービスの申請や契約行為が困難 ○ 金銭管理能力の低下
成年後見制度の利用状況	・現在、成年後見人等が存在するか ・申立ての予定はあるか	
エコマップ	・現在または過去に、どのような部署・機関が支援を行っている（いた）か ・虐待の解消、高齢者が安定して生活を送るための環境整備に向けて、どのような部署・機関からの支援が不足しているか	○ 親族との人間関係の悪さ・希薄・孤立 ○ 近隣や社会との人間関係の悪さ・希薄・孤立 ○ 相談者がいない ○ 支援の拒否 ○ 必要なサービスの欠如 ○ 経済的状況

❷ 養護者の情報

　養護者についても、高齢者同様に、基本情報、養護者の意向と状態、養護者の生活基盤について確認するとともに、養護者の介護負担について、意欲面、知識・技術面、負担度等の観点から情報を整理し、《高齢者本人情報》の利用しているサービス・制度情報と照らし合わせていきます。

①基本情報

　養護者の氏名・性別・年齢、高齢者の居所に対する希望（自宅または入所・入院など）について整理します。

②養護者の意向と状態

項目	情報収集内容（例）	虐待発生リスク（例）
今後の生活の希望	・今後、養護者自身はどのような生活を送りたいか ・助けを求める存在、場所があるか	○ 依存症がある ○ 精神不安定 ○ 疾病・障害がある ○ 親族等との人間関係の悪さ ○ 相談者がいない
養護者の状態	※養護者も高齢で、疾患が疑われる場合、高齢者の「高齢者のおかれた状態」と同じ項目を確認する（85頁）。	○ パワレス状態（無気力状態） ○ 判断能力の低下 ○ 要介護状態 ○ 整理整頓ができない ○ 介護や家事に慣れていない ○ 言語コミュニケーション機能低下
介入拒否の有無とその理由	・介入拒否があるかどうかとその理由 ・介入拒否の理由は何か	○ 過去からの人間関係の悪さ ○ 精神不安定な状態 ○ 判断能力の低下 ○ 認知症の発症 ○ パワレス状態（無気力状態）

③養護者の生活基盤（生活力）

項目	情報収集内容（例）	虐待発生リスク（例）
健康状態	・疾病・傷病、既往歴、受診している医療機関、受診状況、服薬状況 ・受診や診断の必要性と具体的症状 ・（年齢が該当する場合）介護認定（介護度、未申請） ・障害の有無と状態	○ 要介護状態 ○ 疾病・障害がある ○ 認知症の発症・悪化 ○ 判断能力の低下
就労状況	・就労しているか否か・就労形態・勤務時間・就労期間 ・障害に対する配慮がなされた就労をしているか	○ 収入不安定 ○ 無職 ○ 疾病や障害がある ○ 就労していないため、社会との接点がない
経済状況	・生活費をどのようにまかなっているか（高齢者の年金に生活費を依存など） ・借金やギャンブルによるトラブルの有無 ・滞納、未払い、借金等の有無と状況 ・公的扶助や手当等の受給状況	○ 借金・浪費癖がある ○ 金銭の管理能力がない ○ ギャンブル依存 ○ 公的扶助や手当等の手続きができていない ○ 介護保険料や健康保険料の滞納（給付制限状態） ○ 消費者被害に遭っている
心理的状態	・高齢者に対する依存・恨み ・ギャンブルやアルコールへの依存状況	○ 高齢者に対する恨みなどの過去からの人間関係の悪さ ○ 精神不安定・潔癖症 ○ 依存症 ○ 性格的な偏り ○ 家庭のことを隠そうとする意識 ○ ストレス解消が不十分 ○ 介護以外の悩み
性格上の傾向、こだわり、対人関係等	・特徴的な性格やこだわり ・相談できる存在の有無 ・友人・知人との関わり ・地域住民との関係 ・支援者との関係	○ 依存症 ○ 性格的な偏り ○ 精神不安定・潔癖症 ○ 相談者がいない ○ 暴力的・脅迫的

④養護者の介護負担

項目	情報収集内容（例）	虐待発生リスク（例）
介護負担	・介護意欲 ・介護技術・知識 ・疾病・障害・認知症に関する知識 ・介護期間 ・1日の介護時間 ・平均睡眠時間 ・介護の代替者の有無と協力状況 ・介護サービス導入に対する受け止め方、拒否	○認知症に関する知識がない（高齢・障害に対する無理解） ○介護の代替者がいない ○介護負担による心身、経済的なストレス ○養護者自身の疾病・障害 ○高齢者の認知症による周辺症状が激しい ○排便介助の負担が大きい ○相談者がいない ○介護や介護負担軽減のためのサービスを知らない ○介護や介護負担軽減のためのサービス利用拒否（必要性を理解できない） ○介護への執着 ○介護サービス等を利用できない収入状況、経済的状況

❸ 家族関係

　家族相互の関係について整理します。以下に例示するような家族間の関係性や行動パターンをみることは、「家族」というシステムのなかで起こる悪循環や虐待解消に向けた介入のポイントを探るうえで有効です。

項目	情報収集内容（例）	虐待発生リスク（例）
家族関係	・家族の歴史（特に、家族構成員の死亡、大きなけがや病気、失業や離職、同・別居、もともとの夫婦間や親から子への暴力・暴言の有無など） ・家族内の力関係、家族関係の良否 ・家族のなかでの意思決定者 ・家族の協力態勢 ・家族構成員の疾病・障害の有無や状況 ・家族に支援が必要な場合、どのような機関がかかわっているか ・平均睡眠時間 ・介護の代替者の有無と協力状況 ・介護サービス導入に対する受け止め方、拒否 ・その他家族の抱える問題等	○ 親族関係からの孤立 ○ 家族関係の不和・対立・無関心・共依存関係 ○ 家族の役割の変化 ○ 家族の力関係の変化 ○ 暴力の世代間・家族間の連鎖 ○ 高齢者に対する差別意識 ○ 家父長制意識 ○ 必要な支援の欠如 ○ 親家族間で他に育児や介護を必要とする者がいる ○ 介護負担の無理解 ○ 介護サービスの無理解 ○ 経済的無協力（収入が少ない） ○ 介護の押し付け

❹ 近隣・地域住民等との関係

　本人や家族と近隣、地域住民等との関係について、関係の有無や具体的内容（良好なのか、険悪なのか、孤立しているのか等）、過去のエピソードなどを含め、本人・家族側、近隣・地域側のそれぞれの状況を確認します。近隣・地域との関係が虐待発生の間接要因となることも想定され、また、高齢者が安定して生活を送るための環境整備に向けた方針を決定していくうえで有効です。

項目	情報収集内容（例）	虐待発生リスク（例）
近隣・地域住民等との関係	・近隣住民との付き合いの有無や内容、程度 ・近隣住民とのトラブルの有無 ・認知症やその他の障害に対する理解、偏見の有無 ・協力態勢の有無	○ 近隣・社会との関係の悪さ、孤立 ○ 地域性 ○ 地域特有の風習・ならわし ○ 高齢者に対する差別意識 ○ 認知症や疾病、障害に対する偏見

❺ 地域の社会資源

　高齢者本人のサービス利用状況等については別途整理していますが、地域のなかには、高齢者の安心した生活に向けた環境整備という点から有効な資源があることが想定されます。もしも、有効と思われる資源がない場合には、何らかの方法で創り出していくことも視野に入れる必要があり、そのためにも地域の社会資源について洗い出しておくことが有効となります。

❻ エコマップ（現在対応を行っている部署・機関の関係図）

　高齢者本人と養護者を中心とした、家族や近隣、社会資源との関係を図示することは、登場人物の関係性や状況、つながっているサービスや不足している資源などを整理するうえで有効です。また、初動期段階から対応段階へと、対応が進むにつれて関係が改善している様子も可視化することができます。さらに、今後の対応にあたって関与を依頼する関係機関と、現状や目標、役割分担をより共有しやすくなります。

　上記、❶から❻で収集した情報を、94頁、95頁に例示するような「アセスメント要約票」に記入し、個々の情報から予想される虐待発生のリスクを確認します。さらに、記入した個々のリスクの関係性を整理することで、虐待発生要因を明確化し、虐待解消に向けた課題整理へとつなげます。

　（→個々の虐待発生リスクを関連づけて虐待発生要因を特定し、虐待対応計画に反映させる考え方例参照　「5章3節　虐待対応計画(案)の作成」(96頁)）

　なお、虐待対応計画(案)の作成に向けては、個々の情報整理から虐待の発生リスクだけを読み解くのではなく、虐待解消後の高齢者の安定した生活に向けた希望や環境整備課題についても読み解く必要があることは、本節冒頭に記載したとおりです。

【参考】アセスメント要約票（表面）例

アセスメント要約票

対応計画 ____ 回目用

アセスメント要約日： 年 月 日			要約担当者：	
高齢者本人氏名：	性別・年齢：□男 □女 歳		居所：□自宅 □入所・院	
養護者氏名：	性別・年齢：□男 □女 歳	高齢者本人との関係：		同別居の状況：□同居 □別居

高齢者本人の希望	居所・今後の生活の希望	居所の希望：□在宅 □入所 □不明 ／ 分離希望：□有 □無 □不明
	性格上の傾向、こだわり、対人関係等	
	高齢者の状態	意思疎通：□可能 □特定条件のもとであれば可能（ ） □困難 □不明 話の内容：□一貫している □変化する） 生活意欲：□意欲や気力が低下しているおそれ（無気力、無反応、おびえ、話をためらう、人目を避ける、等）

Ⅰ．高齢者本人の情報　面接担当者氏名：

虐待発生リスク

【健康状態等】

疾病・傷病 ：	既往歴：
受診状況：	服薬状況(種類)：
受診状況：	服薬状況(種類)：
診断の必要性：□内科 □精神科 □外科 □整形外科 □その他（ ） 具体的症状等⇒	
要介護認定 ：□非該当 □要支援（ ） □要介護（ ） □申請中（申請日： 年 月 日） □未申請	
障害 ：□身体障害 □精神障害（□あり □疑い） □知的障害（□あり □疑い）	
精神状態 ：□認知症（□診断あり □疑い） □うつ病（□診断あり □疑い） □その他（ ）	

□

【危機への対処】

危機対処場面において：□自ら助けを求めることができる　□助けを求めることが困難
避難先・退避先　　：□助けを求める場所がある（　　　　）　□ない

□

【成年後見制度の利用】

成年後見人等：□あり（後見人等：　　　　）　□申立中（申立人：　　／申立年月日：　　）　□なし

□

【各種制度利用】

□介護保険　□自立支援法　□その他（　　　　　　　　　　　　　　　　　　　　　　）

□

【経済情報】

収入額 月_____万円（内訳：　　　　）　預貯金等_____万円　　借金_____万円

1ヶ月に本人が使える金額 _____万円

具体的な状況（生活費や借金等）：

□生活保護受給　□介護保険料滞納　□国民健康保険料滞納　□後期高齢者医療制度保険料滞納　□その他（　　　）

金銭管理 ：□自立　□一部介助（判断可）　□全介助（判断不可）　□不明

金銭管理者：□本人　□その他（　　　　　　　　　　　）

□

【エコマップ】	【生活状況】
	食　　事（□一人で可 □一部介助 □全介助 □不明） 調　　理（□一人で可 □一部介助 □全介助 □不明） 移　　動（□一人で可 □一部介助 □全介助 □不明） 買　　物（□一人で可 □一部介助 □全介助 □不明） 掃除洗濯（□一人で可 □一部介助 □全介助 □不明） 入　　浴（□一人で可 □一部介助 □全介助 □不明） 排　　泄（□一人で可 □一部介助 □全介助 □不明） 服薬管理（□一人で可 □一部介助 □全介助 □不明） 預貯金年金の管理 （□一人で可 □一部介助 □全介助 □不明） 医療機関の受診　（□一人で可 □一部介助 □全介助 □不明）
	【その他特記事項】

□

□

社団法人日本社会福祉士会 作成　VerⅡ-2（出典：東京都健康長寿医療センター研究所作成様式を参考に作成）

第5章 対応段階

【参考】アセスメント要約票（裏面）例

Ⅱ．養護者の情報　面接担当者氏名：	虐待発生リスク
【養護者の希望】居所の希望：□在宅　□入所　□不明　／　分離希望：□有　□無　□不明	□
【健康状態等】 　疾病・傷病：　　　　　　　　　　　　　　　既往歴： 　受診状況：　　　　　　　　　　　　　　　　服薬状況（種類）： 　受診状況：　　　　　　　　　　　　　　　　服薬状況（種類）： 　診断の必要性：　□内科　□精神科　□外科　□整形外科　□その他（　　　　　） 　具体的症状等⇒ 　性格的な偏り： 　障害　　　　：　□身体障害　□精神障害（□あり　□疑い）　□知的障害（□あり　□疑い）	□
【介護負担】 　被虐待高齢者に対する介護意欲：□あり　□なし　□不明　　介護技術・知識：□高い　□低い　□不明 　1日の介護時間：□ほぼ1日中　□必要時のみ　□不明　　　介護の代替者　：□あり　□なし　□不明 　介護期間（いつから始まったか、負担が大きくなった時期やきっかけ、最近の生活行動の変化など）※期間と負担原因を明確に 　平均睡眠時間：およそ＿＿＿時間	□
【就労状況】 　□就労（就労曜日＿＿～＿＿　就労時間＿＿時～＿＿時）、雇用形態（□正規、□非正規）　□非就労　□不明	□
【経済状況】 　収入額　月＿＿＿万円（内訳：　　　　）　預貯金等＿＿＿万円　　借金＿＿＿万円 　□借金トラブルがある　□被虐待高齢者の年金に生活費を依存 　□生活保護受給　□介護保険料滞納　□国民健康保険料滞納　□後期高齢者医療制度保険料滞納　□その他（　　　　　）	□
【近隣との関係】 　□良好（　　　　　）□挨拶程度　□悪い　□関わりなし　□不明	□
Ⅲ．家族関係（家族歴、家族の抱える問題、家族の中の意思決定者、問題が起こったときの対処方法等）	
※計画書(1)の「関連機関等連携マップ」で集約する	□
Ⅳ．その他（近隣・地域住民等との関係、地域の社会資源、関係者・関係機関との関わり等）	
※計画書(1)の「関連機関等連携マップ」で集約する	□
〔全体のまとめ〕：Ⅰ～Ⅳで抽出された虐待発生の要因の結果を踏まえて、分析、課題を整理する。 　　　　　※計画書(1)の「総合的な対応方針」、計画書(2)の「対応困難な課題／今後検討しなければいけない事項」に反映する Ⅰ．高齢者本人 Ⅱ．養護者 Ⅲ．家族関係（家族歴、家族の抱える問題、家族の中の意思決定者、問題が起こったときの対処方法等） Ⅳ．その他（近隣・地域住民等との関係、地域の社会資源、関係者・関係機関の関わり等） Ⅴ．今後の課題	

社団法人日本社会福祉士会　作成　VerⅡ-2（出典：東京都健康長寿医療センター研究所作成様式を参考に作成）

第3節 虐待対応計画（案）の作成

POINT

◆虐待対応計画は、虐待の解消と高齢者が安定した生活を送るための環境整備に向けて必要な対応を、チームとして計画的に進めていくために作成するものです。
◆虐待対応計画は、市町村担当部署と地域包括支援センターとで連携して案を作成したうえで、その後の虐待対応ケース会議で、課題や目標、役割分担と期限などを確認のうえ決定し、実行します。

1 虐待対応計画作成の目的

　高齢者虐待防止法は、虐待対応計画の策定について直接規定しているわけではありませんが、市町村が主催するケース会議における虐待対応計画の協議・決定、協力機関とのチームによる計画の推進は、第9条第1項、第16条の趣旨を具体化するものといえます。

　虐待対応計画（案）の作成は、市町村担当部署と地域包括支援センターが連携して行いますが、虐待対応計画の場合、要介護者からの依頼や契約に基づいて作成される居宅サービス計画等と異なり、高齢者の生命や身体、財産を守るために必要な対応を、市町村の責任において実施するために作成するものであることに留意が必要です。

　また、虐待対応計画の作成にあたっては、高齢者の自己決定への支援、高齢者と養護者の利害対立への配慮、虐待発生要因と関連する課題への支援、養護者支援機関へのつなぎなどを重視して作成することが求められます（詳細は、「2章3節　高齢者虐待対応の基本的考え方と視点」（14頁）を参照）。

2 虐待対応計画（案）の作成手順

　虐待対応計画（案）の作成手順とその考え方は、次のとおりです。
　なお、虐待対応計画（案）の作成にあたっては、その専門性を活かすため、地域包括支援センター職員が原案を作成し、市町村担当部署と協議した後に虐待対応ケース会議に提出することが効果的です。

❶ 総合的な対応方針の設定

　虐待発生要因が明確化されたら、虐待解消に向けた総合的な対応方針を検討・設定します。

　その際、高齢者本人の意見・希望、養護者の意見・希望の確認とともに、虐待の解消が直ちに高齢者の生活の確保につながるかどうかについても見極め、必要に応じて安心した生活に向けた環境整備についても対応方針を検討・設定することが重要です。

❷ 課題の明確化と優先順位の決定

　設定した総合的な対応方針に基づいて、高齢者、養護者、その他の家族、関係者それぞれについて、対応課題を明確化するとともに、対応の優先順位を決定します。優先順位を検討する際には、課題の「緊急性」や「対応方針の実現に向けた段取り」を意識することが重要です。

　なお、「❶ 総合的な対応方針の設定」と「❷ 課題の明確化と優先順位の決定」は、方針と個別の課題を見据えながら、前後して設定（決定）する場合もあります。

❸ 課題の解決に向けて必要な対応と目標、対応方法、役割分担の設定

　高齢者、養護者、その他の家族、関係者それぞれの課題に対して、必要な対応は何か、対応を行った結果どのような状態になることが望ましいか（目標）、対応方法と役割分担（どこが、何を、どのように対応するか）についても検討します。その際、関係機関への依頼の必要性、依頼する機関についても検討し選定を行います。

❹ 評価日（期限）の設定

　設定した目標をどのくらいの期間で達成できるかを想定し、あらかじめ評価日（期限）を設定します。設定した評価日（期限）は当該計画を実施するためのものであるため、それよりも前に予想外の事態が起こった場合の対応、連絡体制についてもあらかじめ検討する必要があります。

❺ 対応は必要だがすぐに対応するのは困難な課題／今後検討しなければならない事項など

　また、❶の総合的な対応方針と照らし合わせたときに、本来であれば対応が必要であるが、現時点では対応が困難な課題（積み残し課題）が発生した場合には、後できちんと確認・検討することができるように、留意点として計画に残します。

【参考】高齢者虐待対応会議記録・計画書（表裏両面）例

第1表　高齢者虐待対応ケース会議記録・計画書（1）

決裁欄（例）：課長／係長／担当者

高齢者本人氏名　　　　　殿
計画作成者所属　　　　　地域包括支援センター
計画作成者氏名

計画作成段階　見直し　措置解除　虐待終結
計画の作成回数：＿＿回目（初回計画作成日　年　月　日）
計画作成日　年　月　日
会議日時：　年　月　日　時　分〜　時　分

出席者　所属：　氏名（×6）

会議目的	
高齢者本人の意見・希望	
養護者の意見・希望	※支援の必要性　□あり　□なし　□不明
総合的な対応方針　※「アセスメント要約票」全体のまとめより	

関連機関等連携マップ
※「アセスメント要約票」のⅢ、Ⅳを集約する

社団法人日本社会福祉士会 作成　VerⅡ-2（出典：東京都健康長寿医療センター研究所「支援計画書（第2版）」を参考に作成）

第2表　高齢者虐待対応ケース会議記録・計画書（2）

決裁欄（例）：課長／係長／担当者

対象	優先順位	課題	目標	対応方法（具体的な役割分担）		
				何を・どのように	関係機関・担当者等	実施日時・期間／評価日
高齢者						
養護者						
その他の家族 関係者						

対応が困難な課題／今後検討しなければならない事項など（虐待終結に向けた課題等を記載）

計画評価予定日　年　月　日

※記入欄が足りない場合は、様式を追加して記入

社団法人日本社会福祉士会 作成　VerⅡ-2（出典：東京都健康長寿医療センター研究所「支援計画書（第2版）」、新潟県三条市作成様式を参考に作成）

第5章 対応段階

◆**個々の虐待発生リスクから虐待発生要因を導き出し、虐待対応計画に反映させる考え方の例**◆

「高齢者」「養護者」「家族」という3つの情報項目に着目して、個々の虐待発生リスクから虐待発生要因を導き出し、虐待対応計画に反映させるまでの考え方を、帳票例を活用して示します（使用する帳票の全体図は94・95頁参照）。

[対応段階における事例の前提情報]

地域包括支援センターに、近隣住民から「最近よく、隣の次男が、おばあちゃんに対して怒鳴っているような声が聞こえ、おばあちゃんが逃げてくることがある。心配で尋ねると、『最近よく物忘れをするようになり、次男によく怒られる。次男は怒ると恐い』とおびえた表情で言っていた。どうしたらよいか」との相談が入った。

市町村担当部署が庁内関係部署から情報を集めた結果、高齢者は介護保険未申請であることがわかった。

コアメンバー会議

コアメンバー会議では、高齢者と養護者への面接、隣人から聞き取った情報を整理した。
- 高齢者は、次男から怒鳴られたときは自力で逃げられ、また避難先（近隣住民宅）もあること。
- 次男は高齢者を怒鳴りはするが、暴力はふるっていないこと。
- 次男は高齢者に弁当などを買い与えており、最低限の食事の世話はしていることから、生命や身体にかかわる緊急性は高くないと判断した。

しかしながら、
- 高齢者のADL（日常生活動作）が低下していることが疑われるにもかかわらず、次男は食事を買い与える以外の介護を行っていないこと。
- 次男は高齢者の栄養状態を考えて食事を与えているようではないこと。
- 次男から怒鳴られることに対して高齢者は「恐い」と言い、おびえた表情を見せていること。
- 高齢者がボヤ騒ぎを起こして以来、ガスの使用を制限していること。

以上の結果から、介護・世話の放棄・放任と心理的虐待と認定した。

現在は生命や身体にかかわる緊急性は高くないものの、今後も同様のことが繰り返される可能性が高いと考えられ、虐待発生の要因を明確にし、虐待の解消に向けた虐待対応計画を作成するために、情報収集と要因・課題の整理を行った。

> **ステップ1** 収集した「高齢者」「養護者」「家族」に関する情報から、個々の虐待発生リスクを推測します。

<高齢者>

（聞き取った情報） ＊高齢者の自宅にて面接

- 「自分は母親として主婦として、この家を切り盛りしてきた」
- 「でも、最近はよく物忘れをするようになってしまった。買い物に行っても、また同じ物を買ってきたと息子に怒られたり、ガスを消し忘れてお鍋を焦がしてしまったこともある。情けない」
- 「次男からガスを使わないように言われているため、食事は次男が買ってくるスーパーのお弁当やパンを食べているが、温かいものを食べたい。でも今度は火事を出してしまうかと思うと、自分でも怖くてガスが使えない」

（アセスメント要約票へのチェック）

→ 要介護認定欄で、「未申請」にチェック
→ 精神状況等の欄で、「認知症」「診断あり」にチェック
→ 生活状況欄で、「食事」…一人で可、「調理」…一部介助、「移動」…一人で可、「買物」一部介助等にチェック
→ 認知症の発症と生活状況（「調理」「買物」）、介護保険未申請を虐待発生リスクと推測して、虐待発生リスク欄にチェック

Ⅰ．高齢者本人の情報　面接担当者氏名：	虐待発生リスク
【健康状態等】	
疾病・傷病　：　　　　　　　　　　　　　　既往歴：	
受診状況：　　　　　　　　　　服薬状況（種類）：	
受診状況：　　　　　　　　　　服薬状況（種類）：	
診断の必要性：　□内科　□精神科　□外科　□整形外科　□その他（　　　） 具体的症状等⇒	■
要介護認定　：　□非該当　□要支援（　）　□要介護（　）　□申請中（申請日：　年　月　日）　■未申請	
障害　　　　：　□身体障害　□精神障害（□あり　□疑い）　□知的障害（□あり　□疑い）	
精神状態　　：　■認知症（■診断あり　□疑い）　□うつ病（□診断あり　□疑い）　□その他（　　　）	

【生活状況】	
食　　事（■一人で可　□一部介助　□全介助　□不明） 調　　理（□一人で可　■一部介助　□全介助　□不明） 移　　動（■一人で可　□一部介助　□全介助　□不明） 買　　物（□一人で可　■一部介助　□全介助　□不明） 掃除洗濯（□一人で可　□一部介助　□全介助　□不明） 入　　浴（□一人で可　□一部介助　□全介助　□不明） 排　　泄（□一人で可　□一部介助　□全介助　□不明） 服薬管理（□一人で可　□一部介助　□全介助　□不明） 預貯金年金の管理（□一人で可　□一部介助　□全介助　□不明） 医療機関の受診　（□一人で可　□一部介助　□全介助　□不明）	■

第5章 対応段階

<養護者>

（聞き取った情報）　　＊養護者の仕事場近くの喫茶店で面接

- 40代半ば。24時間営業のスーパーの正社員として働いている。不規則勤務。
- 「仕事から帰ってくる時間は夜中だったり、昼間だったりばらばら。それでも母親は起きていて、疲れているのに、飯はまだか、腹が減ったと同じことを何度も言うため、いらいらして大きな声を出してしまう」
- 「家のことはこれまで母親まかせだったが、同じ物ばかり買ってきたり、鍋を焦がしたこともあるので、最近は自分の分とあわせて、自分が飯を買ってきている」
- 「家には寝に帰るだけ。近所の人とは話をしない」

（アセスメント要約票へのチェック）

→ 介護負担欄で、「介護意欲」…不明欄、「1日の介護時間」…必要時のみ
　「介護技術・知識」…低い、「介護の代替者」…なし　　等にチェック
　本人の訴えを追記
　就労状況欄で、「正規」、「不規則勤務」であることを追記
→ 認知症の知識がないこと、養護者が疲労しているうえに養護者に介護の代替者がいないことを虐待発生リスクと推測して、虐待発生リスク欄にチェック

Ⅱ. 養護者の情報　　面接担当者氏名：		虐待発生リスク
【介護負担】		■
被虐待高齢者に対する介護意欲：　□あり　□なし　■不明　　　介護技術・知識：　□高い　■低い　□不明		
1日の介護時間：□ほぼ1日中　■必要時のみ　□不明　　　介護の代替者　：　□あり　■なし　□不明		
介護期間（いつから始まったか、負担が大きくなった時期やきっかけ、最近の生活行動の変化など）※期間と負担原因を明確に		
仕事から帰ってくる時間は夜中だったり、昼間だったりばらばら。それでも母親は起きていて、疲れているのに、飯はまだか、腹が減ったと同じことを何度も言うため、いらいらして大きな声を出してしまう。		
平均睡眠時間：およそ_____時間		

【就労状況】	虐待発生リスク
■就労（就労曜日____～____　就労時間____時～____時）、雇用形態（■正規、□非正規）　□非就労　□不明	■

101

<家族関係、近隣・地域住民等との関係、地域の社会資源>

（聞き取った情報）

- 高齢者の夫が亡くなった5年ほど前から親族との付き合いは疎遠。
- 県外に住む長男とも10年以上連絡をとっていない。「親父の介護のことで、母親と兄貴の嫁が喧嘩して、それから帰ってきていない。親父の葬式にも来なかった」

（聞き取った情報）　＊相談者である近隣住民の自宅で面接

- 高齢者はもともと近隣住民と付き合いがあり、現在も次男から怒られると近隣住民宅に避難している。
- 「次男は仕事で帰りが遅いようで、ほとんど顔を合わせたことはない」

⬇

（アセスメント要約票へのチェック）

→ 上記収集内容を家族関係欄に記載
→ 高齢者、次男の他の家族からの孤立、次男の近隣との疎遠を虐待発生リスクと推測して、虐待発生リスク欄にチェック

Ⅲ．家族関係（家族歴、家族の抱える問題、家族の中の意思決定者、問題が起こったときの対処方法等）
※計画書(1)の「関連機関等連携マップ」で集約する

＜養護者から聞き取った情報＞
・高齢者の夫が亡くなった5年ほど前から親族との付き合いは疎遠。
・県外に住む長男とも10年以上連絡をとっていない。「親父の介護のことで、母親と兄貴の嫁が喧嘩して、それから帰ってきていない。親父の葬式にも来なかった。」

■

Ⅳ．その他（近隣・地域住民等との関係、地域の社会資源、関係者・関係機関との関わり等）
※計画書(1)の「関連機関等連携マップ」で集約する

＜近隣住民から聞き取った情報＞
・高齢者はもともと近隣住民と付き合いがあり、現在も次男から怒られると近隣住民宅に避難している。
・「次男は仕事で帰りが遅いようだから、ほとんど顔を合わせたことがない。」

■

第 5 章 対応段階

> ステップ2　個々の虐待発生リスクを関連づけ、虐待発生要因を明確にします。

<高齢者>

ステップ1で導き出された5つの虐待発生リスクの相互の関係性から、3つの虐待発生要因を推測します。

（アセスメント要約票「全体のまとめ」での情報の整理）

〔全体のまとめ〕：I～Ⅳで抽出された虐待発生の要因の結果を踏まえて、分析、課題を整理する。
　　　　　　　※計画書(1)の「総合的な対応方針」、計画書(2)の「対応困難な課題／今後検討しなければいけない事項」に反映する。

Ⅰ．高齢者本人：認知症とともにADLも低下しているが、介護保険サービスの利用はなく、また、認知症による自身の状態変化に不安を感じている。

Ⅱ．養護者：認知症への知識がなく、高齢者が同じことを繰り返し言うことに大きな声を出してしまう。また、自身の生活が不規則で、心身ともに疲労している。

Ⅲ．家族関係（家族歴、家族の抱える問題、家族の中の意思決定者、問題が起こったときの対処方法等）：高齢者の夫は5年前に死亡。県外に住む長男とも10年以上連絡をとっていない。他の親族との付き合いも疎遠。

Ⅳ．その他（近隣・地域住民等との関係、地域の社会資源、関係者・関係機関の関わり等）：高齢者は近隣住民との付き合いがあるが、次男は不規則勤務のため、近隣住民と付き合いはない。

Ⅴ．今後の課題：以下の3つの虐待発生要因の解消が必要と判断。
　〈虐待発生要因①〉：高齢者、養護者ともに、高齢者の認知症の発症を理解できていないことが、高齢者の不安、養護者のいらいらにつながっている。
　〈虐待発生要因②〉：高齢者は、認知症の発症とともにADLの低下がみられるが、適切なサービスが利用できていない。
　　　　　　　　　　養護者は不規則勤務のため心身ともに疲労しているが、介護の代替者はいない。
　〈虐待発生要因③〉：養護者は兄弟や近隣と疎遠になっており、やや孤立傾向にある。

＜虐待発生要因①＞

・高齢者、養護者ともに、高齢者の認知症の発症を理解できていないことが、高齢者の不安、養護者のいらいらにつながっている。

＜虐待発生要因②＞

・高齢者は、認知症の発症とともにADLの低下がみられるが、適切なサービスが利用できていない。
・養護者は不規則勤務のため心身ともに疲労しているが、介護の代替者はいない。

＜虐待発生要因③＞

・養護者は兄弟や近隣と疎遠になっており、やや孤立傾向にある。

ステップ3　虐待発生要因解消を主眼とした、虐待対応計画（案）をまとめます。

＜総合的な対応方針＞
＊ここでは直接的な虐待発生要因2つについて、対応方針を決定

- 虐待発生要因①を解消するために、高齢者、養護者ともに、認知症の理解を促す必要がある。
- 虐待発生要因②を解消するために、介護保険サービスの利用につなげ、養護者の介護負担を軽減する必要がある。

第1表　　　　　　　　高齢者虐待対応ケース会議記録・計画書（1）

決裁　欄（例）
課長	係長	担当者

高齢者本人氏名　　　　　　　　　　　殿
計画作成者所属　　　　　地域包括支援センター
計画作成者氏名

計画作成段階　　見直し　　措置解除　　虐待終結
計画の作成回数：＿＿回目　（初回計画作成日　　年　月　日）
計画作成日　　年　　月　　日
会議日時：　年　月　日　　時　分～　時　分

出席者
所属：	氏名	所属：	氏名
所属：	氏名	所属：	氏名
所属：	氏名	所属：	氏名
所属：	氏名	所属：	氏名

会議目的	
高齢者本人の意見・希望	
養護者の意見・希望	※支援の必要性　□あり　□なし　□不明
総合的な対応方針 ※「アセスメント要約票」全体のまとめより	対応方針として 〇虐待発生要因①を解消するために、高齢者、養護者ともに認知症に対する理解を促す必要がある。 〇虐待発生要因②を解消するために、介護保険サービスの利用につなげ、養護者の介護負担を軽減する必要がある。

関連機関等連携マップ
※「アセスメント要約票」のⅢ、Ⅳを集約する

（ジェノグラム：夫―高齢者、長男・次男、虐待関係、長男は10年以上連絡をとっていない。）

社団法人日本社会福祉士会 作成　VerⅡ-2（出典：東京都健康長寿医療センター研究所「支援計画書(第2版)」を参考に作成）

第 5 章 対応段階

<高齢者に対する課題・目標・役割分担・期限>
＊ここでは、当面の発生要因の解消にしぼって目標設定

(ア)虐待発生要因①を解消するために、
- ・課　　　題：自身の認知症の状態を受け入れられていない。
- ・目　　　標：自身の状態を受け入れ、不安を少なくする。
- ・役 割 分 担：地域包括支援センター保健師が精神科の継続的な治療を促す。

(イ)虐待発生要因②を解消するために、
- ・課　　　題：身の回りのことができなくなってきている。
- ・目　　　標：介護保険サービスを利用し、清潔や栄養の改善を図る。
- ・役 割 分 担：地域包括支援センター主任介護支援専門員が、高齢者に介護保険サービスについて説明し、サービス利用の意向を確認する。

<養護者に対する課題・目標・役割分担・期限>

(ア)虐待発生要因①を解消するために、
- ・課　　　題：母親が認知症を発症していることを理解できていない。
- ・目　　　標：認知症について理解し、母親の認知症の症状に、適切に対応できるようにする。
- ・役 割 分 担：精神科医から次男に認知症について説明をしてもらえるよう、地域包括支援センター保健師が依頼する。

(イ)虐待発生要因②を解消するために、
- ・課　　　題：介護の代替者がおらず、負担が集中している。
- ・目　　　標：介護保険サービスを利用し、介護負担を軽減する。
- ・役 割 分 担：地域包括支援センター主任介護支援専門員が、高齢者に介護保険サービスについて説明し、サービス利用の意向を確認する。

第2表　　高齢者虐待対応ケース会議記録・計画書(2)

決裁欄(例)：課長／係長／担当者

対象	優先順位	課題	目標	対応方法(具体的な役割分担)		実施日時・期間／評価日
				何を・どのように	関係機関・担当者等	
高齢者	1	自身の認知症の状態を受け入れられていない。	自身の状態を受け入れ、不安を少なくする。	精神科の継続的な治療を促す。	地域包括支援センター保健師	
	2	身の回りのことができなくなってきている。	介護保険サービスを利用し、清潔や栄養の改善を図る。	介護保険サービスについて説明し、利用の意向を確認する。	地域包括支援センター主任介護支援専門員	
養護者	1	母親が認知症を発症していることを理解できていない。	認知症について理解し、母親の認知症の症状に、適切に対応できるようにする。	精神科医から認知症について説明をしてもらえるよう、依頼する。	地域包括支援センター保健師	
	2	介護の代替者がおらず、負担が集中している。	介護保険サービスを利用し、介護負担を軽減する。	介護保険サービスについて説明し、利用の意向を確認する。	地域包括支援センター主任介護支援専門員	
その他の家族						
関係者						

対応が困難な課題／今後検討しなければならない事項など(虐待終結に向けた課題等を記載)	計画評価予定日　　年　月　日
サービス導入後、一定時間をおいて、今後の同居継続に向けた高齢者、養護者それぞれの意向や次男の近隣、兄弟との関係づくりに向けた対応を検討する必要がある。	

※記入欄が足りない場合は、様式を追加して記入

社団法人日本社会福祉士会 作成　VerⅡ-2(出典：東京都健康長寿医療センター研究所「支援計画書(第2版)」、新潟県三条市作成様式を参考に作成)

… 第4節 虐待対応ケース会議

POINT

◆虐待対応ケース会議は、当該事例に関係する機関が、必要な対応をチームとして行うために、虐待対応計画の内容を協議し、決定する場です。

1 虐待対応ケース会議の開催

　虐待対応ケース会議では、市町村を責任者として、関係機関それぞれの立場に応じた虐待に関する多角的分析が必要であり、各機関の機能を活かした役割分担をしながら、虐待対応計画を決定していくことが望まれます。

　市町村が、具体的にどの関係機関に声をかけるのか、また対応協議はどのように行うかについて、法は直接には規定していませんが、個別の事例に応じて必要不可欠な関係機関を招集し、虐待対応計画を策定することが効果的です。その際、「現在対応を行っている機関」に加え、「今後関与を依頼する機関」にも出席を依頼することが効果的です。

　また、策定された虐待対応計画は、関係機関相互に共有し、関係機関が一体となって虐待に対応することが求められます。

　以下、虐待対応ケース会議の運営について、記載します。

❶ 出席者

　虐待対応計画を協議・決定する場である虐待対応ケース会議は、市町村担当部署の職員と地域包括支援センター職員によって構成されます。

　また、市町村権限の行使について判断が必要となる場合には、市町村担当部署の管理職が会議に出席することが望まれます。

　さらに、虐待対応計画（案）を作成する段階で関与を依頼するとして選定した関係機関に対し、市町村担当部署から出席を依頼します。その際、虐待対応にあたる役割を組織として担ってもらうため、機関の承諾を得たうえで虐待対応ケース会議に出席してもらうこと、また可能な限り、各機関の管理職の出席を依頼することが望まれます。

- 高齢者の課題に対応している機関の職員
- 養護者支援を行っている機関、または関与を依頼する機関の職員
- 家族への支援を行っている機関、または関与を依頼する機関の職員
- 高齢者虐待対応専門職チームの弁護士、社会福祉士

❷ 役割分担

市町村担当部署と地域包括支援センターは、虐待対応ケース会議を開催するにあたり、役割を分担することが大切です。以下にその分担を例示します。

> ・市町村担当部署 ………… **会議の招集**、関係機関への会議の出席依頼、必要な資料の準備、**会議記録（議論の経過がわかるような議事録）の作成・保管**など
> ・地域包括支援センター … 虐待対応計画（案）および虐待対応計画（帳票類）の作成など

※高齢者虐待対応の第一義的責任を有するのは市町村であることから、虐待対応ケース会議の開催・招集、会議記録（議論の経過がわかるような議事録）の作成・保管は、市町村担当部署が担うことが求められます。

❸ 協議事項

①虐待対応計画についての協議・決定

虐待対応ケース会議では、虐待の解消と高齢者が安定して生活を送るための環境整備に向けて、事前に作成された虐待対応計画（案）に基づいて、計画内容を協議し決定します。その際、必ず、具体的な役割分担や計画実施の期限を設定します。

②会議記録の作成・共有

市町村担当部署と地域包括支援センターが役割を分担して、虐待対応計画を完成させるとともに、議論の経過がわかるような会議記録をまとめます。ただし、各機関の持ち帰り可能な資料の選定とその指示は市町村が責任をもって行う必要があります。

虐待対応計画を作成したら、役割分担に応じて期日までに計画を実施し、評価を行います。

場合によっては、1回の計画作成と実施・評価で終結を迎えることもありますが、多くの場合、計画の作成、実施、評価を繰り返すことが想定されます。したがって、毎回の評価では、アセスメントや虐待対応計画の見直しの必要性があるのか、あるいは現在の計画のもとで継続して対応していくのか、などについて適切に見極めることが重要です（詳細は、「5章5節　対応段階の評価会議」（108頁）参照）。

第5節 対応段階の評価会議

> **POINT**
> ◆市町村は、虐待対応計画の実施状況や、行った対応が適切だったかどうかについて評価を行います。
> ◆対応段階の評価会議では、虐待対応の見直し、継続または終結についても検討します。
> ◆計画の実施状況等の確認・評価は、当初設定した評価日を厳守して行うことが求められます。

1 対応段階の評価会議の開催

❶ 対応段階の評価会議の目的、位置づけ(初動期段階の評価会議との違い)

　虐待対応について責任をもつ市町村は、虐待対応を終結させるまで、高齢者虐待対応協力者との間で、虐待対応計画の実施状況を確認し、虐待状況が解消されたかどうか、対応を終結すべきか、対応計画を引き続き実施すべきか、改めてアセスメントや計画を見直すかについて、繰り返し協議する必要があります。

　対応段階の評価会議の目的は、第一義的には、初動期段階同様、虐待対応計画(初動期段階では「対応方針」)の実施状況の確認や、対応の適切さに関する評価です。対応段階の評価会議が初動期段階のものと異なる点は、常に終結の可能性や具体的形態について意識していく必要があることです。

　それ以外の会議運営、例えば、「出席者」「協議事項」「役割分担」の考え方については、「4章6節　初動期段階の評価会議」に準じます(77頁参照)。

❷ 具体的な評価の方法、視点

　作成した虐待対応計画に即して、実施状況等の確認・評価を行います。具体的には、初動期段階同様、各目標に対する実施状況、確認した事実と日付、目標および対応方法の変更の必要性の有無とその内容を確認し、虐待発生のリスク状況、高齢者本人、養護者の意向や状況について合議したうえで、評価のまとめを行います(「4章6節　初動期段階の評価会議」79頁の記録票例示参照)。

以下に、設定した目標や対応方法の変更の必要性を検討するための確認事項の例を示します。

【参考】設定した目標や対応方法の変更の必要性を検討するための確認事項例

●高齢者
・虐待の発生要因、虐待解消に向けた課題が解消したか。何を根拠としてそう言えるか。
・対応を行った結果、虐待解消に向けた新たな課題が生じていないか。
・虐待を再発させる要因や可能性が残されていないか。
・高齢者の意向を確認しているか。
・高齢者が安心して生活を送るための環境や体制が構築できているか。
・高齢者が支援を受け入れる状況にあり、継続した関わりをもてる状況にあるか。

●養護者
・虐待の発生要因、虐待解消に向けた課題が解消したか。何を根拠としてそう言えるか。
・対応を行った結果、養護者に新たな課題が生じていないか。
・虐待を再発させる要因や可能性が残されていないか。
・虐待を解消していくために、養護者支援の必要性が生じていないか。
・養護者の意向を確認しているか。
・養護者の状況や生活に改善がみられているかどうか。
・養護者が支援を受け入れる状況にあり、継続した関わりをもてる状況にあるか。

●その他の家族
・他の家族の関わりによって、虐待の解消が図れる状況にあるか。
・他の家族の関わりによって、高齢者が安心して生活を送るための環境や体制が構築できているか。
・対応を行った結果、家族全体の状況や生活に改善がみられているか。

●関係者(近隣・地域住民等との関係を含む)
・関係者の関わりによって、虐待の解消が図れる状況にあるか。
・関係者の関わりによって、高齢者が安心して生活を送るための環境や体制が構築できているか。
・対応を行った結果、家族全体の状況や生活に改善がみられているか。

❸ 評価結果のまとめと今後の対応についての協議

　虐待対応計画の実施状況等について確認・評価を行った結果、虐待対応を継続するか、継続する場合どのような継続とするか、あるいは終結が可能か等を検討します。終結とは、虐待発生要因が明確化され、発生要因や高齢者本人の意向等も合わせて、今後の暮らしの方針を立てたうえで、実際に虐待が解消したか、あるいは暮らし方を変更するかを判断することです(終結の詳細は「6章　終結段階」(112頁)を参照)。

①虐待が解消していない場合

　現在の虐待対応計画の対応内容を継続しながら個別の課題や目標設定を変更していくか、要因分析および虐待対応計画の見直しを行う必要があるか、検討を行います。

②虐待が解消された場合

　高齢者が安心して生活を送るための環境整備に向けて、虐待対応として継続する必要があるか、虐

待対応ではなく他の関係機関に関与を引き継ぐことができるかについても検討します。
　虐待対応として環境整備に取り組む必要がない場合には、権利擁護対応（虐待対応を除く）または、包括的・継続的ケアマネジメント支援に移行するかについて検討を行います。

❹ 会議記録の作成

　対応段階の評価会議でも、初動期段階の評価会議で例示した「高齢者虐待対応評価会議記録票」を活用し、虐待対応計画で設定した対応の実施状況や目標の達成状況、確認された事実を正確に把握・記録する必要があります（「高齢者虐待対応評価会議記録票」については、79頁を参照）。

◆**対応段階の評価会議における評価・判断の例**◆

病弱な高齢者夫婦と精神疾患をもつ息子の例

キーワード：介護保険サービスの導入、介護負担軽減、養護者支援

　夫婦ともに80歳代で要支援1、息子との3人暮らし
　高齢者夫婦が市役所に来所し、「精神科を受診していた息子が昼間からお酒を飲んでは、『俺の生活がこうなったのはお前たちのせいだ』と毎日のように自分たちに向かって暴れる。家の中にいても、いつ何をされるのか怖くなって逃げてきた。何とかしてほしい」と相談。
　事実確認のため、養護者に面接するが、一方的な訴えのみで十分な話し合いにならなかった。
　コアメンバー会議にて身体的、心理的虐待として認定。高齢者夫婦をこのまま自宅に戻すことは危険な状況であり、一時的にしても養護老人ホームへの分離保護の必要性があると判断した。
　その後、初動期段階の評価会議を経て、以下の対応方針を決定した。
①高齢者夫婦が今後希望する生活についての確認
②養護者の精神科受診への支援
③養護者の意思および今後希望する生活についての確認

　上記の対応を行い、対応段階における評価会議において、以下の内容を確認した。
①息子が落ち着いていれば自宅に戻り、息子との在宅生活を希望。その際には、介護保険サービスを利用することで息子に極力負担をかけないようにしていく。
②息子は近隣とのトラブルから警察の介入にて、精神科の医療機関に入院となる。
③現在は落ち着いており、もう一度自宅で両親との生活を希望。退院後、服薬管理を含め精神科の訪問看護の受け入れも了承している。

　以上をふまえて対応方針の見直しを行った。
・高齢者夫婦は介護保険サービスを導入し、自宅での在宅生活を再開する。
・養護者には、在宅での支援チームを整え、退院前より関わりをもっていく。
・養護者が退院後は、高齢者夫婦との生活や関わりについて関係者間で継続的に確認していく。

≪解説≫
　虐待を受けた高齢者を一時的に分離保護すること等により、不安が解消され、揺らいでいた気持ちが整理でき、望む生活がはっきりしてくることがある。
　評価としては、高齢者、養護者の生活能力を見極めながら、虐待対応計画に基づき、虐待の要因がどのように改善、解消されているのか把握するとともに、高齢者が安心して生活を送るための環境が整えられているかについて判断していくこととなる。
　対応状況等が予定どおり取り組めたのか、できなかったとすれば何が原因だったのかを整理し、今後どのような対応を行う必要があるかといった点も明確にしていく必要がある。

第6章

終結段階

第1節 虐待対応の終結

> **POINT**
> ◆虐待対応は必ず終結させる必要があります。ただし、それはあくまでも虐待対応の終結であって、支援の終結ではありません。
> ◆虐待対応の終結は、評価会議において判断します。
> ◆終結の判断に際しては、「虐待が解消されたこと」と「高齢者が安心して生活を送るために必要な環境が整ったこと」が確認できることが必要です。

1 虐待対応を終結させる必要性

虐待対応が終結しないということは、高齢者への権利侵害が継続していることを意味します。ここでいう権利侵害とは、「高齢者の生命・身体・財産が危険な状態にあること」です。

高齢者が尊厳ある生活を取り戻すために、虐待対応は常に終結を意識して行われる必要があります。

2 虐待対応終結の考え方

虐待対応の終結にあたっては、「虐待が解消されたと確認できること」が最低要件となります。

評価会議での確認をもとに、それぞれの虐待について虐待の発生要因が明確化され、虐待の解消につながったかどうかを判断します。複数の虐待が同時に起こっていて、ひとつでも虐待の発生要因が解消されていなければ、引き続き虐待対応を行う必要があります。

虐待の解消が確認できたら、虐待の解消が直接、高齢者の安心した生活につながるのかどうかについても見極める必要があります。その結果、虐待の解消だけでは高齢者の安心した生活につながらないと判断した場合、安心した生活のための必要な環境が整ったと確認できることも、終結の要件となります。

例えば、高齢者と養護者を一時分離した場合、そのことで虐待はいったん解消されますが、それが高齢者の望む安心した生活なのか、高齢者の望む安心した生活をかなえるためにはどのような対応が必要なのか、またその実現可能性はどうか等についても検討し、見通しを立てる必要があります。そして、高齢者の安心した生活のための環境の整備が確認できた時点で終結となります。

その場合、本人の生命や身体の安全確保を重視する観点から、必ずしも高齢者の希望する生活と終結の形態とが一致しないことも考えられます。例えば、高齢者本人は、養護者との再同居を希望し

ている場合であっても、
- ・高齢者は施設等で生活し、養護者が時々面会を行うことで関係が改善された状態
- ・高齢者の居場所を養護者に明確にせず、お互いに別々の生活を営む状態（分離継続）

などの状態で終結を迎えることもあり得ます。そうした場合であっても、可能な限り、高齢者の思いを尊重できる環境を整えることが重要となります。

再発の懸念と終結の留意事項

・実践の場面では、虐待の再発のおそれから、なかなか終結に至らないことがあります。虐待を再発させないためにも、虐待の発生要因についてしっかりした分析を行い、どのような生活が高齢者にとって最善なのか、判断していく必要があります。

3 虐待対応の終結から今後の対応の検討

「終結」とは、あくまでも「虐待対応としての終結」であり、必ずしも当該高齢者や家族との関わりが終了することではありません。市町村担当部署や地域包括支援センターは、高齢者が住み慣れた地域で安心して尊厳ある生活を送る権利を保障するために、必要に応じて、権利擁護対応や包括的・継続的ケアマネジメント支援に移行する必要があります。

その際、以下の点を意識して、適切な関与、引き継ぎを行います。

❶ 地域包括支援センターの関与の検討

虐待対応終結から、権利擁護対応や、包括的・継続的ケアマネジメント支援に円滑に移行するため、地域包括支援センターの関与のあり方を検討します。

❷ 関係機関との連絡体制の構築

虐待が再発した場合に備えて、高齢者の生活を支援しているケアマネジメント機関と養護者、家族への支援を行っている機関との連絡・連携体制を構築します。

◆終結段階における例◆

本人が施設入所を拒否した例

キーワード：成年後見制度（市町村長申立て）、やむを得ない事由による措置、生活の再構築

70歳代男性（認知症あり）、妻と2人暮らし

　市の虐待担当部署に、病院の医療ソーシャルワーカーから「脱水症状、低栄養状態で、入退院を3度も繰り返している。妻に借金があるようで、入院費も滞納ぎみ。面会にも来ず、退院調整のために電話連絡をするがなかなか出ない。介護・世話の放棄・放任も疑われるので相談にのってほしい」と連絡が入った。市虐待担当部署と地域包括支援センターにて手分けし、事実確認を行った。

　事実確認後、コアメンバー会議では、介護・世話の放棄・放任、経済的虐待があり、退院後、分離保護の必要性があると判断したため、やむを得ない事由による措置により特別養護老人ホームにて居所を確保することとした。

　その後、初動期段階の評価会議を経て、以下の虐待対応計画を作成した。
①やむを得ない事由による措置継続による、高齢者の安全の確保
②高齢者の財産確保のため、成年後見制度の市長申立ての実施
③妻の債務整理支援と本人との関わりの確認

　作成した虐待対応計画に基づいた対応を実施し、対応段階における評価会議で以下の内容を確認した。
①高齢者は施設での生活に慣れたが、自宅に戻りたいという意思が強くなっている。
②成年後見人が選任され、本人の年金の確保、介護保険サービスによる施設入所に切り替わる。
③妻は弁護士等の協力により債務整理に入り、過払い金の返還や、高齢者の入院保障が出ることがわかり、生活への意欲を取り戻しつつある。

　同時に妻が、高齢者への思いを語り始め、「夫が自分を必要としてくれるなら、改めて一緒に生活をしていきたい」と気持ちの変化がみられるようになってきた。

　以上をふまえて、妻の介護力の見極めと、高齢者の在宅生活再開の可能性について確認する内容で、虐待対応計画の見直しを行った。

　3か月後の評価会議では、以下の根拠をもとに虐待対応を終結させ、包括的・継続的ケアマネジメント支援に移行することとした。
・経済的虐待については、夫婦ともに不安がなくなる。
・介護・世話の放棄・放任については、背景にある夫婦間の感情のねじれが整理され、妻が施設を訪れたり、高齢者の外出に付き添ったり、外泊を受け入れるまでになった。介護保険サービスの利用の受け入れも希望するようになった。

≪解説≫

　高齢者虐待対応においては、虐待発生の要因を解消するだけではなく、高齢者と養護者がお互いに安心して暮らすことができる環境が整ったと確認できることをもって終結と考える必要がある。それは、必ずしも以前の生活に戻すことではなく、お互いがどのような方法なら安心して暮らすことができるかという観点から考える必要がある。

　虐待対応終結後、虐待対応を除く権利擁護対応や包括的・継続的マネジメント支援としての関わりに切り替えることとなるが、今後も検討する課題がある場合には、早期に関係者間で情報を共有、課題を整理し、必要な対応につなげていくことが大切である。

第7章

市町村権限の行使

第1節 立入調査

> **POINT**
> ◆立入調査は「養護者による高齢者虐待により高齢者の生命または身体に重大な危険が生じているおそれ」が認められる場合に、市町村が強制力をもって行使する権限のひとつです。
> ◆立入調査は、適切なタイミングで実施することが求められますが、実施に至るまでにさまざまな努力をし、実施の要件を満たしていると確認できることが求められます。

1 法的根拠と法の解説

　養護者による高齢者虐待により高齢者の生命または身体に重大な危険が生じているおそれがあると認めるとき、市町村長は、担当部署の職員や直営の地域包括支援センター職員に、虐待を受けている高齢者の住所または居所に立ち入り、必要な調査または質問をさせることができるとされています（第11条）。

　また、立入調査を実施する場合、市町村長は、高齢者の生命または身体の安全の確保に万全を期する観点から、必要に応じ適切に、当該高齢者の住所または居所の所在地を管轄する警察署長に対し援助を求めなければならないとされています（第12条第2項）。

法の解説（立入調査）

　高齢者虐待防止法が「養護者による高齢者虐待により高齢者の生命または身体に重大な危険が生じているおそれ」を立入調査の要件としているのは、高齢者の生命や身体に重大な危険が生じているような状況においては、高齢者・養護者の住居の平穏（※）を侵害してでも、市町村に住居へ立ち入る強制権限を行使させる必要があるからです。
　そのため、立入調査の実施にあたっては、まず、高齢者の生命または身体に重大な危険が生じているかどうか確認をする必要があります。明らかに重大な危険が生じている場合は立入調査が必要です。
　また、訪問調査の結果や関係機関からの情報をもとに、高齢者の姿が長期にわたって確認できない、また養護者が訪問に応じない、あるいは、高齢者の不自然な姿が目撃される、うめき声・泣き声などが確認されるなど、高齢者に重大な危険が生じているおそれがあると確認できた場合には、さまざまな工夫を行ってもなお高齢者の生命、身体の安全が確認できないと判断した場合に、立入調査を実施することが認められます。
　高齢者の生命や身体に重大な危険が生じているおそれのある事例で、市町村が立入調査を実施せず、その結果、高齢者の安全を確保することができなかった場合、法的責任を問われる可能性があります。
　　　　　　　　　　　　　　　　　　※「住居の平穏」の説明は、125頁参照。

法の解説（警察署長への援助要請）

　高齢者虐待防止法は、立入調査を実施する場合において必要があるときは、警察署長に対し援助を求めることができると規定しています（第12条第1項）。それは、虐待を受けている高齢者や、立入調査を行う市町村担当部署や地域包括支援センターの職員などの生命または身体の安全の確保に万全を期する観点から、必要に応じ適切に、警察署長に対し援助を求め（第12条第2項）、警察官に立入調査の現場に臨場してもらったり、現場付近で待機してもらうことができる趣旨の規定です。

　そして、警察官が立入調査の現場に臨場したり、現場付近で待機しているときに、養護者が暴行や脅迫等により、立入調査を妨害しようとする場合や、高齢者や市町村担当者に対して加害行為が行われようとした場合には、これを阻止するため、警察官は警察官職務執行法第5条に基づき警告を発し、または行為を制止し、あるいは警察官職務執行法第6条第1項に基づいて住居などに立ち入ることにより、養護者の妨害を止めさせることが可能です。

　さらに、養護者によって現に犯罪行為が行われている場合は、刑事訴訟法第220条に基づき、現行犯として養護者を逮捕するなどの検挙措置を講じ、介入拒否を止めさせることも可能です。

対応の流れ

立入調査の要否の判断 → 立入調査の事前準備 → 立入調査の実施 → 立入調査記録の作成

2 立入調査の要否の判断

　立入調査は、強制力の行使にあたることから、その要否については、市町村担当部署の管理職が出席する会議で判断することが重要です。

❶ 要否の判断のための確認事項と、立入調査が必要と判断される状況例

　立入調査の要否を判断するためには、さまざまな工夫を行って、高齢者の生命や身体の安全確認を行ったことを、組織内で確認することが必要です。

【参考】立入調査の要否を判断するための確認事項の例

①訪問者
　主治医の往診時、サービス利用時や担当の民生委員、親交のある親族などへの同行依頼などを工夫したか。

②訪問場所
　事前の情報収集により、高齢者が介護保険サービスを利用していたり、定期的に医療機関を受診していることが明らかになった場合には、介護保険サービス事業所や医療機関で高齢者から聞き取りを行うなどの、柔軟な対応を行ったか。

③訪問日時
　事前の情報収集により、高齢者や養護者が在宅または不在の日時を確認し、日時を変えながら訪問を重ねる、あるいは近隣の方の協力を得て家の灯りがついたら連絡をもらって訪問するなどの工夫をしたか。

立入調査の要件を満たすためには、前述のようなさまざまな工夫を重ねてもなお、高齢者の生命や身体の安全を確認することができなかった、ということが根拠として必要になります。そのためには、62・63頁に掲載した帳票例等を活用しながら、実施した訪問すべてについて、訪問日時とその結果を正確に記録に残していく（例「○月△日　□時訪問　留守で会えず」）ことが求められます。

　立入調査が必要と判断される状況の例と照らして、「立入調査の実施」または「事実確認の継続」について判断を行います。

【参考】立入調査が必要と判断される状況の例

- 高齢者の姿が長期にわたって確認できず、また養護者が訪問に応じないなど、高齢者に接近する手がかりを得ることが困難と判断されたとき。
- 高齢者が居室内において物理的、強制的に拘束されていると判断されるような事態があるとき。
- 何らかの団体や組織、あるいは個人が、高齢者の福祉に反するような状況下で高齢者を生活させたり、管理していると判断されるとき。
- 過去に虐待歴や援助の経過があるなど、虐待の蓋然性が高いにもかかわらず、養護者が訪問者に高齢者を会わせないなど、非協力的な態度に終始しているとき。
- 高齢者の不自然な姿が目撃されたり、うめき声、泣き声などが確認されているにもかかわらず、養護者が他者の関わりに拒否的で接触そのものができないとき。
- 入院や医療的な処置が必要な高齢者を養護者が無理やり連れ帰り、屋内に引きこもっているようなとき。
- 入所施設などから無理やり引き取られ、養護者による加害や高齢者の安全が懸念されるようなとき。
- 養護者の言動や精神状態が不安定で、一緒にいる高齢者の安否が懸念されるような事態にあるとき。
- 家族全体が閉鎖的、孤立的な生活状況にあり、高齢者の生活実態の把握が必要と判断されるようなとき。
- その他、虐待の蓋然性が高いと判断され、高齢者の権利や福祉上問題があると推定されるにもかかわらず、養護者が拒否的で実態の把握や高齢者の保護が困難であるとき。

出典：厚生労働省マニュアル

❷ 立入調査で許される行為（立入調査権のもつ強制力）

　立入調査の要件を充たしたとしても、市町村が立入調査の際に行使できる権限には、限界があります。立入調査権のもつ強制力とは、下記の内容にとどまります。

- 物理的な有形力の行使（※）をしてでも立ち入るということが認められるわけではなく、高齢者や養護者の同意なく住居内に立ち入りをしても住居侵入罪等の罪を問われないということ
- 養護者等が正当な理由なく住居への立ち入りを拒否した場合には、拒否をする養護者等に罰金が科せられること（第30条）を背景に、立入調査を強く求めること（間接強制）

※「物理的な有形力の行使」の説明は、125頁参照。

　したがって、鍵屋を呼んで鍵を開けたり、ドアを壊して立ち入ったり、窓ガラスを破って居室の中に入るようなことまで許容するものではありません。だからといって、高齢者の生命や身体の安全が確認できないまま、確認までに時間を費やすことは適切ではありません。

3 立入調査の事前準備

立入調査の実施にあたっては、事前に綿密な準備を行う必要があります。以下に、事前準備の内容を例示します。

① 実施のタイミングの確定

- 立入調査をいつ実施するかは重要なポイントです。高齢者と養護者等がともに在宅しているときと養護者等が外出しているときのいずれが良いかなど、事前に行った訪問調査の結果や高齢者、養護者等の生活状況に関する情報を整理し、慎重に検討する必要があります。
- 立入調査の実施について、養護者等に事前に知らせる必要はありません。

② 立入調査の実施時に予想される事態へのシミュレーション

- 立入調査を実施するにあたっては、高齢者の状況や養護者等の態度などに関して予測される事態に向けてシミュレーションをしておくことが重要です。
- 特に、養護者等が立入調査に対して非協力的な場合や、養護者等からの暴力や暴言が予測される場合について、関係者の役割分担や対応、高齢者の保護が必要な場合の受け入れ先の確保など、具体的にシミュレーションをして関係者と共有することが必要です。

③ 同行者と役割分担の確認

- 高齢者の生命や身体が危険な状態にあることが明確な場合、もしくはその状態すらも確認することができない場合の立入調査には、市町村担当部署の職員とともに、高齢者の健康状態を確認する医療職の同行が求められます。
- 養護者に精神的な疾患が疑われる場合には、保健センターや保健所、精神保健福祉センターと連携を取り、専門の保健師や精神保健福祉相談員等の同行も考えられます。
- また、養護者等が立入調査に対して非協力的な場合や、養護者等からの暴力や暴言が予測される場合、誰がどのように対応するかについても検討する必要があります。
- その他、高齢者や養護者等と関わりのある親族等に同行や立会いを求めることも有効な場合があります。

④ 確認事項の整理

- 高齢者および養護者の状況、生活環境等目視で確認すべきこと、高齢者や養護者と面接するなかで確認すべきことなどについて、あらかじめ整理しておきます。確認事項の参考例として「事実確認票－チェックシート」を示します（62・63頁参照）。

❺ 高齢者の緊急保護に備えた保護先の確保

- 緊急保護が必要な状態とその場合の保護先について、事前に協議し、保護先が想定される機関と連絡体制をとっておきます。養護者に対して、高齢者の搬送先を伝えるかどうかについても、事前準備の段階であらかじめ確認しておきます。

❻ 警察署長への援助要請

- 高齢者虐待防止法では、立入調査を実施する場合に所管の警察署長への援助要請に関する規定が設けられています。
- 援助依頼様式を用いて、所管の警察署長に対して援助要請を行います(121頁参照)。
- なお、立入調査の実施前に、警察の担当者に対して、高齢者や養護者等の状況を伝えたり、立入調査の際の役割分担や対応手順を共有しておくことが重要です。

【参考】予想される事態とシミュレーションの例

- ●養護者等が立入調査に対する協力を拒否し、ドアを開けない場合
  - →・時間を決め、市の職員がドアをたたいたり、何回も声かけをする。
  - ・どうしても開けない場合は、警察官からも声かけをしてもらう。「○○警察です」ということで、開ける場合もある。
  - ・玄関からだけでなく、開いている窓などがあれば、そこから声をかける。
- ●養護者等からの暴力や暴言が予測される場合
  - →・事前に養護者等から暴力や暴言が予測される場合は、警察官が待機した状態で男性職員が複数で対応し、養護者の様子により警察への対応に切り替える。
- ●高齢者を緊急で保護することが必要な場合(入院先、入所先)
  - →・高齢者の健康状態などから救急搬送が必要な場合は救急車を要請し、救急車には市町村担当部署または直営型地域包括支援センターの職員が付き添う。
  - ・養護者に対しては、別の職員が対応し、養護者の生活状況の聞き取りなどを行う。
  - ・やむを得ない事由による措置を行う場合は、市町村担当部署または地域包括支援センターの車で、あらかじめ連絡・調整してあった施設に高齢者を保護する。車の名称などで、保護先が養護者にわかる場合もあるため、家から施設までの搬送には、施設の車は利用しない。

第7章 市町村権限の行使

【参考】警察署長への援助依頼様式（例）

		第　　　　　号
	高齢者虐待事案に係る援助依頼書	年　月　日
○　○　警察署長　殿		○　○　市（町、村）長　印

　高齢者虐待の防止、高齢者の養護者に対する支援等に関する法律第12条第1項及び同条第2項の規定により、次のとおり援助を依頼します。

依頼事項	日　時	年　月　日　時　分　～　時　分
	場　所	
	援助方法	□調査の立ち会い □周辺での待機　　□その他（　　　　　　　　　　）
高齢者	（ふりがな） 氏　名	□男　・□女
	生年月日	年　月　日生（　　歳）
	住　所	□上記援助依頼場所に同じ □その他（　　　　　　　　　　　　　　　　　　）
	電　話	（　　　　）　－　　　　番
	職業等	
養護者等	（ふりがな） 氏　名	□男　・□女
	生年月日	年　月　日生（　　歳）
	住　所	□上記援助依頼場所に同じ □その他（　　　　　　　　　　　　　　　　　　）
	電　話	（　　　　）　－　　　　番
	職業等	
	高齢者との関係	□配偶者　　□子　　□子の配偶者　　□孫 □その他親族（　　　　　　　　　） □その他（　　　　　　　　　　　）
虐待の状況	行為類型	□身体的虐待　　□介護・世話の放棄・放任　　□心理的虐待 □性的虐待　　□経済的虐待
	虐待の内容	
高齢者の生命又は身体に重大な危険が生じていると認める理由		
警察の援助を必要とする理由		
担当者・連絡先	所属・役職　　　　　　　　　　　　　　氏名 電話（　　　　）　－　　　　番　内線 携帯電話　　　－　　　－　　　番	

❹ 立入調査の実施

事前準備をもとに、立入調査を実施します。

① 身分証明書の携帯
- 立入調査を行う職員は、身分証明書を携帯します（124頁参照）。

② 立入調査の目的の説明
- 立入調査は、法律に基づいた行政行為であること、調査の目的や確認したい事項、立入調査権を発動した理由などについて、養護者等の協力を得られるように誠意をもって説明します。高齢者や養護者等が不安を感じないような対応を心がける必要があります。

③ 高齢者の生命や身体の安全確認と、分離保護の必要性の判断
- 立入調査では、第一に高齢者の生命や身体の安全確認を行います。高齢者の身体の状態・けが等、生活の状況、話の内容、表情・態度、サービスなどの利用状況、養護者の態度などを観察するとともに、医療職が高齢者の健康状態を確認します。
- また、高齢者の居室内の様子に注意を払い、不衛生・乱雑であるなどの特徴的な様相があれば、高齢者本人の同意を得たうえで写真等の活用を含め記録しておきます。
- 上記を確認した結果、事前の打ち合わせで確認した緊急保護が必要な状態であると判断した場合には、緊急入院や老人福祉法によるやむを得ない事由による措置を適用して、高齢者を分離保護します。このとき、高齢者本人が混乱等のなかで状況を理解できず、保護に抵抗することも想定されます。その場合は、十分な説明を繰り返し行って高齢者を説得します。
- また、養護者等と多少の摩擦が生じたとしても、高齢者の保護を優先させることが重要です。

④ 虐待が疑われる事実の確認
- 高齢者の生命や身体の安全を確認した後、虐待が疑われる事実に関して確認します。
- 高齢者と養護者から話を聞く際には担当者を分けて、事前準備で整理した確認事項に基づいて、できるだけ別の場所で聞き取りを行います。

⑤ 養護者や家族等への対応
- 立入調査の結果、高齢者を保護する必要がないと判断した場合でも、高齢者及び養護者等に対する支援が必要と判断できる場合には、継続的に関わることが必要です。必要と思われる各種サービスの説明や相談先を伝え、支援につなげやすくする配慮が求められます。

5 立入調査記録の作成

　立入調査においても、初動期段階と同様にチェックシートを用いて、確認した事実を正確に記載することが重要です（62・63頁参照）。

　ここで記載した事実をもとに、コアメンバー会議において、虐待の有無や緊急性の判断を行うことが求められます（67頁参照）。

【参考】身分証明書(例)

(表)

証　　　票

第　　　号　　　　　　　　年　　月　　日　交付

所　属
氏　名

　上記の者は、高齢者虐待の防止、高齢者の養護者に対する支援等に関する法律第11条の規定による、立入調査を行う職員であることを証明する。

市　町　村　長　名　　［市町村長印］

(裏)

高齢者虐待の防止、高齢者の養護者に対する支援等に関する法律
(通報等を受けた場合の措置)
第九条　市町村は、第七条第一項若しくは第二項の規定による通報又は高齢者からの養護者による高齢者虐待を受けた旨の届出を受けたときは、速やかに、当該高齢者の安全の確認その他当該通報又は届出に係る事実の確認のための措置を講ずるとともに、第十六条の規定により当該市町村と連携協力する者(以下「高齢者虐待対応協力者」という。)とその対応について協議を行うものとする。

2　市町村又は市町村長は、第七条第一項若しくは第二項の規定による通報又は前項に規定する届出があった場合には、当該通報又は届出に係る高齢者に対する養護者による高齢者虐待の防止及び当該高齢者の保護が図られるよう、養護者による高齢者虐待により生命又は身体に重大な危険が生じているおそれがあると認められる高齢者を一時的に保護するため迅速に老人福祉法第二十条の三に規定する老人短期入所施設等に入所させる等、適切に、同法第十条の四第一項若しくは第十一条第一項の規定による措置を講じ、又は、適切に、同法第三十二条の規定により審判の請求をするものとする。

(立入調査)
第十一条　市町村長は、養護者による高齢者虐待により高齢者の生命又は身体に重大な危険が生じているおそれがあると認めるときは、介護保険法第百十五条の四十五第二項の規定により設置する地域包括支援センターの職員その他の高齢者の福祉に関する事務に従事する職員をして、当該高齢者の住所又は居所に立ち入り、必要な調査又は質問をさせることができる。

2　前項の規定による立入り及び調査又は質問を行う場合においては、当該職員は、その身分を示す証明書を携帯し、関係者の請求があるときは、これを提示しなければならない。

3　第一項の規定による立入り及び調査又は質問を行う権限は、犯罪捜査のために認められたものと解釈してはならない。

(日本工業規格A列7番)

立入調査に関する Q&A

Q1 養護者や高齢者から訪問を拒否された場合でも、立入調査を実施することができますか。

▶ 市町村の立入調査は、養護者や高齢者から訪問を拒否された場合でも実施することができます。高齢者が養護者をかばって立入を拒否する場合でも、高齢者の生命または身体に重大な危険が生じているおそれがある場合には、立入調査を実施することが重要です。立入を拒否されることがあらかじめ予想される場合には、以下のような対応を検討してみることが必要です。

①抵抗する養護者等が出入りする時間帯をチェックして、不在を見計らって施錠されていない居室に立ち入ることは可能です。

　この場合には、鍵を壊したり、ドアを破るなどの有形力を行使することはできません。不在を見計らって施錠されていない家に入ることは、住居の平穏は害されますが、有形力は行使されていませんので、高齢者虐待防止法の立入調査として許されます。玄関での呼びかけに応答がない場合に立ち入り、結果として留守であったとしても、この立ち入りは許されます。

※「有形力の行使」における「有形力」とは、物理的な力のことをいいます。「有形力の行使」の典型は、殴る、蹴るなど他者に暴力を振るうことです。物を破壊するなど器物損壊行為も「有形力の行使」に含まれます。
※「住居の平穏」とは、住民の私生活の穏やかなさまを指します。住民は、自分の住居において他人から干渉されず穏やかに生活するものであることを、法律用語では「住居の平穏」といいます。高齢者虐待防止法第11条は、一定の要件を満たす場合には、立入調査により「住居の平穏」が害されてもやむを得ないという考えに基づく規定です。

②ドアの開け閉めについて養護者を含めた家族から許されている親族に立ち会いを依頼し、立入調査を実施することは可能です。

　このような親族は、住居へ立ち入る権限を有していますから、その権限に基づいて住居に立ち入ることは許されます。

　他方、管理人に事情を説明して合い鍵を借り、その鍵を利用して住居に立ち入ることまで許されるものではありません。なぜなら、管理人にはそもそも当該高齢者の居室の鍵をあける権限は付与されておらず、市町村が権限のない人に対して違法行為を教唆する（そそのかす）ことは許されないからです。

　この場合は、手をこまねいているのではなく、住居への立ち入りが許されている親族に立ち会いを依頼したり、養護者や高齢者を説得するなど他の方法を検討します。

　また、不測の事態や緊急事態が予測される場合は、あらかじめ警察署長への援助要請を行うことが必要です。

Q2 立入調査の実施にあたって、どのような職種が必要でしょうか。

▶ 立入調査の場合には、不測の事態に備えて、必ず複数の関係者で対応することが必要です。その関係者のなかに、高齢者の心身の状況を迅速かつ適切に把握できる医師や保健師といった医療・保健専門職に同行してもらうことは非常に有効です。高齢者の身体的な外傷の有無やその程度、認知症の状況、養護者に対する態度やおびえの有無などを専門的な見地から判断し、その状況によっては入院の手続などにつなげていくことができます。

一方、立入調査は高齢者虐待防止法第17条に規定する委託事項には含まれないため、委託型地域包括支援センターが単独で実施することはできません。

委託型地域包括支援センターは、市町村からの依頼に応じて、関係機関のひとつとして市町村職員が実施する立入調査に同行し、高齢者の生命や身体の安全や生活状況等の確認などの役割を遂行します。

Q3 養護者が精神障害等で判断能力が低下している場合、立入調査を行うことができますか。

▶ 「養護者」の定義について「判断能力の有無」について言及したものはなく、したがって、精神疾患等により判断能力のない養護者が虐待を行っていることが、立入調査の可否の判断に影響を与えることはありません。ただし、このような場合、養護者を精神科医療につなげて保護をする必要性のある場合もあり、その場合には養護者を精神保健福祉の専門関係機関と連携していくことが必要です。

Q4 小規模市町村では、職員と養護者とが顔見知りの場合もあり、立入調査を実施することが難しいのですが、都道府県に代行してもらうことはできますか。

▶ 立入調査の実施は市町村が責任を負っており、他の市町村の職員や都道府県担当部署の職員が代行できるものではありません。

しかしながら、立入調査の同行には「その他の高齢者の福祉に関する事務に従事する職員」が認められています。また、高齢者虐待防止法では、都道府県に対し、市町村が行う措置の適切な実施に関し、必要な援助を行うものとすると規定されています（第19条第1項）。当該市町村が立入調査を実施する際に、都道府県担当部署の職員が広域対応という趣旨で立入調査に立ち会うことは可能と考えられます。

第2節 やむを得ない事由による措置

POINT

◆市町村は、虐待の防止および当該高齢者の保護を図る必要があると判断した場合、適切にやむを得ない事由による措置を実施する必要があります。
◆やむを得ない事由による措置を適切に実施するには、措置の手続きを担当する部署との連携はもちろんのこと、日頃から、介護福祉施設、介護保険サービス事業所等との協力関係を築いておくことが重要です。

1 法的根拠と法の解説

初回相談の内容や事実確認によって、高齢者の生命または身体に重大な危険が生じているおそれがあると認められる場合など、高齢者に対する養護者による高齢者虐待の防止および当該高齢者の保護を図るため必要がある場合には、適切に老人福祉法第10条の4（居宅サービスの措置）、第11条第1項（養護老人ホームへの措置、特別養護老人ホームへのやむを得ない事由による措置、養護受託者への委託）の措置を講じることが規定されています（第9条第2項）。

法の解説

高齢者の生命や身体にかかわる危険性が高い場合や、放置しておくと重大な結果を招くおそれが予測される場合など、他の方法では虐待の防止が期待できない場合や、高齢者を保護する必要があると認めた場合には、市町村は、迅速かつ積極的に措置を実施することが規定されています（第9条第2項）。
高齢者のおかれている状況からやむを得ない事由による措置の実施の要否について適切に見極め判断を行うのは、措置権限を有する市町村の責務です。必要があるにもかかわらず、適切に措置を実施しなかった場合には、市町村が法的責任を問われる可能性があります。
市町村は、やむを得ない事由による措置を適切に実施するため、やむを得ない事由による措置を実施するための要綱を定めておくことが望まれます。

対応の流れ

やむを得ない事由による措置の要否の判断 → やむを得ない事由による措置の実施手続き → やむを得ない事由による措置を実施した後の支援 → やむを得ない事由による措置解除の判断

❷ やむを得ない事由による措置の要否の判断

老人福祉法に基づく「やむを得ない事由」とは、以下の場合が想定されています。

「やむを得ない事由」について

●老人ホームへの入所措置等の指針について
（平成18年3月31日老発第0331028号厚生労働省老健局長通知）（抜粋）

第1　入所措置の目的
「やむを得ない事由」としては、
(1) 65歳以上の者であって介護保険法の規定により当該措置に相当する介護福祉施設サービスにかかる保険給付を受けることができる者が、やむを得ない事由（※）により介護保険の介護福祉施設サービスを利用することが著しく困難であると認められる場合
（※）「やむを得ない事由」とは、事業者と「契約」をして介護サービスを利用することや、その前提となる市町村に対する要介護認定の「申請」を期待しがたいことを指す。
(2) 65歳以上の者が養護者による高齢者虐待を受け、当該養護者による高齢者虐待から保護される必要があると認められる場合、または65歳以上の者の養護者がその心身の状態に照らし養護の負担の軽減を図るための支援を必要と認められる場合が想定されるものである。

市町村長は「やむを得ない事由」によって契約による介護保険サービスを利用することが著しく困難な65歳以上の高齢者に対して、職権により以下の介護保険サービスを利用させることができます。

やむを得ない事由による措置のサービスの種類

・訪問介護　　　　　　　　・通所介護　　　・短期入所生活介護
・小規模多機能型居宅介護　・認知症対応型共同生活介護
・特別養護老人ホーム

やむを得ない事由による措置の要否を適切に判断する必要があるため、判断は、市町村担当部署の管理職が出席する会議で行うことが重要です。また、以下の項目に配慮して適切に運用することが求められます。

●「やむを得ない事由による措置」は、高齢者本人の福祉を図るために行われるべきものであり、高齢者本人が同意していれば、家族が反対している場合であっても、措置を行うことは可能である。
●高齢者の年金を家族が本人に渡さないなどにより、高齢者本人が費用負担できない場合でも、「やむを得ない事由による措置」を行うべきときは、まず措置を行うことが必要である。
●高齢者本人が指定医の受診を拒んでいるため要介護認定ができない場合でも、「やむを得ない事由による措置」を行うことは可能である。

平成15年9月8日開催、全国介護保険担当課長会議資料より

高齢者虐待対応において、法が想定するやむを得ない事由による措置の活用場面を整理すると、以下の①～⑤の場合に積極的な措置権限の行使が求められます。

第7章 市町村権限の行使

【参考】積極的な措置権限の行使が求められる状況

① 「生命または身体に重大な危険の生じるおそれがある」場合に、高齢者の判断能力の有無にかかわらず、「やむを得ない事由による措置」をとる典型的な場合

② 高齢者の判断能力が低下し、必要なサービスが利用できない場合
　（例）・緊急性はないものの、認知症等で高齢者の判断能力が減退して高齢者の意思が確認できず、かつ、養護者が高齢者の生活に必要なサービスの利用を拒否している場合

③ 経済的な虐待があり、生活に必要な金銭が高齢者のために使われていない場合
　（例）・高齢者の金銭管理能力が低下し、養護者が金銭管理を行っている状況で、高齢者の生活に必要な医療・介護等のサービスが受けられていない、適切な食事が提供されていない、等の場合
　　　・高齢者に判断能力はあるが、経済的虐待があって、介護保険制度によるサービス利用の利用者負担金を支払うことができない場合

④ 高齢者が自ら助けを求められない場合（または求めようとしない場合）
　（例）・高齢者に判断能力はあるが、養護者の虐待をおそれ、あるいは養護者のことをかばい（共依存の場合も）、サービス利用を拒否する場合
　　　・施設や介護保険サービスへの無知や偏見等から、虐待を耐えてでもサービス利用を拒否する場合

⑤ 面会制限の適用が必要な場合
　（例）・高齢者自らが養護者等との分離を望んでいるにもかかわらず、養護者の過去の言動から、高齢者を自宅に連れ戻すことが予測される場合

※①～④は老人福祉法第10条の4、第11条第1項すべてに該当する状況。
※⑤は第11条第1項に該当する状況。

3 やむを得ない事由による措置の実施手続き

　やむを得ない事由による措置の実施手続きを行う部署が高齢者虐待担当部署と異なる場合、当該部署に措置の実施手続きを依頼します。

　ただし、措置の適用による養護老人ホームや特別養護老人ホームへの入所の場合、その緊急性の高さから、通常とは異なる実施手続きが可能であることから、高齢者虐待担当部署と措置の実施手続きを行う担当部署との間で、措置を迅速に実施できるルールをあらかじめ整備しておくことが求められます。

養護老人ホームや特別養護老人ホームへの入所措置について

●老人ホームへの入所措置等の指針について
（平成18年3月31日老発第0331028号厚生労働省老健局長通知）（抜粋）

第3　入所判定委員会の設置
　　（3）高齢者虐待の防止、高齢者の養護者等に対する支援等に関する法律第9条の規定により、養護者による高齢者虐待を受け、生命又は身体に重大な危険が生じているおそれがあると認められる高齢者を老人ホームに一時的に保護する場合は、入所判定委員会の開催を待つことなく入所措置を行うことができるものとする。

④ やむを得ない事由による措置を実施した後の支援

　やむを得ない事由による措置はあくまでも高齢者の生命や身体の安全または財産を確保するための一時的なものであり、居宅サービスの導入や分離保護の実施、成年後見人等の選任によって、虐待対応が終結するわけではありません。

　高齢者に対しては、やむを得ない事由による措置を適用している間の、精神的なケアが必要となります。また、養護者に対しても、必要に応じて精神的な支援や生活支援を行うことが必要となります。

　なお、これらの事項については、高齢者を保護した後、虐待対応ケース会議において作成する虐待対応計画で、具体的な対応と役割分担を協議する必要があります。

① 養護者からの保護と精神面の支援

- 施設に入所した場合、養護者が高齢者を強引に連れ戻したり、探し出したりすることも考えられるため、市町村担当部署と施設は、その際の対応と連携体制を十分に協議しておく必要があります（詳細は、「7章4節　面会制限」（136頁）を参照）。
- 施設に保護された高齢者は、虐待を受けたことに対する恐怖心や不安を抱きながら慣れない環境で生活を送ることになりますので、高齢者に対する精神的な支援は不可欠です。

② 養護者への支援

- 養護者が介護負担を抱えていたり、経済的に困窮しているなど、支援が必要と考えられる場合には、養護者に対しても、必要に応じて精神的な支援や生活支援を行います。

⑤ やむを得ない事由による措置解除の判断と契約への移行

　やむを得ない事由が解消した時点で、やむを得ない事由による措置は解除しなければなりません。やむを得ない事由による措置解除の判断は、評価会議で行います（77頁、108頁参照）。

　具体的な判断の例としては、養護者や家族の生活状況が改善して虐待が解消したこと、要介護認定の申請や介護保険サービスの利用契約が可能になったこと、成年後見制度の利用により後見人等によって要介護認定の申請や介護保険サービスの利用に関する契約が可能になったこと、などがあげられます。

　ただし、入所措置をしていた高齢者が自宅で生活を再開した場合でも、自宅に戻ってからの一定期間は、関係機関等による高齢者や養護者等への手厚いフォローが必要と考えられます。

　やむを得ない事由による措置が解除された時点で、高齢者本人や家族の同意を得て、契約による介護保険サービス利用に切り替えます。

認知症等で高齢者本人の判断能力が低下している場合には、成年後見制度の活用により、契約による介護保険サービスを利用したり、財産管理や身上監護が行えるように準備を整えます。

特に、養護老人ホームや特別養護老人ホームへの入所措置解除の場合、その後の居所の確保について検討する必要があります。

やむを得ない事由による措置に関する Q&A

Q1　治療が必要であるにもかかわらず、金銭負担ができないために高齢者が医療機関を受診できない場合、どのように対応すればよいでしょうか。

▶【収入がない場合】

　医療法等には、老人福祉法における「やむを得ない事由による措置」のような制度はないため、職権で医療サービスを受けさせ医療費を支弁することはできません。

　入院治療の緊急性・必要性が高い場合には、救急搬送などの手段で病院へ連れて行き、入院後に生活保護の申請をして保護費から支払う方法を検討する必要があります。

【収入がある場合】

　親族が経済的虐待をしているために、高齢者自身の収入から治療費を支払えない場合には、医療機関に対し、虐待対応後、速やかに清算手段を検討することを説明します。

　しかし、収入の有無にかかわりなく、高齢者の判断能力が低下している場合には、成年後見人等を選任し、後見人等が法定代理人として、高齢者の財産管理や身上監護をすることになります。後見人等は、管理財産から治療費を支払ったり、高齢者本人の意思を尊重して外来診療や入院治療を受けるための医療契約を結ぶことができます。

Q2　高齢者本人が明確に分離を拒否している場合であっても、コアメンバー会議で「生命または身体に重大な危険が生じるおそれがある」と判断した場合、やむを得ない事由による措置を行うことは可能でしょうか。

▶　高齢者本人に判断能力があって、明確に分離に対して拒否をしている場合、やむを得ない事由による措置を適用しての分離はできません。その場合、粘り強く接触を続けて、高齢者本人の理解を求めていくことが重要です。

Q3　住民票所在地と居住地が異なる場合、居住地の市町村は当該高齢者に対して、やむを得ない事由による措置を実施することができますか。

▶　老人福祉法の規定により、65歳以上の者（65歳未満の者で必要があると認められるものを含む）またはその養護者に対する福祉の措置は、居住地の市町村が行うものとされています（第5条の4）。そのため、住民票の有無にかかわらず、当該高齢者が居住

する市町村がやむを得ない事由による措置を行う必要があります。

　その後、高齢者が居住する市町村は高齢者の転入届を受けて、または職権により本人の住民票を作成して要介護認定を行い、契約による介護保険サービスの利用へと切り替えることとなります。

Q4 職権による要介護認定申請とはどのようなものなのでしょうか。

▶　老人福祉法第10条の4、第11条第1項では、やむを得ない事由により、事業者との「契約」による介護保険サービスの利用や、その前提となる市町村に対する要介護認定の「申請」を期待しがたい者に対し、市町村が措置を採る（＝職権をもって介護保険サービスの提供に結びつける）ことが規定されています。

Q5 要介護認定を受けていない高齢者に対し、やむを得ない事由による措置を適用することはできますか。

▶　虐待を受けている高齢者の生命や身体の安全確保の必要性がある場合の、高齢者の保護要請は要介護認定の有無にこだわらないわけですから、やむを得ない事由による措置を適用することが可能です。

Q6 養護者や家族に措置先を伝えなければいけないのでしょうか。

▶　本人を保護するために分離措置をするわけですから、保護にマイナスになるようなことをすべきではありません。虐待している養護者に措置先を知らせれば、養護者が措置先の施設を探し、高齢者本人と施設が混乱するおそれがあります。

　また、家族のなかで、本人保護のための分離措置に賛成してくれる方にも、家族間のやりとりまで制限することができないため、組織的に検討することが必要です。

Q7 やむを得ない事由による措置を実施した場合、費用負担はどうなりますか。

▶　やむを得ない事由による措置を実施し介護保険サービスを利用した場合には、9割相当分は保険給付から支払われます。そのため、市町村は、残りの1割（特別養護老人ホームに入所した場合には、居住費と食費相当分も加算）を措置費として支弁することになります。また、措置費で支弁した費用については、介護保険制度に準じる考え方で、高齢者本人等の負担能力に応じて徴収することとなります（平成12年3月7日、全国高齢者保健福祉関係主管課長会議資料）。

第7章 市町村権限の行使

【参考】老人ホームの入所措置の基準について

●老人ホームへの入所措置等の指針について
（平成18年3月31日老発第0331028号厚生労働省老健局長通知）（抜粋）
（下線部分は「老人」を「高齢者」に置き換えて記載）

第5　老人ホームの入所措置の基準
　1　養護老人ホーム
　　　法第11条第1項第1号の規定により、<u>高齢者</u>を養護老人ホームに入所させ、または入所を委託する措置は、当該<u>高齢者</u>が次の（1）および（2）のいずれにも該当する場合に行うものとする。

　　（1）環境上の事情については、次のアおよびイに該当すること。

事　項	基　準
ア　健康状態	入院加療を要する病態でないこと。 　なお、施設は、入所予定者の感染症に関する事項も含めた健康状態を確認することが必要であるが、その結果感染症にり患し、またはその既往症があっても、一定の場合を除き、措置を行わない正当な理由には該当しないものである。
イ　環境の状況	家族や住居の状況など、現在置かれている環境の下では在宅において生活することが困難であると認められること。

　（注）法では、養護老人ホームへの入所要件を「環境上の理由及び経済的理由」と規定しているが、これは、措置に当たり改正前に規定されていた「身体上若しくは精神上」の理由は問わないこととする趣旨であり、「身体上若しくは精神上」の理由を有する者を措置の対象外とするものではない。

　　（2）経済的事情については、老人福祉法施行令第2条に規定する事項に該当すること。

　2　特別養護老人ホーム
　　　法第11条第1項第2号の規定により、高齢者を特別養護老人ホームに入所させ、または入所を委託する措置は、当該高齢者が、要介護認定において要介護状態に該当し、かつ健康状態が1（1）アの基準を満たす場合において行うものとする。
　　　なお、胃ろう、経管栄養の状態にあることのみをもって、入所措置を行わない理由とはならないものであること。

【参考】居宅における介護等にかかる措置について

●老人ホームへの入所措置等の指針について
（平成18年3月31日老発第0331028号厚生労働省老健局長通知）（抜粋）

第9　居宅における介護等にかかる措置
　　法第10条の4第1項各号に規定する措置については、特別養護老人ホームへの入所措置と同様、65歳以上の者であって、身体又は精神上の障害があるために日常生活を営むのに支障があるものが、介護保険法に規定する居宅サービス（訪問介護、通所介護、短期入所生活介護、小規模多機能型居宅介護、認知症対応型共同生活介護（以下「訪問介護等」という。）を利用することが著しく困難とみとめられるときに、必要に応じて市町村が措置を採ることができることとされているものであり、やむを得ない事由の解消により、介護保険法に基づく訪問介護等の利用が可能になった場合には措置は廃止するものとする。

第3節　居室の確保

> **POINT**
> ◆市町村は、やむを得ない事由による措置を適用し、高齢者を分離保護する必要があると判断した場合を想定し、居室を確保する必要があります。
> ◆自治体内に適切な施設がない場合や、養護者が高齢者を連れ戻しに来ることが予測される場合に備えて、都道府県や市町村間で連携して、広域で居室を確保することが求められます。

1　法的根拠と運用上の工夫

　市町村が高齢者虐待防止法第9条第2項の分離保護のために措置権限を適切に行使して、速やかに高齢者を保護するためには、虐待対応に備えて、市町村が措置入所を委託できる居室を確保しておくことが必要となります。そのため、市町村に対して、養護者による高齢者虐待を受けた高齢者について老人福祉法第10条の4第1項第3号又は第11条第1項第1号若しくは第2号の規定による措置を採るために必要な居室を確保するための措置を講ずることが規定されています（第10条）。

　この趣旨からすれば、養護老人ホーム及び特別養護老人ホームにおける居室の確保がまず必要とされますが、要介護状態や認知症等にも該当しない「自立」の高齢者も多いため、高齢者の状態に応じたさまざまな居室の確保が求められます。

法の解説
> 高齢者虐待防止法第9条第2項が市町村に対して分離保護の措置を講ずる義務を負わせたことから、第10条では、市町村に対して、分離保護の措置をとるために必要な居室を確保する措置を義務づけています。いわば第9条第2項の分離保護と、第10条の居室の確保とは、表裏の関係にあります。

2　定員超過の取扱いに関する施設への周知

　介護報酬の取扱いとして、介護老人福祉施設（特別養護老人ホーム）が高齢者虐待に係る高齢者を入所させた場合には、定員を超過した場合でも減算の対象にはなりません。このことを自治体内の関係事業所へ周知し、居室確保の協力を求めることが重要です。

高齢者虐待と定員超過の取扱いについて

※平成18年4月の高齢者虐待防止法の施行に併せ、指定介護老人福祉施設の人員、設備及び運営に関する基準が改正されました。改正では、「虐待」の文言が追加され、虐待対応におけるやむを得ない措置について、定員の5％（定員50人の特別養護老人ホームでは2人まで）までの増員については、介護報酬上の減算対象外となることが明示されました。

● 指定介護老人福祉施設の人員、設備及び運営に関する基準
　第25条　指定介護老人福祉施設は、入所定員及び居室の定員を超えて入所させてはならない。ただし、災害、虐待その他のやむを得ない事情がある場合は、この限りでない。
（平成18年3月31日、厚生労働省令第79号）

● 指定居宅サービスに要する費用の額の算定に関する基準（短期入所サービス及び特定施設入居者生活介護に係る部分）及び指定施設サービス等に要する費用の額の算定に関する基準の制定に伴う実施上の留意事項について
第2　5介護福祉施設サービス
（4）やむを得ない措置等による定員の超過
　　原則として入所者数（空床利用型の短期入所生活介護の利用者数を含む。）が入所定員を超える場合は、定員超過利用による減算の対象となり、所定単位数の100分の70を乗じて得た単位数を算定することとなるが、①及び②の場合においては、入所定員に100分の105を乗じて得た数（入所定員が40人を超える場合にあっては、利用定員に2を加えて得た数）まで、（③中略…）。なお、この取り扱いは、あくまでも一時的かつ特例的なものであることから、速やかに定員超過利用を解消する必要があること。
　　①老人福祉法第11条第1項第2号の規定による市町村が行った措置による入所（同法第10条の4第1項第3号の規定による市町村が行った措置により当該指定介護老人福祉施設において空床利用型の短期入所生活介護の利用が行われる場合を含む。）によりやむを得ず入所定員を超える場合
　　（②入院者の当初の予定より早期の再入所の場合）
　　（③緊急その他の事情により併設の短期入所生活介護事業所の空床を利用する場合）
（平成12年3月8日、老企40　各都道府県介護保険主管部（局）長宛　厚生省老人保健福祉局企画課長通知）

第4節　面会制限

POINT

◆面会制限の必要性が予測される事例については、契約による入所ではなく、やむを得ない事由による措置を適用させる必要があります。
◆高齢者虐待防止法第13条は、施設の管理権で面会制限を行うことを可能としていますが、その場合でも、市町村と連携しながら、面会制限の継続や解除などを判断する必要があります。

1　法的根拠と法の解説

　老人福祉法第11条第1項第2号又は第3号に規定される特別養護老人ホームなどへの「やむを得ない事由による措置」を実施した場合、市町村長や養介護施設の長は、養護者による高齢者虐待の防止および当該高齢者の保護の観点から、高齢者虐待を行った養護者について当該高齢者との面会を制限することができるとされています（第13条）。

　この措置は、市町村としては、虐待からの保護という措置（行政処分）の付随的な処分として、また施設管理者は、施設において高齢者を安全に保護するため、施設管理権の一環として認められる権限です。

法の解説

　高齢者虐待防止法では、高齢者の生命や身体にかかわる危険性が高い場合や、放置しておくと重大な結果を招くおそれが予測される場合など、他の方法では虐待の防止が期待できない場合や、高齢者を保護する必要があると認めた場合には、市町村に対し、迅速かつ積極的に措置をとるよう求めています（第9条第2項）。
　この分離保護により特別養護老人ホームなどの施設に入所した高齢者に対して、養護者はさまざまな方法によって接触を図ることがあります。しかし、虐待を受けた高齢者が養護者と会うことで、さらに精神的苦痛などのダメージを受けることや、養護者が高齢者を自宅に連れ戻し、虐待が再開する可能性もあります。
　さらに養護者や養護者の意をくんだ親族が市町村や施設に来て高齢者との面会を求めることも考えられますが、そのような場合でも、市町村や施設は措置権または施設管理権に基づき面会を拒絶しなければなりません。
　面会を求める養護者等には「高齢者と面会をする権利」などはなく、他方、市町村には措置権、施設には施設管理権があることによって、養護者等に対抗することが可能です。このような権限関係を前提として、市町村と施設が密接に連携することが不可欠です。

対応の流れ

面会制限の要否の判断 → 面会制限中の対応についての検討 → 面会制限の解除の判断 → 面会制限解除後の面会方法の取り決め

2 面会制限の要否の判断

　面会制限や高齢者の分離保護先を秘匿するかどうかの決定は、市町村の判断と責任で行います。

　高齢者虐待防止法においては、どのような場合に面会制限を行うことが適切かという要件は明記されていませんが、高齢者の生命や身体の安全確保のために必要かどうかを判断する上では、高齢者の意思や心身の状況、養護者の態度等から、養護者と面会することによる危険性や弊害も考慮し、総合的に検討することが重要です。

　また、面会制限が必要と判断した場合には、制限する期間を定め、見直す時期を定めておくことが必要です。

　面会制限の要否は、やむを得ない事由による措置により特別養護老人ホームに入所を依頼することと直接的な関係があるため、措置の適用とともに、市町村担当部署の管理職が出席する会議で判断する必要があります。

【参考】面会制限を行うことが望ましいと考えられる状況の例

- 保護した高齢者が施設の環境に慣れ、安心して、施設職員への信頼等が生まれるまでに一定の期間を要すると考えられる場合
- 情報の収集が不十分で、虐待に関する事実確認が不十分な場合や、養護者の反応や状況が把握できていない場合など、情報が揃うまでの一定期間
- 高齢者が養護者との面会を望んでいない、または面会することによって高齢者の心身に悪影響が及ぶと考えられる場合
- 養護者の過去の言動や、高齢者と養護者の関係性から、強引に高齢者を自宅に連れ戻すことが予測される場合　など

3 面会制限中の対応についての検討

　面会制限中も、養護者はさまざまな方法で、高齢者への接触を求めてくることが予想されます。

　例えば、強引に高齢者を自宅に連れ戻そうとする（またはそのようなことが予測される）場合、高齢者や他の入所者、施設の職員に対して、養護者が暴力をふるったり、物を壊したりする（またはそのようなことが予測される）場合などに備え、市町村担当部署と施設は常に緊密に連携を取りあいながら、養護者が施設に現れた時点で市町村担当部署に連絡を入れる、警察へ事前に連絡を入れる等の対応を協議しておくことが不可欠です。

④ 面会制限の解除の判断

　面会制限の解除が可能かどうかの判断は、高齢者の意思や心身の状況、養護者の態度等から、養護者と面会することによる危険性や弊害も考慮し、総合的に検討することが必要となります。これらの状況の評価は、評価会議で行います（77頁、108頁参照）。

　以下に、面会制限の解除を判断する際に確認するべきことを例示します。

【参考】面会制限の解除を判断する際に確認するべきこと

- 高齢者に、養護者との面会の意思があるか
- 高齢者の心身状態は、客観的にみて安定しているか（養護者の話題を出しても、話をそらしたり、怯えたり、不安がったりする様子がないか　など）
- 養護者の態度や生活態度が改善できたと判断できる根拠があるか　　など

※特に「高齢者の心身状態は、客観的にみて安定しているかどうか」については、施設側と密に連絡をとって判断する必要があります。

⑤ 面会制限解除後の面会方法の取り決め

　面会制限の解除が可能と判断した場合、虐待対応ケース会議を開催し、高齢者と養護者が面会する際の要件や役割分担を虐待対応計画で定めます（96頁参照）。ただし、高齢者の安全を第一に考え、当初は市町村担当部署、地域包括支援センターの職員等の同席でかつ時間を制限して行うことから始めるなど、面会方法に工夫をすることが求められます。

　面会することで養護者が態度を急変させる可能性もあるなどの理由で、保護場所を秘匿しておく必要があると判断する場合には、保護先の施設とは別の場所で一時的な面会を行い、高齢者や養護者の様子を観察しながら、次の段階へ進めるかどうかを判断することも必要になります。

　以下に、高齢者と養護者の面会方法の例を示します。

【参考】高齢者と養護者の面会方法の例

- 市町村担当部署、地域包括支援センターの職員等が同席する
- 面会時間を制限する
- 施設以外の場所で面会する　　など

第 7 章 市町村権限の行使

面会制限に関する Q&A

Q1 高齢者虐待防止法第 13 条は、虐待をした養護者の面会を制限していますが、養護者以外の親族に対しても面会を制限することはできますか。

▶ 老人ホーム等の施設を管理している施設長は、施設を管理する権限を有しており、その権限に基づいて誰に対しても施設自体あるいはその一部への立入りを拒否することができます。施設長の指示に反して施設に立ち入ったときは、建造物侵入罪に該当する可能性があります。

高齢者虐待防止法は、高齢者を保護するため、養護者と高齢者とを分離し、特別養護老人ホームなどに措置した場合、市町村長または施設長は、虐待をした養護者と高齢者との面会を制限することができることを規定しています（第 13 条）。

この規定は、虐待をした養護者を対象としており、それ以外の者については面会制限の対象にしていません。しかし、虐待をした養護者に頼まれた者が高齢者本人と面会をすることで、高齢者が精神的に苦痛を伴う可能性も考えられます。

そこで、施設長は、高齢者本人を保護するため、施設管理権に基づいて、施設内に入ることや高齢者の部屋への入室を拒否することができます。結果、そのような人々との面会を制限することができます。

ただし、面会制限の要否の判断は、市町村と施設長が十分協議をしたうえで、一定の基準に従ってなされるべきです。

Q2 やむを得ない事由による措置を適用して高齢者を特別養護老人ホームに入所させた場合、養護者から高齢者が入所先の施設を教えるように要求されることがありますが、どのように対応したらよいでしょうか。

▶ 高齢者と血縁関係がある養護者であったとしても、個人情報保護法上は「他人」にあたります。養護者に対して高齢者の居場所を教える法的義務はありません。

養護者が面会に来る、あるいは連れ戻しに来る等の可能性がある場合、面会制限の解除の判断がなされるまでは、養護者に高齢者の居場所を教えるべきではありません。

Q3 養護者や家族、親族が「身内だから」という理由で面会を強要してきた場合、会わせる必要がありますか。

▶ 養護者や家族、親族であることを理由に面会を求めても、高齢者が養護者等と面会をすることで、高齢者への悪影響が予測される場合、そのような法的権利はないことを説明することが重要です。

Q4 高齢者虐待防止法に基づく面会制限をすることができない（「やむを得ない事由による措置」によらない）老人ホームに入居している高齢者について、その高齢者を連れ戻して虐待を加えるおそれのある養護者等の面会を制限することはできますか。

▶ 前述のとおり、施設長は、施設管理権を有しています。そのため、この施設管理権に基づいて、高齢者に対してさらに虐待をする可能性のある養護者等に対して、施設自体あるいは部屋への立入りを拒否することができます。

その結果、措置に基づく入所だけではなく、契約により施設に入所した場合や病院に入院している場合など、高齢者虐待防止法第13条の適用がないケースでも、高齢者を保護するため親族などの面会を制限することが可能であると理解できます。

ただし、面会制限の要否の判断は、施設長が単独でするわけではありません。あくまで虐待対応の一環として、市町村と施設長が十分協議をしたうえで、一定の基準に従ってなされるべきです。例えば、高齢者が養護者に会いたいとの意向を有しているか否か、その意向はどのような判断に基づいたものか、養護者に面会させることにより、高齢者の精神的な動揺を招き、その後の施設での生活に混乱を来たさないか否かなどについて、市町村と施設とで検討する必要があります。

Q5 養護者に高齢者の居場所を知られないようにするために、高齢者の住民票の閲覧・交付等を制限することはできますか。

▶ 住民基本台帳法第12条1項では、「住民基本台帳に記録されている者は、その者が記録されている住民基本台帳を備える市町村の市町村長に対し、自己又は自己と同一の世帯に属する者に係る住民票の写し又は住民票に記載をした事項に関する証明書の交付を請求することができる」としていますが、同時に、「市町村長は、第一項の規定による請求が不当な目的によることが明らかなときは、これを拒むことができる」と規定しています（第12条第6項）。

この条項については限定的に解釈すべきであるとの見解もありますが、ドメスティック・バイオレンス（DV）の場合と同様に取り扱うことが可能です。これらを制限する規定を設けている市町村もあります。

そのような規定を設けている市町村では、高齢者への影響を避けるために居所を秘匿したり面会制限をする必要がある場合には、市町村に申請して住民票の閲覧・交付等を制限することが可能です。

また、高齢者が成年後見制度を活用している場合、介護保険サービスや後期高齢者医療制度の利用状況の郵送先を後見人等が指定する場所に変更することが可能かどうか、庁内関係部署に問い合わせをするなど、養護者に高齢者の居所が特定されないような配慮も望まれます。

第7章 市町村権限の行使

第5節 成年後見制度

POINT

◆養護者による高齢者虐待の場合には、他の親族等の協力を得ることも難しいことが多く、市町村長申立てによる成年後見制度の活用を原則とします。
◆成年後見人等の選任によって虐待対応が終了するわけではありません。選任された成年後見人等と連携を図りながら、高齢者の生活安定に向けた支援を行うことが必要です。

1 法的根拠と法の解説

認知症等で高齢者の判断能力が低下している場合の対応手段として、成年後見制度を活用することは有効といえます。高齢者虐待防止法でも、適切に老人福祉法第32条に基づいて市町村長による成年後見制度利用開始の審判請求（以下「市町村長申立て」という）を行うことが規定されています（第9条第2項、第27条第2項）。

法定後見の申立ては、原則本人・配偶者・4親等内の親族等が行いますが、高齢者虐待の場合には親族等が拒否をしたり協力を得ることが困難な場合も多いため、原則として、市町村長による申立てを行うこととなります。

法の解説

養護者による虐待により、高齢者はその人らしい生活を送ることができなくなります。特に高齢者の判断能力が低下している場合には、自分の思いどおりにはなりませんし、騙されても判りません。そのような場合、成年後見制度を活用し、成年後見人等が民法第858条に基づき、法定代理人として財産管理と身上監護をすることにより、以前の生活を取り戻すことが可能となります。

選任された成年後見人等は市町村や地域包括支援センターと連携しながら、虐待を行った養護者との関係調整をしたり、養護者に対して搾取された被害に対する返還請求をすることなどによって、高齢者が安心して生活ができるように支援をします。

対応の流れ

成年後見制度活用の判断 → 成年後見制度活用（実施手順）
＊成年後見制度利用支援事業の活用

❷ 成年後見制度活用の判断

認知症等で判断能力が低下している高齢者への虐待において成年後見制度を活用する具体的な場面としては、以下のような状況が想定できます。

【参考】成年後見制度を活用することが想定される状況

> ①経済的虐待等の場面で、高齢者の生活（医療・介護）のための年金等、収入・資産を確保する必要がある場合
> ②介護・世話の放棄・放任や介入拒否の場面で、介護保険サービスの利用など生活上必要な契約を締結するに際し、高齢者に代わって高齢者の利益のために判断をすることで、養護者の意思を遮断することができる場合
> ③やむを得ない事由による措置から契約に切り替える場合
> ④経済的虐待によって奪われた財産の回復を図る場合　　など

❸ 成年後見制度活用の実施手順

成年後見制度の活用が必要と判断した場合は、速やかに、申立ての準備に入ります。高齢者虐待対応における成年後見制度利用の場合、市町村長申立てが原則となる点が特徴的です。

また、緊急性が高い場合は、審判前に本人の財産を保全したり、本人が不利益行為を行った時に取り消し権を行使するなど、審判前の保全処分を検討することが有効です。

成年後見制度を活用する際の留意事項

親族が市町村長申立てに反対した場合でも、高齢者本人の権利保護を優先する

・高齢者虐待の場合、2親等内の親族が申立てに反対する場合も考えられますが、緊急性がある場合は本人の保護を図るため、市町村長申立てをすることが重要です。

迅速な対応が必要な場合、保全処分を活用する

・審判前に年金等の搾取から守るために財産を管理する手段を講じたい場合は、成年後見開始審判の申立てとともに、家事審判法上の保全処分として、財産管理者の選任を求め、速やかに財産管理者が年金等を確保する手段を活用することも必要です。

❹ 成年後見制度利用支援事業の活用

経済的虐待を受けている場合などは、高齢者の資産から成年後見人等への報酬支払いを確保することが困難ですので、介護保険制度の任意事業である「成年後見制度利用支援事業」によって報酬助成を行えるような環境を整備することが重要です。

「成年後見制度利用支援事業」は、成年後見制度の利用が有効と認められるにもかかわらず、制度

に対する理解が不十分であることや費用負担が困難なこと等から制度を利用できないといった事態を防ぐことを目的とするものです。そのため、以下のような事業内容が例として示されています。

【参考】成年後見制度利用支援事業の例

- ●申立費用、後見人等への報酬等に対する助成
  - ・申立費用
  - ・登記印紙代、鑑定費用、後見人・保佐人等への報酬等
- ●成年後見制度の利用促進のための広報・普及活動
  - ・パンフレットの作成・配布（印刷製本費、役務費、委託料等）
  - ・説明会や相談会の開催（諸謝金、旅費、会場借上費等）

なお、成年後見制度利用支援事業の補助対象者については、「成年後見制度利用支援事業に関する照会について」（平成20年10月24日、厚生労働省老健局計画課長）事務連絡において、「成年後見制度利用支援事業の補助は、市町村長申立てに限らず、本人申立て、親族申立て等についても対象となりうるものである。」との見解が示されています。この趣旨を踏まえ、市町村においては成年後見制度利用支援事業の利用促進に努める必要があります。

成年後見制度の活用に関するQ&A

Q1　高齢者の住民票と居住地が異なる場合、市町村長申立てはどちらの自治体が実施するのが適切でしょうか。

▶　市町村長申立てについては、「高齢者の実態を最も良く把握している市町村が、通常の業務の中で把握している情報をもとに請求の必要性を判断することを想定している」（「老人福祉法第32条に基づく市町村長による法定後見の開始の審判等の請求及び成年後見制度利用支援事業に関するQ&Aについて（平成12年7月3日事務連絡）」のQ1回答を援用させて解釈）ことから、高齢者が現に居住している市町村長が申立ての必要性を判断し、実施することになります。

Q2　やむを得ない事由による措置で施設に入所した高齢者に、成年後見人等が選任された場合、措置はどのように取り扱うことになりますか。

▶　「やむを得ない事由による措置」で入所した高齢者に成年後見人等が選任され、やむを得ない事由が解消されたと判断できた場合、やむを得ない事由による措置は解除され、成年後見人等の契約による入所に切り替えます。ただし、後見人等が選任されても、面会制限を継続する必要性がある場合などは、やむを得ない事由による措置は解除できません。

また、後見人等が選任されたことをもって、市町村が行ってきた虐待対応が終結するわけではありません。虐待対応を終結するかどうかの判断は、評価会議を開催して検討する必要があり、終結と評価できない場合、後見人が選任されても、市町村による虐待対応は継続します。

　後見人等が選任された後、市町村は後見人等から「やむを得ない事由による措置」により受けた費用を徴収します（老人福祉法に基づく措置に対する「費用徴収」）。なお、生活保護受給者の場合は費用の徴収はされません。

> **Q3** 治療が必要であるにもかかわらず、高齢者本人や家族親族が治療を受けいれていない等の場合、どのように対応すればよいでしょうか。

▶　高齢者に判断能力がある場合には、高齢者に対して治療を受けるように説得することになります。他方、高齢者に判断能力がない場合には、成年後見制度の活用を検討し、成年後見の審判確定後に、後見人等が法定代理人として医療機関と医療契約を締結して受診することが考えられます。

　なお、後見人等には、手術等の医療行為についての同意権はないことに注意が必要です。

> **Q4** 成年後見制度利用支援事業が予算化されていない場合、どのようにしたらいいでしょうか。

▶　本人による申立てが可能な場合で、弁護士等が申立代理人となる場合、日本司法支援センター（「法テラス」）が行っている民事法律扶助による援助により、申立費用（申立手数料、登記手数料、鑑定費用等。成年後見人等の報酬は含まない）の全額立替払いを受けることができます。

第8章

第三者による財産上の不当取引による被害の防止

> **本章のねらい**
>
> 　本手引きでは、第三者による財産上の不当取引による被害に関して高齢者虐待に準じた対応として本章を作成しています。
>
> 　従来、第三者による財産上の不当取引による被害に介護支援専門員などが気づいた場合には、個別に消費生活センターや日本司法支援センター（以下、「法テラス」という）などの相談窓口へつなぐことで対応を行っていた面が強く、市町村がそれを把握していないこともありました。
>
> 　しかし、業者による消費者被害などは近隣地域で連続して被害に遭うことも少なくなく、個別の被害に対応しているだけでは被害拡大を防止することが困難な面があります。
>
> 　市町村は、高齢者虐待と同様、第三者による財産上の不当取引による被害の相談・通報を幅広く受け付けるための周知を行い、被害が発生した場合には情報を集約し、関係機関との連携のもとに高齢者の権利回復への対応と同時に、被害拡大を防ぐために地域住民に対する啓発や予防活動を行うことが重要です。

第8章 第三者による財産上の不当取引による被害の防止

第1節 第三者による財産上の不当取引による被害の防止

POINT
◆消費生活センターなど適切な機関と連携した活動により、被害の回復に努めます。
◆高齢者の判断能力が低下している場合、被害を防ぐために成年後見制度の活用など適切な対応を行うことが必要です。
◆第三者による財産上の不当取引による被害に対しては、個々の事例の解決のみでなく、地域全体で防止するための啓発や取組みが必要です。

1 法的根拠と法の解説

　高齢者虐待防止法では、市町村は、養護者や高齢者の親族、養介護施設従事者等以外の第三者によって引き起こされた財産上の不当取引による被害(以下、「消費者被害」という)について、相談に応じ、もしくは消費生活業務の担当部署や関連機関を紹介することが規定されています(第27条)。

法の解説

　高齢者虐待防止法は、「経済的虐待」について、養護者または高齢者の親族もしくは養介護施設従事者等が、「高齢者の財産を不当に処分することその他当該高齢者から不当に財産上の利益を得ること」を虐待と定めています(第2条第4項第2号、第2条第5項第1号ホ、同項第2号)。
　第27条第1項は、高齢者の養護者や養介護施設従事者等でなくても、悪質な取引業者が高齢者との間で取引行為を行い、財産上不当な利益を取得して高齢者の財産を危うくする消費者被害が多発していることに鑑み、高齢者虐待(経済的虐待)の定義には当てはまらないものの、経済的な虐待に等しいものとして、高齢者救済のため、市町村が対応すべき行為の内容を定めています。
　また、消費者問題においては、消費者と取引事業者との間に情報の質、量および交渉力に関して大きな格差が存在します。第27条第2項は、認知症などにより判断能力が低下している高齢者については、この格差がいっそう決定的なものとなることに鑑み、市町村長が福祉行政的立場から、自ら老人福祉法に基づく成年後見等の申立てを行うものとしています。

2 高齢者の消費者被害の状況

　高齢者の消費者被害は、1985（昭和60）年7月に破産宣告を受けた豊田商事事件において、1億円を超える被害を受けた人のなかに高齢者も数多くいたことから、高齢者の被害救済が強く意識されるようになりました。

　国民生活センターの統計によると、70歳以上の高齢者を契約当事者とする相談は、2001（平成13）年度に5万6915件であったものが、2009（平成21）年度には12万2053件となり、相談全体の約14％を占めるに至っています。相談数は、振り込め詐欺事件の多かった2005（平成17）年が13万9560件で最も多くなっていますが、依然として高水準が続いています。

　2005（平成17）年5月には、埼玉県富士見市に住む認知症の姉妹が、20社近くとの業者と不必要な住宅リフォーム工事の契約をさせられ、預金をほとんど引き出されたうえに、自宅が競売にかけられるという事件も発生しました。他にも着物や住宅リフォームについての次々販売、電話勧誘販売、利殖商法、販売目的隠匿、被害に遭った人を勧誘する二次被害、点検商法などの被害があります。

　高齢者を狙う消費者被害は、時代を反映して勧誘の対象となる商品等、勧誘方法は入れ替わるものの、不実告知、事実不告知などあいまいな勧誘文言を用いて高齢者に契約させ、不当な利益を得るその本質には変わりがありません。最近では、再び住宅リフォーム工事の訪問販売トラブルが増加したり、未公開株取引、投資取引被害が発生しているとして、国民生活センターが注意を喚起しています。

　高齢者の多くは、「お金」「健康」「孤独」について不安をもっており、悪質な業者は、言葉巧みにこれらの不安をあおり、親切にして信用させ、高齢者が長年にわたって貯めた大切な財産を狙っています。高齢者は、年齢とともに身体能力、判断能力が低下しており、商品について一応それらしく説明できるように訓練された販売員がセールストーク術を駆使して勧誘すれば、ひとたまりもありません。もともと情報の質および量、交渉力において格差があるとされる消費者問題において、高齢者が認知症になっていれば、格差は決定的なものとなり、被害救済の必要性はいっそう増します。

　高齢者のみの世帯や高齢者の1人暮らしも増えており、周囲に見守る人がいないなかで、高齢者は訪問販売や電話勧誘販売による被害に遭いやすく、また、被害に繰り返し遭いやすくなっています。

第 8 章　第三者による財産上の不当取引による被害の防止

●第三者による財産上の不当取引による被害（消費者被害）への対応の流れ

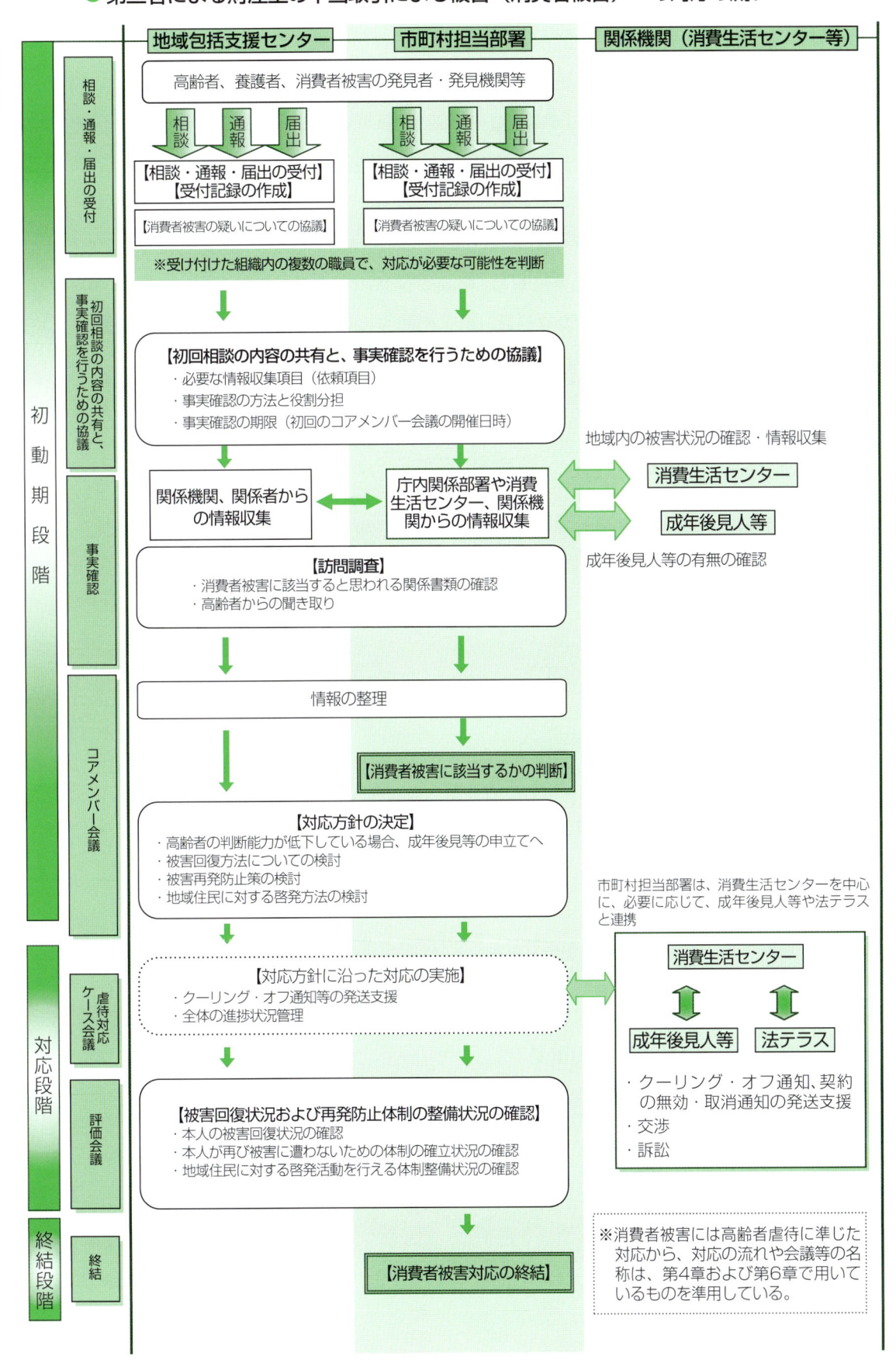

	地域包括支援センター	市町村担当部署	関係機関（消費生活センター等）

【初動期段階】

- 相談・通報・届出の受付
- 初回相談の内容の共有と、事実確認を行うための協議
- 事実確認
- コアメンバー会議

高齢者、養護者、消費者被害の発見者・発見機関等
　↓（相談／通報／届出）

【相談・通報・届出の受付】
【受付記録の作成】
〔消費者被害の疑いについての協議〕

※受け付けた組織内の複数の職員で、対応が必要な可能性を判断

【初回相談の内容の共有と、事実確認を行うための協議】
・必要な情報収集項目（依頼項目）
・事実確認の方法と役割分担
・事実確認の期限（初回のコアメンバー会議の開催日時）

関係機関、関係者からの情報収集 ←→ 庁内関係部署や消費生活センター、関係機関からの情報収集 ←→ 地域内の被害状況の確認・情報収集　消費生活センター／成年後見人等　成年後見人等の有無の確認

【訪問調査】
・消費者被害に該当すると思われる関係書類の確認
・高齢者からの聞き取り

情報の整理

【消費者被害に該当するかの判断】

【対応方針の決定】
・高齢者の判断能力が低下している場合、成年後見人等の申立てへ
・被害回復方法についての検討
・被害再発防止策の検討
・地域住民に対する啓発方法の検討

【対応段階】

- 虐待対応ケース会議
- 評価会議

【対応方針に沿った対応の実施】
・クーリング・オフ通知等の発送支援
・全体の進捗状況管理

市町村担当部署は、消費生活センターを中心に、必要に応じて、成年後見人等や法テラスと連携

消費生活センター ←→ 成年後見人等／法テラス
・クーリング・オフ通知、契約の無効・取消通知の発送支援
・交渉
・訴訟

【被害回復状況および再発防止体制の整備状況の確認】
・本人の被害回復状況の確認
・本人が再び被害に遭わないための体制の確立状況の確認
・地域住民に対する啓発活動を行える体制整備状況の確認

【終結段階】

- 終結

【消費者被害対応の終結】

※消費者被害には高齢者虐待に準じた対応から、対応の流れや会議等の名称は、第4章および第6章で用いているものを準用している。

③ 相談・通報・届出の受付

消費者被害に関しては、介護支援専門員や訪問介護員などの福祉職のほか、高齢者の自宅を訪問する隣近所や民生委員など地域住民が変化（家の中にある物が増えている、見慣れない物がある、近隣で住宅改修が続いている等）に気づき、通報や相談が寄せられることもあります。また、介護保険担当部署や生活保護担当部署などの庁内関係部署が、消費者被害が疑われる情報を把握していることもあります。

高齢者を取り巻く人々が高齢者宅の変化に気づいた場合に、迷うことなく情報を提供してもらえるように、日頃から地域住民や庁内関係部署に対し、相談受付窓口を周知しておくことが必要です。

市町村担当部署と地域包括支援センターは、初回相談を受け付けた後、受け付けた組織内の複数の職員で消費者被害の疑いについて協議をします。

④ 初回相談の内容の共有と、事実確認を行うための協議

市町村担当部署と地域包括支援センターは、消費者被害が疑われる事例の内容を共有し、事実確認を行うために、役割分担や期限（初回のコアメンバー会議の開催日時）について協議を行います。

⑤ 事実確認

❶ 地域内の被害状況の確認・情報収集

近隣地域で同様の被害が発生していないかどうかを確認するため、消費生活センターに照会するとともに、地域の民生委員や介護保険サービス事業所などの関係機関から情報収集を行います。

❷ 成年後見人等の有無の確認

高齢者の判断能力が低下していることが疑われる場合には、成年後見人等の有無を確認します。また、必要に応じて、どのようにしたいかという高齢者の意思や高齢者の判断能力の程度を確認し、専門医療機関への受診につなげることも重要です。

❸ 関係書類の確認

高齢者宅への訪問調査では、クレジット契約書などの関係書類、商品、販売業者名や担当者、クレジット業者名の確認など客観的な書類関係を把握し、高齢者本人がわかる範囲で事実を聞き取ります。

第 8 章 第三者による財産上の不当取引による被害の防止

❻ コアメンバー会議（消費者被害に該当するかどうかの判断と対応方針の決定）

コアメンバー会議では、事実確認結果をもとに、当該事例が消費者被害に該当するかどうかを判断し、消費生活センター等に相談するかどうかも含め、対応方針を決定します。

❶ 成年後見等の申立て

高齢者の判断能力が低下していることが疑われる場合には、専門医療機関への受診とともに成年後見等申立てによって被害拡大を防ぐ方策を検討することが必要です。

❷ 被害回復方法についての検討

あらかじめ消費生活センター等から被害回復のためのおおよその流れについての情報を得て、被害回復に向けた対応方法について検討します。

本人に成年後見人等がついていれば、成年後見人等が業者に対してクーリング・オフ通知あるいは契約の無効・取消通知を行います。成年後見人等がついていない場合、クーリング・オフ通知の発送支援をすることが考えられます。

注意が必要なのは、①事実関係が、通知できるための条件を満たしているかを検討する必要があることです。少しでも通知内容に不安があれば、消費者関係法規に詳しい人に相談する必要があります。また、②本人に判断能力がない場合やクーリング・オフ通知を発送することに対して、高齢者本人の意思があいまいな場合、通知を業者に送ると私文書偽造だと反撃されかねません。本人の判断能力や意思確認を慎重に行う必要があります。③福祉関係者が本人を支援できるのは、クーリング・オフ通知の発送支援程度であり、それを超えて交渉が必要になってくる場合は、消費生活センターによる交渉に委ねます。

コアメンバー会議において、当初から対応が難しいと判断される場合も、消費生活センターに解決を委ねます。市町村担当部署は消費生活センターとの連絡役を決め、連絡を取り合います。

消費生活センターのほかにも、高齢者の消費者問題について相談に応じてもらえるところとして、法テラスがあります。

❸ 被害再発防止策の検討

一般の消費者被害事件は、事件の解決を行うとそれで終わりとなります。解決後は被害を受けた消費者が今後被害に遭わないよう、自ら防衛することになります。

判断能力が低下している高齢者の場合、一度被害に遭って、被害からの救済が図られても、業者はこのような人に対し、繰り返して勧誘を行い、再び被害に遭う可能性もあります。そのため、再び被害に遭わないように、本人を支援する人たちが見守りのネットワークを作り、被害を発見した場合は、しかるべき連絡先などをあらかじめ決めておくなど、見守り、発見、被害回復に向けての予防のための対応策を講じておくことが必要になります。

151

④ 地域住民に対する啓発方法の検討

高齢者を狙った消費者被害は、同じ地域のなかで繰り返し行われることが多くあります。

そのため、市町村担当部署は、被害に遭った高齢者の被害回復や再発防止策とともに、地域で同様の被害が発生することを防ぐために、地域住民に対する啓発活動を検討することが重要となります。

⑦ 評価会議（被害回復状況および再発防止体制の整備状況の確認）

評価会議において、コアメンバー会議で決定した対応方針に沿って行った対応の実施状況等について確認・評価を行います。

被害に遭った高齢者の被害回復状況を確認するとともに、本人が再び被害に遭わないための体制の確立状況や、地域住民に対する啓発活動を行える体制整備状況を確認し、消費者被害としての対応終結と判断します。

●**高齢者の消費者被害救済のための法律と救済方法**

消費者被害においては、その救済は契約関係からの解放（解除）をいかにして行うかが中心となります。

判断能力が不十分な人が訪問販売等の被害に遭った場合、個別の勧誘行為を再現できないため、どのような事実があったか認定できず、救済に困難を来すというジレンマがありました。2008（平成20）年に特定商取引に関する法律（以下、「特定商取引法」という）、割賦販売法の改正が行われ、判断力不足に乗じた契約締結禁止、適合性原則違反の勧誘禁止などが定められ、判断能力が不十分な人の消費者被害にも一定の配慮がなされるようになってきています。

消費者被害に対応するための法律と対応内容の概略は次のとおりです。

① 特定商取引法

　ⅰ クーリング・オフ〜通信販売は除く〜
　　　特定商取引法においては、クーリング・オフが定められており、基本的には契約書面受領後8日以内（マルチ商法などは20日以内）であれば契約を解除できます。契約書面の記載内容によっては受領したことにならない場合もあるので、書面の記載内容をよく検討することが必要です。

　ⅱ 過量販売の解除権〜訪問販売のみ〜
　　　日常生活において通常必要とされる分量を著しく超える取引契約は、契約締結のときから1年以内であれば、個別の勧誘方法の違法性を証明することなく、解除することができます。「過量」性については、個別の事例ごとに判断されます。

　ⅲ 取消権〜訪問販売、電話勧誘販売〜
　　　不実告知による取消と事実不告知による取消が定められています。

　ⅳ 各種行為規制の活用（取消権は付与されていませんが、行政処分申立や刑事告訴を行ったり、場合によっては契約無効を主張するなどして対応することが考えられます）
　　　行為規制としては、書面交付義務、氏名・目的等の明示義務、威迫・困惑行為の禁止、解除妨害行為の禁止などがあり、ほかにも、以下のような行為規制が定められています。

■判断力不足に乗じた契約締結の禁止〜通信販売は除く〜
■適合性原則違反の勧誘禁止〜通信販売は除く〜
　顧客の知識、経験および財産の状況に照らして不適当と認められる勧誘を行うことの禁止

■契約書面に虚偽の記載をさせることの禁止～通信販売は除く～
当該契約にかかる書面に年齢、職業その他の事項について虚偽の記載をさせることの禁止
■立ちふさがり、つきまとい行為の禁止～訪問販売のみ
訪問販売にかかる売買契約または役務提供契約の締結について勧誘をするため、道路その他の公共の場所において、顧客の進路に立ちふさがり、または顧客につきまとうことの禁止
■拒否者に対する再勧誘の禁止～訪問販売のみ～
契約を締結しない旨の意思を表示した者に対し、勧誘することの禁止

② 割賦販売法

ⅰ 抗弁権の接続

取引の相手である業者に対して生じている無効、取消、解除などの事由をクレジット業者に対しても対抗することができ、クレジット代金の支払いを拒むことができます。ただし、すでに支払った代金の取り戻しまではできません。

ⅱ クーリング・オフ～個別式クレジット～

クーリング・オフを個別式クレジット業者に対して行えば、取引の相手の業者に対しても通知したものとみなされます。既払金は申込者等に返還されます。

ⅲ 過量販売の解除権～個別式クレジット～

行使期間は契約締結の時から1年以内です。

ⅳ 取消権～個別式クレジット～

不実告知による取消と事実不告知による取消が定められています。

ⅴ 既払金返還請求～個別式クレジット～

これまで割賦販売法では、販売契約、役務提供契約に取消、解除等の事由が存在していても、消費者はクレジット会社に対して未払金の支払を拒絶できるにすぎず（抗弁権の接続）、既払金の返還請求権はできないとされてきました。

しかし、個別式クレジット契約について一定の範囲で取消権が定められ、既払金の返還請求が定められましたので、今後はこの規定を活用して既払金の返還請求をすることが可能になります。

ⅵ 各種行為規制の活用（これらの規制違反がある場合、場合によっては契約の無効を主張することができます）

■過剰与信規制～個別式クレジット～
個別式クレジット業者は、個別支払可能見込額を超えるクレジット契約を締結してはなりません。過剰与信の防止を実効化する規定です。

■適正与信義務～個別式クレジット～
個別式クレジット業者は、販売業者、役務提供事業者が不当な勧誘行為をしたと認めるときは、クレジット契約を成立させてはなりません。個別式クレジット業者による加盟店管理を実効化する規定です。

③ 消費者契約法

ⅰ 取消権

不実告知による取消、断定的判断の提供による取消、不利益事実の不告知による取消、不退去による困惑を理由とする取消、退去妨害による困惑を理由とする取消が定められています。

ⅱ 不当条項規制

事業者の損害賠償責任を全く免除する条項、消費者が支払う損害賠償の額を平均的な額を超えて予定する条項、消費者の利益を一方的に害する条項について無効となることが定められています。

④ 民法

民法には、判断能力がない人が行った契約などを無効とする考えがあり、また、成年後見制度に基づく取

消制度が存在します。さらに、契約の無効、取消、解除、損害賠償請求という一般的な定めがあり、これらの制度を利用することができます。

i 意思無能力無効

　判断能力のない人（意思無能力者）が契約した場合、その契約は無効です。

　保佐相当の能力であっても、正しく意思決定を行う精神能力を有していなかったとして無効とされた裁判例があります（東京高判平11.12.14金法1586－100、福岡高判平16.7.21判時1878－100）。

　意思無能力かどうかは、問題となる個々の法律行為ごとにその難易、重大性などを考慮して、行為の結果を正しく認識できていたかどうかということを中心に判断されます（上記福岡高判参照）。

ii 成年後見制度に基づく取消

　被成年後見人、被保佐人、被補助人が締結した契約は、5年の間、取り消すことができます。

　但し、成年後見人等選任前に本人が契約していた場合については、この制度に基づく取り消しはできません。

iii 公序良俗違反無効

iv 意思表示の瑕疵による無効、取消（錯誤、詐欺、強迫など）

v 債務不履行に基づく損害賠償請求

vi 債務不履行解除

vii 瑕疵担保責任

viii 不法行為に基づく損害賠償請求

第 8 章　第三者による財産上の不当取引による被害の防止

消費者被害の防止への対応に関する Q&A

Q1 消費生活センターは第三者による財産上の不当取引による被害解決に向けてどのような対応を行いますか。

▶ 以下のような対応を行います。

ア　事実確認

　　高齢者が消費生活センターに出かけられるようであれば、コアメンバー会議で決まった担当者が高齢者に同行し、消費生活センター相談員に本人から被害事実関係を聞き取ってもらいます。高齢者が出かけることが難しいようであれば、本人が電話で説明するか、福祉関係者が本人から聞き取った事実を消費生活センターに伝えることになります。

イ　クーリング・オフ通知、契約の無効・取消送付

　　業者やクレジット会社に対し、クーリング・オフ通知や契約の無効・取消通知を送ることが被害回復に向けての行動の第 1 段階になります。

　　書面の書き方は、消費生活センターが指導してくれますが、本人名で送ります。市町村担当部署や地域包括支援センター、消費生活センターや成年後見人等は、相互に協力しながら、クーリング・オフ通知、契約の無効・取消送付の支援を行います。

ウ　交渉

　　契約を解消するための書面を送れば、すぐに契約取消に応じてくれる業者もいますが、なかには、契約の解消に応じない業者もいます。このような業者と契約解消に向けて交渉の問題が生じます。これが被害回復に向けての行動の第 2 段階になります。

　　消費生活センターは、相談に応じるだけではなく、消費者と業者との間のあっせんを行い、事実上、業者との交渉も行っています。

　　先物取引や複雑な金融取引など、事例によっては弁護士に交渉を依頼することも必要になります。弁護士は、弁護士会で紹介してもらったり、法テラスにいる常勤弁護士に相談するなどして探します。

　　本人に成年後見人等がついている場合で、成年後見人等が法律専門職でない場合は、消費生活センターと協議しながら、代理権に基づき弁護士に交渉を依頼するということも考えられます。

エ　訴訟

　　消費者被害事件においては、交渉により契約取消となる場合もありますが、業者が抵抗し、訴訟になる場合もあります。

　　訴訟になれば、消費生活センターでは対応できず、弁護士に依頼することが必要になります。

　　収入が一定の基準以下の人は、弁護士費用や訴訟費用を法テラスに立替をしてもらうことができます。詳しい手続は、依頼した弁護士と相談することになります。

オ　解決

以上の結果、事件が最終的に解決すれば、再び本人の支援をする問題が福祉関係者のところに戻ってきます。

消費者被害事件そのものはこれで解決したことになりますが、本人への支援は引き続き行われる必要があり、終結に向けてその他必要な対応がなされることになります。

> **Q2** 消費者関係者と福祉関係者は、消費者問題についてどのように連携することができますか。

▶ 消費者関係者は、消費者被害の問題について、クーリング・オフや取消権などを使って契約を解消するにはどのような事実があることが必要になるか、消費者関係法規をよく知っています。しかし、消費者関係者が扱う多くの事件は判断能力が十分にある人から事実を聞き取ることが中心で、判断能力が低下した高齢者がどのような心理状態にあり、どのように聞けばよいかなどはわからないこともあります。

一方、福祉関係者は本人の記憶状況や心理の動きなどは理解していても、消費者関係法規に関する知識に乏しいことが考えられます。

それぞれ得意な分野を活かしながら、お互いに連携して対応することが重要です。

【参考】相談窓口（消費者ホットライン）

▶ 各市町村、各都道府県には、消費者被害の相談に応じるため、消費生活センターが設けられています。各消費生活センターからの相談情報を集め分析する機関として国民生活センター（神奈川県相模原市）も設けられています。市町村が高齢者の消費者被害について紹介する関係機関としては、消費生活センターが最もふさわしい機関といえます。

2010（平成22）年1月からは、相談窓口がわからない消費者に身近な消費生活相談窓口を案内するため、全国で「消費者ホットライン（全国共通の電話番号「0570-064-370」）」がスタートしています。

「消費者ホットライン」では、市町村や都道府県の消費生活センターの消費生活相談窓口を案内します。

第8章 第三者による財産上の不当取引による被害の防止

◆第三者による財産上の不当取引による被害への対応における例◆

個別の被害救済から地域全体の被害防止を図った例

キーワード：消費生活センター、成年後見制度、予防や早期発見に向けた地域啓発

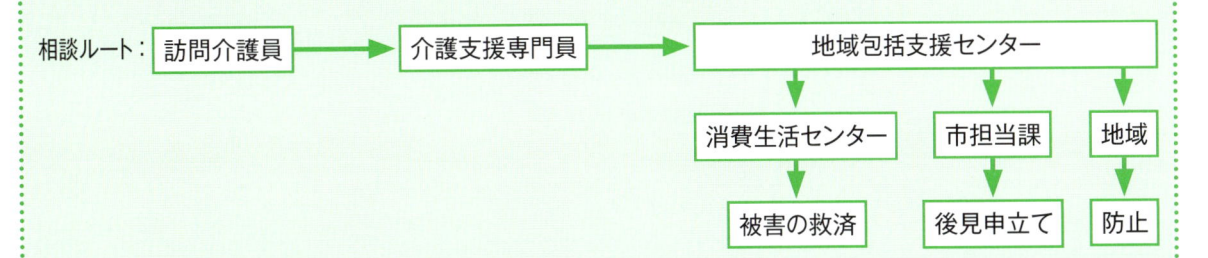

相談ルート：訪問介護員 → 介護支援専門員 → 地域包括支援センター → 消費生活センター（被害の救済）／市担当課（後見申立て）／地域（防止）

被 害 者：80歳代女性（要介護2、軽度の認知症あり）一人暮らし
被害内容：クリーニングを名目とした布団の訪問販売被害
事例概要： 地域包括支援センターに、介護支援専門員から、「訪問介護員が高齢者宅を訪問すると、新品の布団一式が置いてあり、『布団のクリーニングをしてくれると言って男性が訪問し、カビが生えているからと、新しい布団の購入を勧められた。金額は50万円もするので買うつもりはなかったが、このままだと身体に悪い、と長時間にわたり勧められ、帰ってもらえず結果的に契約してしまった』と話した。高齢者は金額も高いこと、不要なものであることから返品を希望している。どうしたらよいか」という相談が入った。
　地域包括支援センター社会福祉士が高齢者宅を訪問し、布団の購入経過などを確認するが、いつ購入したのか、どのような人物だったのかなど詳しいことはわからなかった。ただし、本人は返還を希望しており、消費生活センターにつないで、被害の救済を図った。
　他にもいくつかの、すぐに使用する必要のない高額商品が見つかり、市の虐待対応担当部署の職員とも協議をし、成年後見制度の申立てが必要と判断し、市長申立てによる再被害防止と身上監護面の支援体制の構築を図った。
　あわせて、地域内の状況を確認し、一人暮らし高齢者が多い地域であるという特性から、消費者被害のない地域を目指して、市の商工担当部署と連携し、地域内で消費者被害に遭わないための啓発講座を実施するとともに、介護支援専門員や訪問介護員等に対する注意喚起と、他に同じような被害が起きていないかの把握に努めた。

≪解説≫
　市町村担当部署や地域包括支援センターは、訪問介護員や介護支援専門員、民生委員等日頃から高齢者宅を訪問する機会の多い関係者と連携を図り、生活上の変化がある場合には早めに情報のやりとりができる体制を整備しておく必要がある。
　被害の救済を図るには、消費生活センターや法テラス等専門機関との連携や協力を得て実施していくことで迅速で適切な対応につながる。被害の再発や拡大、防止の観点から、消費生活センターや市町村の消費者被害対応担当部署に対して、被害の発生状況を適宜連絡してもらえる関係づくりも大切である。
　地域全体にも目を向け、関係機関と連携し、被害防止を図るための啓発活動に取り組むことも、予防の観点から望まれる。

第9章

老人福祉法や介護保険法に規定されていない施設における高齢者虐待への対応

本章のねらい

高齢者虐待防止法では「養介護施設」「養介護事業」の範囲を老人福祉法や介護保険法に規定される施設・事業所と定めており、その他の法律で規定される施設や法外施設における高齢者虐待対応については、すべて「養護者による高齢者虐待」として対応することになります。たとえ老人福祉法や介護保険法に規定されていない施設であっても、高齢者に対する虐待や権利侵害が行われているおそれがある場合には、市町村は都道府県と連携して適切な対応を図り、高齢者の安心、安全な生活を確保することが必要です。

本章では、市町村担当者の対応のため、老人福祉法や介護保険法に規定されていない施設における高齢者虐待への対応のあり方（例示）や対応事例を示しています。

第1節 老人福祉法や介護保険法に規定されていない施設における高齢者虐待への対応

POINT

◆老人福祉法や介護保険法に規定されていない施設で虐待の可能性があった場合、「養護者による高齢者虐待」として対応します。
◆高齢者の住まいの鍵や金銭の管理、食事や介護等の世話を誰が行っているのかを明らかにし、誰が養護者に該当するかを適切に見定めることが重要です。
◆老人福祉法や介護保険法に規定されていない施設における高齢者虐待に対しては、市町村は都道府県担当部署や庁内関係部署などと共同で対応にあたります。また、警察や弁護士など関係機関や関係者と連携して対応にあたることも重要です。

1 高齢者虐待防止法における定義

　高齢者虐待防止法では、高齢者の福祉・介護保険サービス業務に従事する者による虐待の防止について規定しています(第2条、第20～25条)。高齢者虐待防止法に規定されている「養介護施設」「養介護事業」「養介護施設従事者等」の範囲は以下のとおりです。
　これらの定義にあてはまらない施設において高齢者虐待が生じた場合には、「養護者による高齢者虐待」として対応することが必要です。

「養介護施設」の範囲
・老人福祉法に規定される老人福祉施設(地域密着型施設も含む)、有料老人ホーム
・介護保険法に規定される介護老人福祉施設、介護老人保健施設、介護療養型医療施設、地域包括支援センター

「養介護事業」の範囲
・老人福祉法に規定される老人居宅生活支援事業
・介護保険法に規定される居宅サービス事業、地域密着型サービス事業、居宅介護支援事業、介護予防サービス事業、地域密着型介護予防サービス事業、介護予防支援事業

「養介護施設従事者等」とは
・「養介護施設」または「養介護事業」の業務に従事する者

※「養護者」の定義については、第1章参照。

法の解説

　高齢者虐待防止法は「養介護施設従事者等による高齢者虐待」の対象を限定しています。そのため、それ以外の施設の職員等は、現にその施設で高齢者を養護している者とし、それらの施設における虐待は、「養護者による高齢者虐待」として市町村が対応する必要があります。

　しかし、そうした施設に対して市町村が単独で事実確認などを行うことは難しく、相談・通報・届出を受けた時点から都道府県担当部署と情報を共有し、連携する必要があります。都道府県担当部署と共有する情報としては、都道府県の関係部署に寄せられている苦情等の情報や、国民健康保険団体連合会等の関係機関に寄せられた情報などがあげられます。また、市町村は、老人福祉法や介護保険法に定められた権限のみではなく、生活保護法上の権限などを最大限に活用して対応を行う必要があります。

　なお、「未届の有料老人ホーム」における虐待への対応は、老人福祉法上の有料老人ホームに該当する場合には「養介護施設従事者等による高齢者虐待」として、都道府県が行います。

第 9 章 老人福祉法や介護保険法に規定されていない施設における高齢者虐待への対応

●老人福祉法や介護保険法に規定されていない施設における高齢者虐待対応の流れ

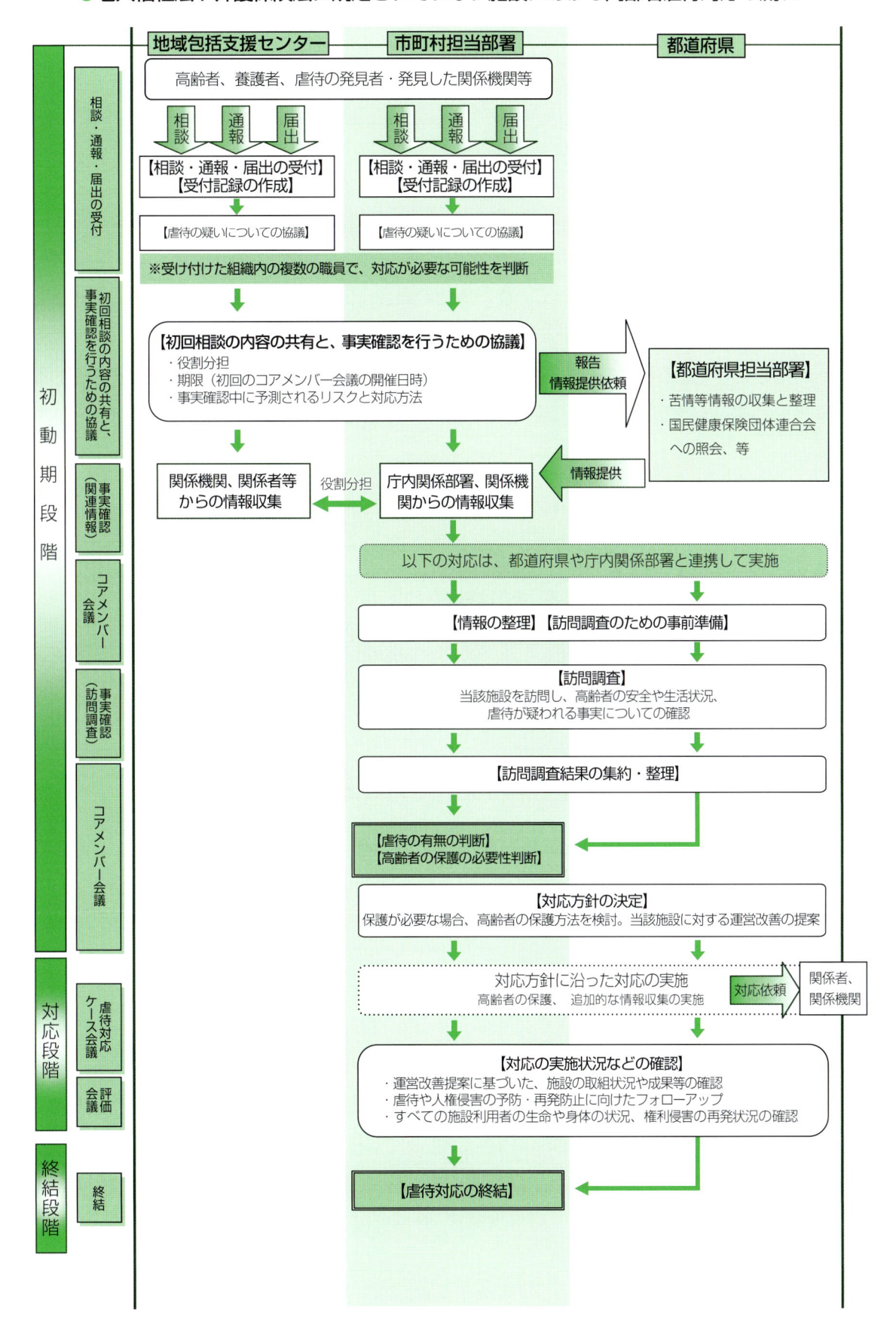

段階	地域包括支援センター	市町村担当部署	都道府県
初動期段階		高齢者、養護者、虐待の発見者・発見した関係機関等	
相談・通報・届出の受付	相談／通報／届出 【相談・通報・届出の受付】 【受付記録の作成】 【虐待の疑いについての協議】	相談／通報／届出 【相談・通報・届出の受付】 【受付記録の作成】 【虐待の疑いについての協議】	
	※受け付けた組織内の複数の職員で、対応が必要な可能性を判断		
初回相談の内容の共有と、事実確認を行うための協議	【初回相談の内容の共有と、事実確認を行うための協議】 ・役割分担 ・期限（初回のコアメンバー会議の開催日時） ・事実確認中に予測されるリスクと対応方法	→報告 情報提供依頼→	【都道府県担当部署】 ・苦情等情報の収集と整理 ・国民健康保険団体連合会への照会、等
事実確認（関連情報）	関係機関、関係者等からの情報収集 ←役割分担→	庁内関係部署、関係機関からの情報収集	←情報提供
		以下の対応は、都道府県や庁内関係部署と連携して実施	
コアメンバー会議		【情報の整理】【訪問調査のための事前準備】	
事実確認（訪問調査）		【訪問調査】 当該施設を訪問し、高齢者の安全や生活状況、虐待が疑われる事実についての確認	
		【訪問調査結果の集約・整理】	
コアメンバー会議		【虐待の有無の判断】【高齢者の保護の必要性判断】	←
対応段階		【対応方針の決定】 保護が必要な場合、高齢者の保護方法を検討。当該施設に対する運営改善の提案	
虐待対応ケース会議		対応方針に沿った対応の実施 高齢者の保護、追加的な情報収集の実施	対応依頼→ 関係者、関係機関
評価会議		【対応の実施状況などの確認】 ・運営改善提案に基づいた、施設の取組状況や成果等の確認 ・虐待や人権侵害の予防・再発防止に向けたフォローアップ ・すべての施設利用者の生命や身体の状況、権利侵害の再発状況の確認	
終結段階 終結		【虐待対応の終結】	←

老人福祉法や介護保険法に規定されていない施設における高齢者虐待への対応は、基本的には第4章～第6章で示した対応と同様の流れとなります。ただし、それぞれの段階においていくつかの留意点がありますので、以下ではそれを示します。

② 相談・通報・届出の受付

市町村担当部署と地域包括支援センターともに、受け付けた組織において、虐待の疑いについて、複数の職員で協議することが必要です。

老人福祉法や介護保険法に規定されていない施設の場合、市町村担当部署が施設の存在を把握していない場合もありますので、施設の名称のほか、所在地や建物の特徴などを確認することが必要です。

また、虐待を受けていると思われる高齢者や虐待をしている職員などを特定できないこともあるため、対象者の特徴や目撃した（あるいは話を聞いた）時期、情報源などを整理して把握することが求められます。

【参考】把握が必要な事項の例
- 当該施設に関する情報：施設名、所在地、建物の特徴など
- 高齢者に関する情報：氏名、居室の位置、または特徴など
- 養護者に関する情報：氏名、特徴など
- 虐待の内容、虐待が行われた時期
- 情報源：実際に見聞きしたのか、誰から聞いたのかなど

③ 初回相談の内容の共有と、事実確認を行うための協議

市町村担当部署と地域包括支援センターは、虐待が疑われる通報等の内容を共有し、事実確認を行うために、役割分担や期限（初回のコアメンバー会議の開催日時）について協議を行います。

④ 事実確認（関連情報の収集）

❶ 庁内関係部署・関係機関等からの情報収集

通報者からの聞き取り内容や過去の当該施設に関する苦情等から、その信ぴょう性を吟味することが必要です。市町村担当部署は、通報等の内容で明らかとなった高齢者に関する情報のほか、過去に当該施設に関する苦情等を受け付けた記録が残っているか、それはどのような内容かについて、庁内関係部署（介護保険担当部署や生活保護担当部署、介護保険事業所指導監査担当部署など）や関係機関も含めて情報収集を行います。

❷ 都道府県担当部署への報告・情報提供依頼

❶とあわせ、窓口である都道府県担当部署に通報等があったことを報告するとともに、関係部署も含めて当該施設に関する苦情や相談等の報告が寄せられているか等の情報提供依頼を行います。

❸ 国民健康保険団体連合会への利用者情報の照会

老人福祉法や介護保険法に規定されていない施設を利用している高齢者が誰なのか、通常は市町村担当部署では把握できていません。また、必ずしも当該市町村住民だけが利用しているとも限りません。

当該施設が介護保険サービス事業所を併設している場合は、都道府県を通じて国民健康保険団体連合会に対して当該施設の介護保険サービス利用者情報の照会依頼をかけ、利用者を特定することも必要です。

また、当該施設が医療サービスを提供している場合にも、国民健康保険団体連合会に対して当該施設利用者のレセプト情報の照会依頼をかけ、利用者の特定を行います。

5 コアメンバー会議（情報の整理と訪問調査のための事前準備）

収集した情報をもとに緊急対応の必要性についての判断と、訪問調査のための事前準備を行います。
なお、この緊急性についての判断や事前準備は市町村担当部署内のみではなく、庁内関係部署の参加や、都道府県担当部署と連携して行うことが望ましいです。

❶ 訪問調査の法的根拠の整理

訪問調査を行う際は、当該施設に対して任意による調査協力を求めますが、施設側が拒否することも十分考えられますので、法的根拠を整理しておくことが必要となります。当該施設が介護保険サービス事業所を併設しているか否かによって調査の実施根拠が異なります。

- ●介護保険サービス事業所を併設している場合
  - ▶併設している介護保険サービス事業所を手がかりとして、高齢者の生命や身体の安全確認や生活状況の把握を行います。
    法的根拠：高齢者虐待防止法第24条、介護保険法第23条の実地指導検査により実施
- ●介護保険サービス事業所を併設していない場合
  - ▶養護者による高齢者虐待として、事実確認または立入調査を行います。
    法的根拠：高齢者虐待防止法第9条第1項「養護者による高齢者虐待対応の事実確認」、高齢者虐待防止法第11条「養護者による、高齢者虐待対応の立入調査」により実施

❷ 庁内関係部署・関係機関との連携

　老人福祉法や介護保険法に規定されていない施設は、老人福祉法や介護保険法以外に規定される施設や高齢者住宅などが該当しますが、庁内関係部署（介護保険担当部署や生活保護担当部署、介護保険事業所指導監査担当部署など）や関係機関と共同で対応にあたることが必要です。

❸ 都道府県との連携

　老人福祉法や介護保険法に規定されていない施設のなかには、複数市町村で同様の事業を行っている法人や、施設利用者が複数の市町村にまたがっている場合もあります。そのため、市町村が単独で対応することが困難な場合も少なくありません。老人福祉法や介護保険法に規定されていない施設における高齢者虐待対応に関しては、市町村と都道府県が共同で対応できるよう、連携を図ることが必要です。

❹ 警察署長への援助要請と連携

　当該施設が介護保険サービス事業所を併設していない場合、市町村は「養護者による高齢者虐待」として訪問調査を行うことになります。ただし、施設側が訪問調査を拒否することも考えられますので、適切に立入調査権限を行使することが必要となります。その際には、不慮の事態に備えて警察署長への援助要請を行い、警察官立ち会いのもとで訪問調査を実施することが望まれます。

❺ 虐待が疑われる高齢者の保護手段の検討

　訪問調査を行った際に、高齢者の保護が必要な場合も考えられます。医療機関への入院や、やむを得ない事由による措置での分離保護などの場合を想定し、あらかじめ準備しておくことが必要です。

❻ 調査時の確認事項、質問内容の検討

　調査の際に確認すべき事項の第一は、施設利用者の安全です。通報等が寄せられた当該高齢者の健康状態を確認し、さらに他の利用者の健康状態や安全も確認することが必要です。

　次いで、通報等の内容から疑われる虐待の事実を確認するため、利用者や管理者、職員に対する面接調査、各種記録の確認作業を行います。そのため、面接調査での質問事項や確認すべき記録などをあらかじめ整理したうえで調査に臨むことが必要となります。

❼ 実施体制（日時、調査同行者、役割分担、進め方等）の確認

　訪問調査の実施予定日時、調査同行者と役割分担、調査の進め方などについて、具体的な検討を行います。

　訪問調査では施設利用者や管理者、職員に対する面接のほか、各種記録の確認作業も必要となり

⑧ 当該施設への事前連絡の必要性、連絡内容の検討

当該施設に対して事前に連絡をする必要はありません。施設側の対応状況を踏まえて事前連絡の必要性を判断します。

なお、事前連絡する場合には、どこまでの内容を伝えるかも検討する必要があります。

6 事実確認（訪問調査）

① 面接による調査

高齢者に対しては、面接によって健康状態や安全が確保されているのかどうかを確認するとともに、虐待の事実について確認を行います。また、このとき他の利用者の状況もあわせて確認する必要があります。

施設職員に対しては、一人ひとり面接を行い、通報等で寄せられた行為を見聞きしたことの有無や職場の勤務状況（ストレス状態）、虐待防止への意識や取組み状況などを確認します。

なお、面接は複数の職員で対応し、面接内容を記録します。

② 各種記録や契約書等の確認

介護保険法や老人福祉法に規定される施設ではさまざまな種類の記録が残されていますが、老人福祉法や介護保険法に規定されていない施設では介護記録や業務日誌などが残されていない場合も少なくありません。施設で作成している何らかの記録類がある場合にはその内容を確認し、高齢者に対する虐待や権利侵害が疑われる記載の有無を確認することが必要です。また、必要に応じて契約書などの書類も確認します。

ただし、介護保険サービスや医療機関、外部の関連法人を利用している場合もありますので、各種記録や契約書等の入手方法については、十分に検討する必要があります。

【参考】介護保険施設において確認が必要な記録類の例

- 高齢者に関する記録：介護計画、介護記録、生活相談記録、看護記録、事故報告等
- 利用者全員に関係する記録：業務日誌、事故報告、申し送りノート等
- 養護者に関する記録：勤務表、研修計画・受講記録等
- 虐待防止に関する施設全体の研修計画・記録等

7 コアメンバー会議（虐待の有無の判断、高齢者の保護の必要性の判断など）

❶ 訪問調査結果の整理・集約

　施設への訪問調査の終了時には、調査同行者全員で面接調査や各種記録の確認によって明らかとなった事実を確認し、虐待や人権侵害の有無を判断します。なお、その場で判断が困難な場合には、帰庁後に情報を整理して判断したり、再度訪問調査を行う場合もあります。

　ただし、高齢者が保護や入院が必要な状況なのか、生命や身体の安全は確保されているのかの判断だけは、事実確認調査終了後にその場で行う必要があります。もし、保護や入院が必要な場合には、あらかじめ準備していた方法により、速やかに高齢者の保護を行います。

【参考】調査終了時に確認すべき事項の例

> ①高齢者の生命の危険性、保護の必要性、入院の必要性の有無
> ②虐待の事実の有無、重大な人権侵害の有無
> ③改善の必要性の有無
> ※②や③は帰庁後に情報整理をしたうえで判断しても差し支えないが、①だけはその場で行わなければならない。

❷ 対応方針の決定

①高齢者の保護、権利擁護対応

　訪問調査を行った結果、当該高齢者に対する権利侵害や人権侵害が生じていた場合には、高齢者の生命や身体の安全確保とともに、必要な権利擁護対応（例えば、成年後見申立てなど）を速やかに行います。

②当該施設に対する運営改善提案（養護者支援）

　訪問調査の結果、高齢者虐待の事実が認められた場合、あるいは虐待の事実が認められなくとも施設運営上何らかの課題がみられる場合には、当該施設に対して改善を求めることが必要です。

　ただし、市町村には老人福祉法や介護保険法に規定されていない施設に対して指導を行う権限がないため、運営改善の提案という形で、虐待や人権侵害の予防・再発防止に向けた提案を行います。

8 評価会議

❶ 運営改善状況等の確認・評価

　運営改善提案を提出した後、施設の取組み状況や成果等について評価することが必要です。改善提案への取組みがうまく進んでいない場合には、虐待や人権侵害の予防・再発防止に向けたフォローアップ（市町村や都道府県主催の虐待防止研修等への参加呼びかけ等）も必要です。

❷ 虐待対応の終結

　一定期間、対応の実施状況等の評価を行った後、施設が運営改善に取り組んでいること（ただし、任意の提案なので強制力はない）や、当該高齢者だけでなくすべての利用者の生命や身体の安全等が確保され、権利侵害や人権侵害の再発がみられないと判断できた段階で、虐待対応として終結させます。

老人福祉法や介護保険法に規定されていない施設に関する Q&A

Q1 有料老人ホームの定義を教えてください。

▶ 2005（平成17）年に改正された老人福祉法では、有料老人ホームの定義について以下のような見直しが行われました。

①人数要件の廃止（改正前は10人以上）

②提供サービス要件の拡大（食事の提供、介護、家事または健康管理のいずれかの提供があれば有料老人ホームに該当）

　特に、②については提供サービスを他へ委託して供与する場合であっても、または将来提供するという約束であっても該当することとされています。

　このような要件に該当する場合には、届出がなされていなくとも、老人福祉法に基づく都道府県の立入検査や改善命令の対象となります（平成21年5月28日付老振第0528001「未届の有料老人ホームの届出促進及び指導等の徹底について」）。

Q2 高齢者専用賃貸住宅とはどのような住宅ですか。

▶ 高齢者専用賃貸住宅とは、高齢者の居住の安定確保に関する法律に基づき、都道府県に登録された住宅です。そのうち、以下の設備基準を満たし、介護保険法施行規則による届出があった場合、適合高齢者専用住宅となり、住所地特例が適用されます（注）。

（注）2011（平成23）年4月27日に「高齢者の居住の安定確保に関する法律の一部を改正する法律（高齢者住まい法）」が可決・成立し、公布後6か月以内に施行される。

【設備基準】

①1戸当たり床面積25㎡以上（居間・食堂・台所等が共同利用の場合は18㎡以上）

②各戸に台所・水洗便所・収納設備・洗面設備・浴室を設置（台所・収納設備・浴室が共同利用ならば水洗便所・洗面設備設置）

③高齢者居住法に定める前払い家賃の保全措置

④介護、食事の提供、洗濯・掃除等の家事、健康管理のいずれかのサービス提供

①〜④の要件をすべて満たすものは適合高齢者専用賃貸住宅となり、有料老人ホームには該当しません。ただし、有料老人ホームに該当しない場合でも、有料老人ホームに該当しうるサービス（介護の提供、食事の提供、家事援助、健康管理）を提供している場合は、老人福祉法では有料老人ホームとして扱われます（平成19年2月19日開催、全国介護保険・高齢者保健福祉担当課長会議資料）。

◆老人福祉法や介護保険法に規定されていない施設における対応例◆

Aさんに関する通報から利用者全体への対応を図った例

キーワード：養護者の認定、被虐待者の確定、他の利用者への対応、都道府県との連携

通 報 者：元訪問介護員（民間マンション経営者事業所の元職員）
通 報 先：市介護保険担当窓口
施設内容：1階はデイサービス、2階は一般の民間（実態は高齢者専用の）マンション
通報内容：市介護保険担当窓口に、「マンションでは、同じ法人が別の場所で経営する訪問介護事業所や訪問看護事業所のスタッフが日常生活の介助を行っているが、食事は弁当屋で買ったものを食べさせる程度、十分な排泄介助も行われておらず、おむつ交換も不十分、排泄の失敗に対して職員が罵声を浴びせることもある。ほとんどの利用者を寝かせきりの状態にして、自由に動き回ることも制限している。利用者の生命や身体の危険が考えられる」という通報が入る。
　　　　　通報者が特に気にしている、生活保護を受給している要介護3で認知症のある女性について、詳しく聞き取りを行う。排泄の失敗に罵声を浴びせ、ベッドからの転倒防止のため、一日中ベッド柵に拘束。姪が契約者となっているが一度も面会はなく、金銭管理も含めてマンションの管理者にまかせた状態とのこと。
対　　応：通報内容をもとに、県の虐待対応担当部署に連絡し、情報提供を受ける。
　　　　　また、生活保護担当課職員による、定期的な本人面接にあわせ、市の虐待対応担当部署の職員が同行し、施設での本人面接と施設関係者への対応状況の確認を分担して行う。そこで、高齢者本人の急激な身体機能の低下、食事介助や排泄介助に対する援助内容が不十分な状況を確認した。事実確認結果をもとに、緊急のコアメンバー会議を開催し、養護者による虐待と認定した。
　　　　　やむを得ない事由による措置を適用し、ショートステイに当該高齢者を移動させて保護を図る。親族の姪は関わりを拒否したことから、市長申立てによる成年後見制度の手続きを図り、金銭管理と身上監護面の支援を図った。
　　　　　他の入居者も同じ状態であることから、県の虐待対応担当部署にも情報提供するとともに、今後の対応について協力を求めた。

≪解説≫
①養護者の認定
　本人の金銭管理、居室の鍵の管理、日常生活の援助や介護保険サービスの調整を含め、マンションの管理者が本人の世話を中心的に行っていることを根拠に、養護者に該当すると判断した。
②庁内関係部署や関係機関との連携
　庁内関係部署や関係機関と連携することで、保護等の対応がより円滑に行えるとともに、対応の幅が広がる。
③他の利用者への対応
　居住している高齢者については、通報のあった特定の利用者の保護に限らず、同じ居住環境で生活している高齢者全体に虐待行為が蔓延していることも想定し、対応していくことが重要である。
④都道府県との連携
　施設内部で何らかの介護等を行っている場合には、未届の有料老人ホーム等にも該当する可能性がある。施設の形態によっては、都道府県の協力を仰ぐことも必要である。

参考資料

Ⅰ 調査結果

Ⅱ 関係法令

Ⅲ 高齢者虐待対応帳票
　（社団法人 日本社会福祉士会作成版）

I　調査結果

1　高齢者虐待の現状

（1）養護者による高齢者虐待対応件数の推移

　2006（平成18）年度以降の厚生労働省調査（以下、本文で、特に調査名を記載していない場合は、厚生労働省調査を指す）結果によれば、養護者による高齢者虐待の相談・通報対応件数は年々増加しており、2009（平成21）年度では2万3404件（1日あたり64.1件）が報告されています。

　また、虐待を受けたと判断した事例件数も毎年増加しており、2009（平成21）年度では1万5615件に上っています。

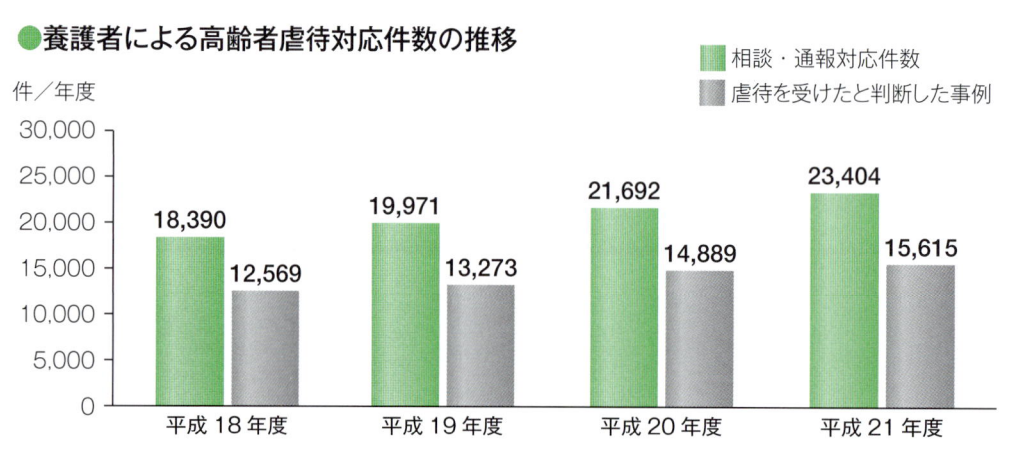

●養護者による高齢者虐待対応件数の推移

年度	相談・通報対応件数	虐待を受けたと判断した事例
平成18年度	18,390	12,569
平成19年度	19,971	13,273
平成20年度	21,692	14,889
平成21年度	23,404	15,615

出典：厚生労働省調査

(2) 養護者による高齢者虐待対応件数の推移

高齢者虐待防止法では、高齢者虐待として5つの種別・類型が定義されています。

調査結果によれば、高齢者虐待と判断された件数のうち約6割が「身体的虐待」、約4割が「心理的虐待」と認定されています。

過去4年間の変化をみても、「介護等放棄」の認定件数がわずかずつ減少しているものの、他の虐待種別・類型の認定割合はほとんど変化がありません。

● 虐待の種別・類型

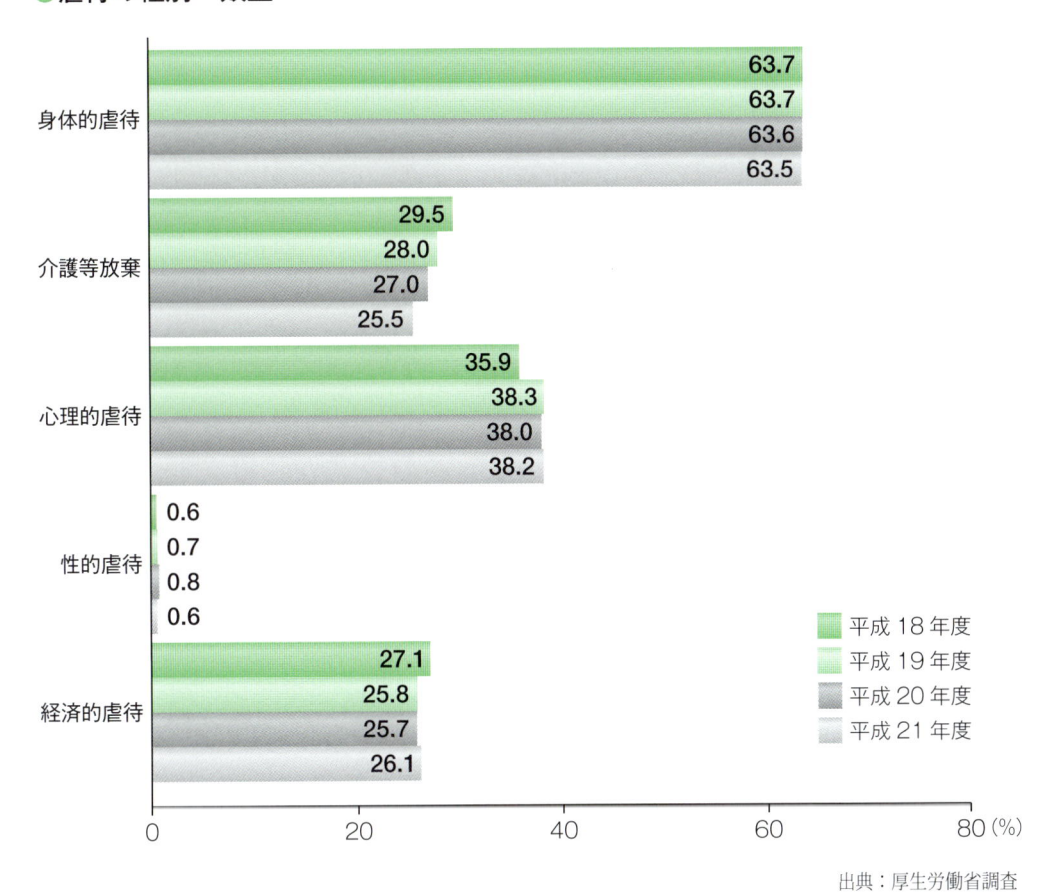

虐待の種別・類型	平成18年度	平成19年度	平成20年度	平成21年度
身体的虐待	63.7	63.7	63.6	63.5
介護等放棄	29.5	28.0	27.0	25.5
心理的虐待	35.9	38.3	38.0	38.2
性的虐待	0.6	0.7	0.8	0.6
経済的虐待	27.1	25.8	25.7	26.1

出典：厚生労働省調査

(3) 被虐待高齢者の状況

　虐待を受けた高齢者は、女性が76～78%を占めており、また年齢も80歳以上が半数以上を占めています。

　2009(平成21)年度の調査結果をみると、被虐待高齢者のうち68.6%は要介護認定を受けていました。この要介護認定者のうち66.7%は認知症の日常生活自立度が「Ⅱ」以上であり、認知症(による症状)と高齢者虐待が非常に密接に関連していることがうかがわれます。

●被虐待高齢者の性別

年度	男	女	不明
平成18年度	23.0	76.6	0.3
平成19年度	22.4	77.4	0.2
平成20年度	22.1	77.8	0.1
平成21年度	22.7	77.3	0.0

●被虐待高齢者の年齢

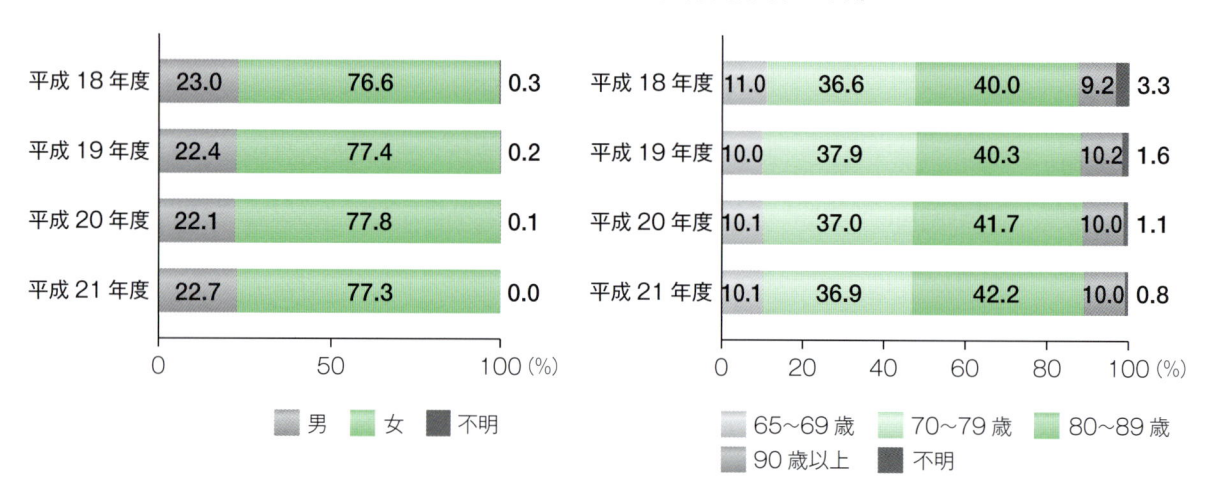

年度	65～69歳	70～79歳	80～89歳	90歳以上	不明
平成18年度	11.0	36.6	40.0	9.2	3.3
平成19年度	10.0	37.9	40.3	10.2	1.6
平成20年度	10.1	37.0	41.7	10.0	1.1
平成21年度	10.1	36.9	42.2	10.0	0.8

●被虐待高齢者の要介護認定の状況（平成21年度）

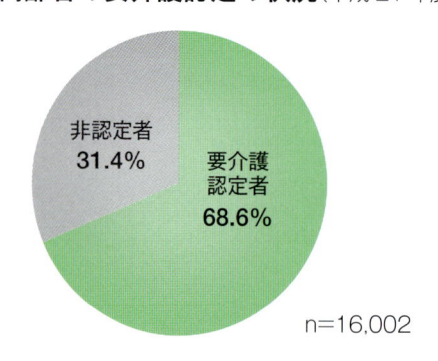

- 非認定者 31.4%
- 要介護認定者 68.6%

n=16,002

●被虐待要介護認定者の要介護度（平成21年度）

区分	%
要支援1	7.7
要支援2	9.3
要支援1	19.6
要介護2	20.5
要介護3	19.9
要介護4	14.1
要介護5	8.5
不明	0.5

n=10,972

●被虐待要介護認定者の認知症自立度（平成21年度）

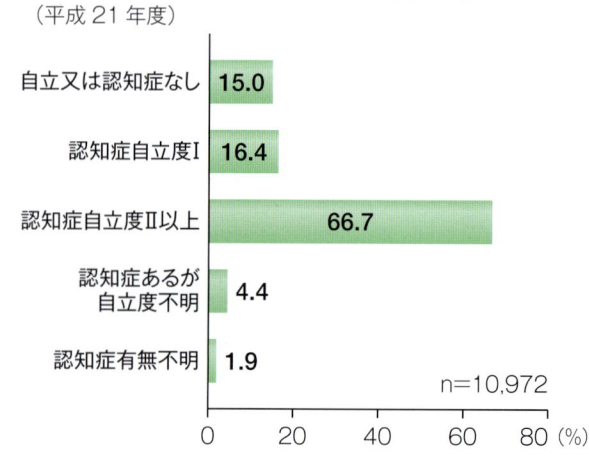

区分	%
自立又は認知症なし	15.0
認知症自立度Ⅰ	16.4
認知症自立度Ⅱ以上	66.7
認知症あるが自立度不明	4.4
認知症有無不明	1.9

n=10,972

出典：厚生労働省調査

参考資料

（4）虐待者

　虐待者の内訳は、「息子」が最も多く、次いで「夫」や「娘」、「息子の配偶者（嫁）」の順となっています。過去4年間では大きな変化はみられませんが、「息子の配偶者（嫁）」の割合が低下する一方で、「夫」が虐待者である割合が徐々に高まりつつあります。

● 虐待者の内訳

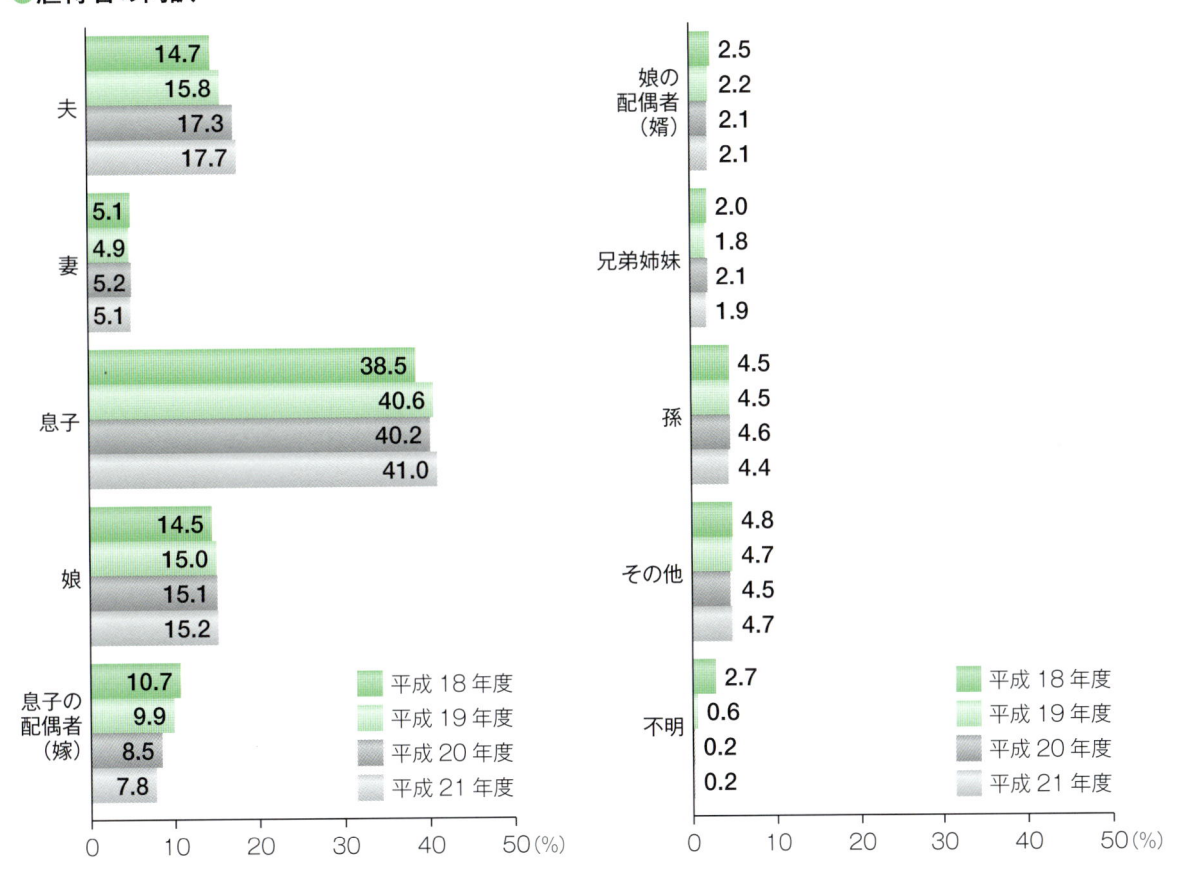

	平成18年度	平成19年度	平成20年度	平成21年度
夫	14.7	15.8	17.3	17.7
妻	5.1	4.9	5.2	5.1
息子	38.5	40.6	40.2	41.0
娘	14.5	15.0	15.1	15.2
息子の配偶者（嫁）	10.7	9.9	8.5	7.8
娘の配偶者（婿）	2.5	2.2	2.1	2.1
兄弟姉妹	2.0	1.8	2.1	1.9
孫	4.5	4.5	4.6	4.4
その他	4.8	4.7	4.5	4.7
不明	2.7	0.6	0.2	0.2

● 世帯の状況

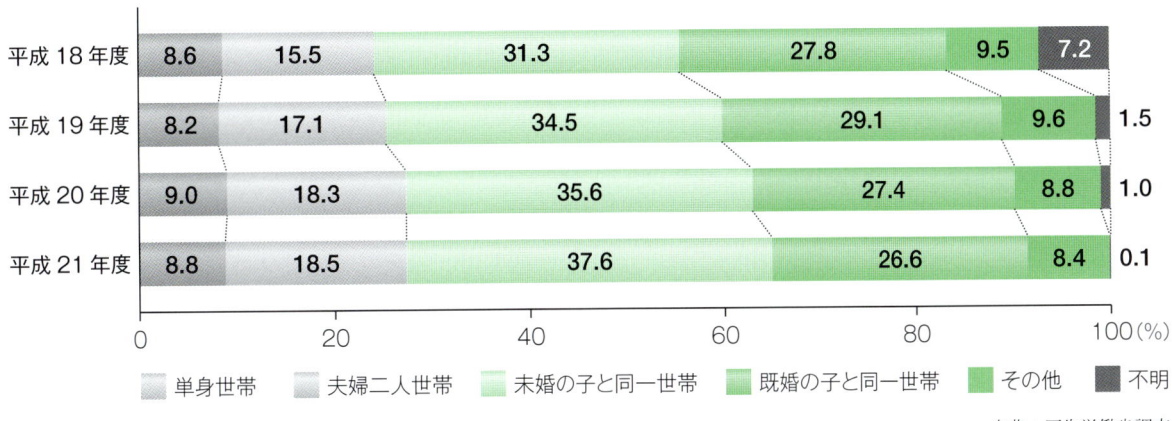

	単身世帯	夫婦二人世帯	未婚の子と同一世帯	既婚の子と同一世帯	その他	不明
平成18年度	8.6	15.5	31.3	27.8	9.5	7.2
平成19年度	8.2	17.1	34.5	29.1	9.6	1.5
平成20年度	9.0	18.3	35.6	27.4	8.8	1.0
平成21年度	8.8	18.5	37.6	26.6	8.4	0.1

出典：厚生労働省調査

(5) 虐待への対応

　2009（平成21）年度に発生した高齢者虐待への対応状況をみると、「被虐待高齢者の保護と虐待者からの分離」を行った割合は33.2%、「被虐待者と虐待者を分離していない事例」は58.0%となっています。

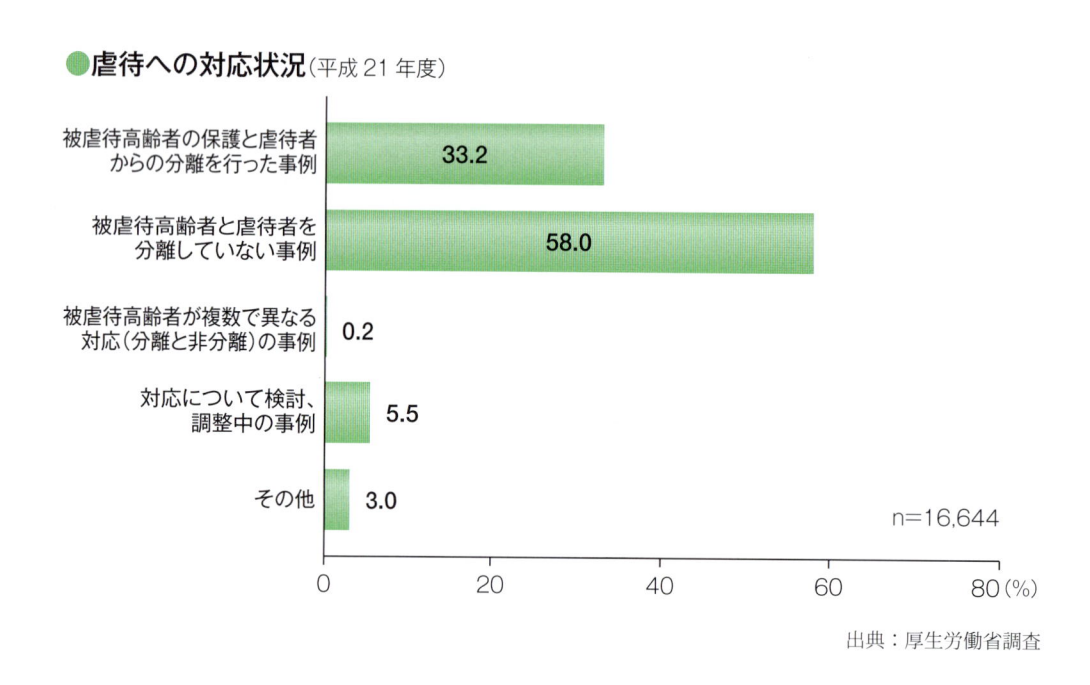

●虐待への対応状況（平成21年度）

項目	割合(%)
被虐待高齢者の保護と虐待者からの分離を行った事例	33.2
被虐待高齢者と虐待者を分離していない事例	58.0
被虐待高齢者が複数で異なる対応（分離と非分離）の事例	0.2
対応について検討、調整中の事例	5.5
その他	3.0

n=16,644

出典：厚生労働省調査

　「被虐待高齢者の保護と虐待者からの分離」を行った事例の具体的内容をみると、「契約による介護保険サービスの利用」が38.6%で最も多く、次いで「医療機関への一時入院」20.6%の順となっています。「やむを得ない事由等による措置」によって分離保護を行った割合は11.6%でした。

　一方、「被虐待者と虐待者を分離していない事例」への対応の内訳では、約半数の事例で「養護者に対する助言指導」が行われていますが、新規またはケアプラン見直しによる介護保険サービス利用によって調整を図った割合も40%を超えています。

●分離を行った事例の対応（平成21年度）

- 契約による介護保険サービスの利用: 38.6
- やむを得ない事由等による措置: 11.6
- 緊急一時保護: 11.0
- 医療機関への一時入院: 20.6
- その他: 18.2

n=5,568

●分離を行わなかった事例対応の内訳（平成21年度）

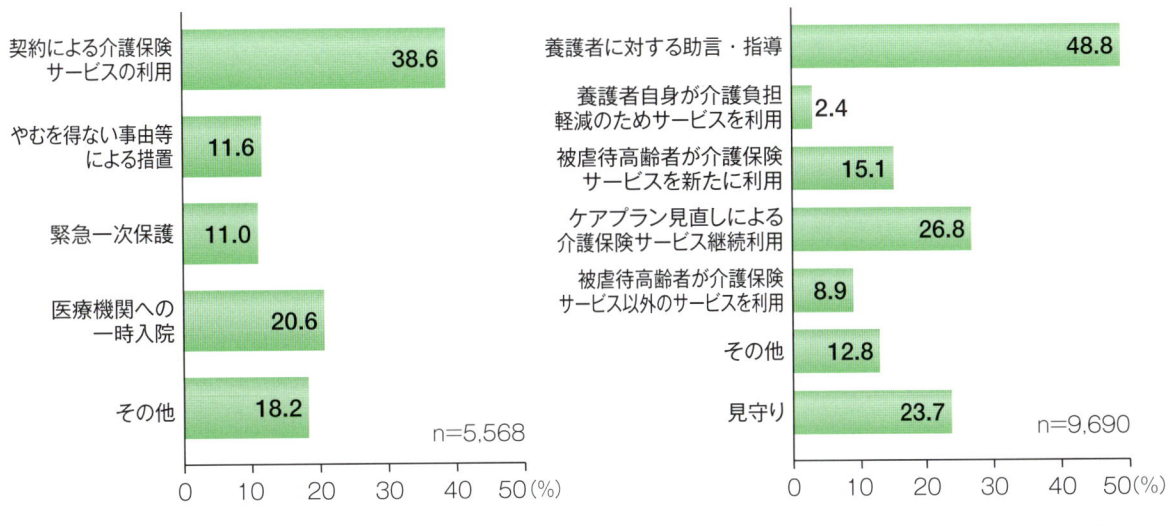

- 養護者に対する助言・指導: 48.8
- 養護者自身が介護負担軽減のためサービスを利用: 2.4
- 被虐待高齢者が介護保険サービスを新たに利用: 15.1
- ケアプラン見直しによる介護保険サービス継続利用: 26.8
- 被虐待高齢者が介護保険サービス以外のサービスを利用: 8.9
- その他: 12.8
- 見守り: 23.7

n=9,690

出典：厚生労働省調査

　被虐待高齢者の権利擁護への対応として、成年後見制度の利用を開始した、または利用手続き中の割合はわずかに3.5％（虐待認定件数に占める割合、平成21年度）、そのうち市町村申立を行った事例は約40％にとどまっています。認知症の被虐待高齢者が多い実態を踏まえると、成年後見制度が十分に活用されているとはいえない状況です。

●権利擁護に対する対応（虐待認定件数に占める割合）

成年後見制度・利用開始済み
- 平成18年度: 1.0
- 平成19年度: 1.5
- 平成20年度: 1.4
- 平成21年度: 2.0

成年後見制度・利用手続き中
- 平成18年度: 1.3
- 平成19年度: 1.4
- 平成20年度: 1.4
- 平成21年度: 1.5

日常生活自立支援事業の利用
- 平成18年度: 1.9
- 平成19年度: 1.7
- 平成20年度: 1.5
- 平成21年度: 1.7

●成年後見制度市町村申立件数の割合

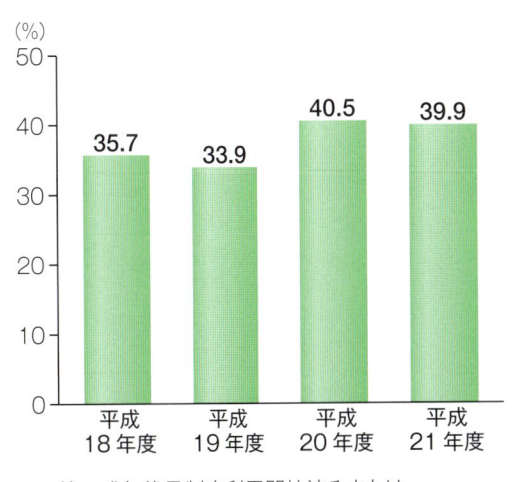

- 平成18年度: 35.7
- 平成19年度: 33.9
- 平成20年度: 40.5
- 平成21年度: 39.9

注：成年後見制度利用開始済みまたは利用手続き中の件数に占める割合

出典：厚生労働省調査

2 高齢者虐待に対する市町村の対応体制

(1) 庁内対応体制の整備状況

　高齢者虐待への対応として市町村が「独自の対応のマニュアル、業務指針等の作成」を行っている割合は、高齢者虐待防止法施行後、徐々に高まっていますが、2009（平成21）年度でも53.9％にとどまっています。

　また、日本社会福祉士会調査結果によれば、帳票類の整備状況について「相談受付票」は多くの市町村で整備されていますが、「事実確認帳票類」や「支援計画帳票類」、「分離期間中のアセスメント帳票類」などの帳票類を活用している市町村は40％を下回っています。

●独自の対応マニュアル、業務指針等の作成

年度	割合(%)
平成18年度	22.9
平成19年度	39.9
平成20年度	46.2
平成21年度	53.9

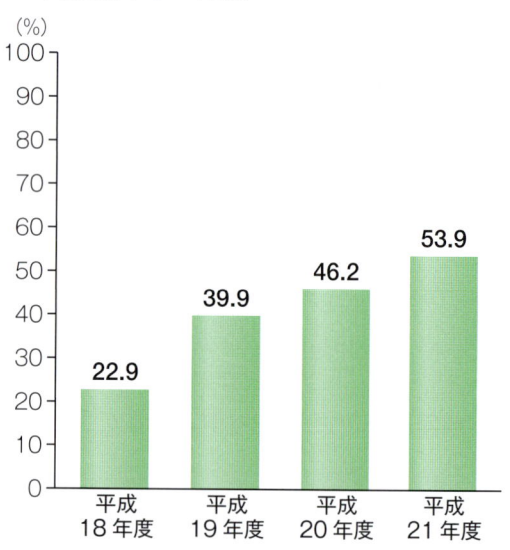

出典：厚生労働省調査

●帳票類の有無

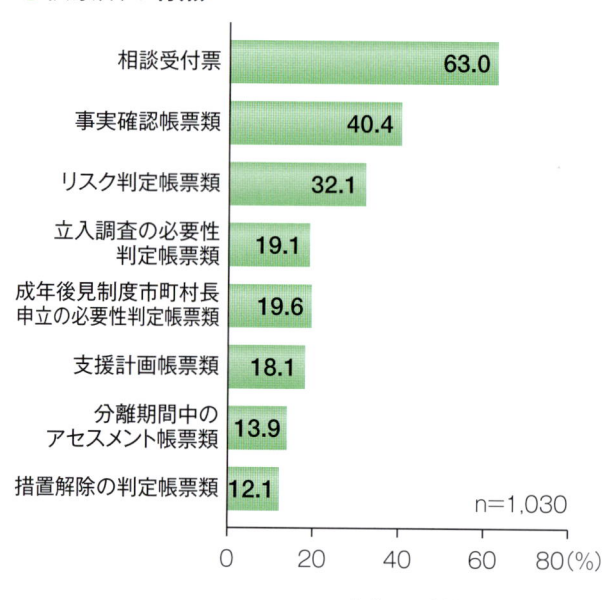

帳票類	割合(%)
相談受付票	63.0
事実確認帳票類	40.4
リスク判定帳票類	32.1
立入調査の必要性判定帳票類	19.1
成年後見制度市町村長申立の必要性判定帳票類	19.6
支援計画帳票類	18.1
分離期間中のアセスメント帳票類	13.9
措置解除の判定帳票類	12.1

n=1,030

出典：日本社会福祉士会調査

●虐待の有無や緊急性の判断を行う方法

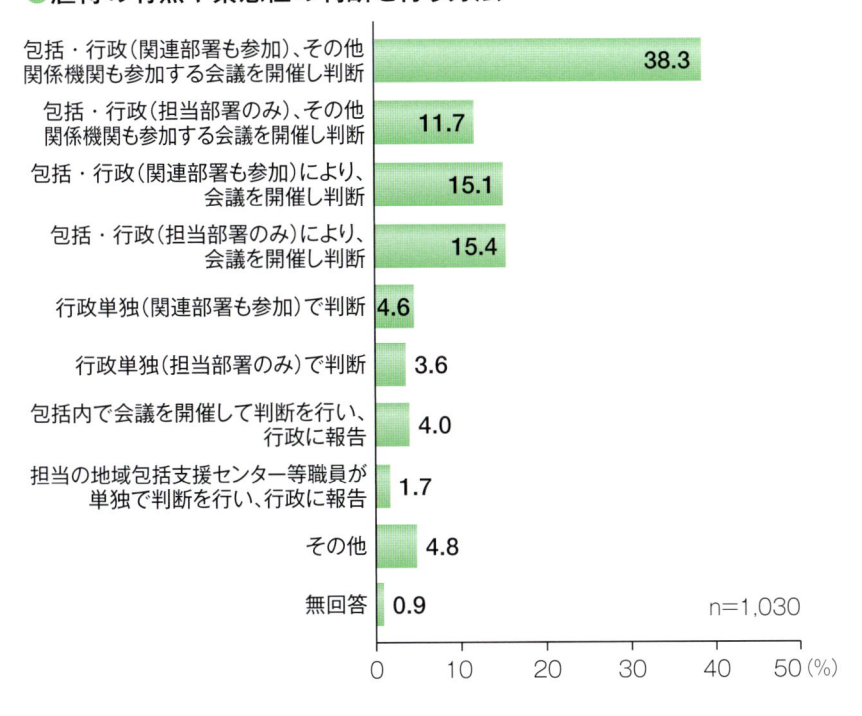

方法	%
包括・行政（関連部署も参加）、その他関係機関も参加する会議を開催し判断	38.3
包括・行政（担当部署のみ）、その他関係機関も参加する会議を開催し判断	11.7
包括・行政（関連部署も参加）により、会議を開催し判断	15.1
包括・行政（担当部署のみ）により、会議を開催し判断	15.4
行政単独（関連部署も参加）で判断	4.6
行政単独（担当部署のみ）で判断	3.6
包括内で会議を開催して判断を行い、行政に報告	4.0
担当の地域包括支援センター等職員が単独で判断を行い、行政に報告	1.7
その他	4.8
無回答	0.9

n=1,030

出典：日本社会福祉士会調査

（2）人材育成・研修

　高齢者虐待防止に関する関係機関への研修や啓発の実施状況をみると、「地域包括支援センター等の関係者への研修」を実施している市町村は76.0％（平成21年度）、居宅介護サービス事業者や介護保険施設に対して法の周知を実施している市町村は63～71％（同）となっています。

　一方で、日本社会福祉士会調査結果からは、市町村が独自研修を実施するうえでの課題として、「研修会を企画・実施する人材がいない」ことや「高齢者虐待に対応する担当職員が少なく、相談できる人が少ない」こと、「予算の確保が困難」なことなど、人材育成・研修に向けた環境が整っていない実態もうかがえます。

●研修・啓発の実施状況

年度	地域包括支援センター等の関係者への研修	居宅介護サービス事業者に法について周知	介護保険施設に法について周知
平成18年度	45.2	51.7	43.1
平成19年度	64.8	68.4	60.8
平成20年度	73.5	71.4	63.7
平成21年度	76.0	70.9	62.9

出典：厚生労働省調査

●独自研修を実施する上での課題

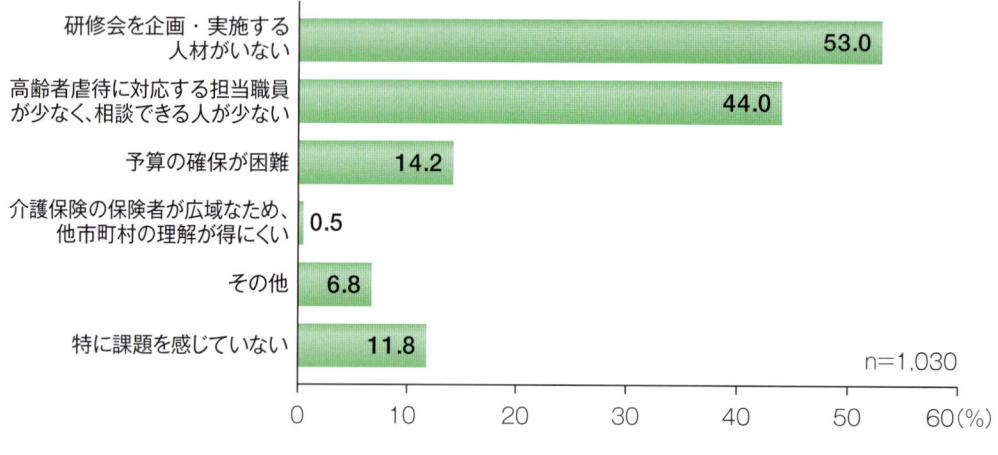

項目	%
研修会を企画・実施する人材がいない	53.0
高齢者虐待に対応する担当職員が少なく、相談できる人が少ない	44.0
予算の確保が困難	14.2
介護保険の保険者が広域なため、他市町村の理解が得にくい	0.5
その他	6.8
特に課題を感じていない	11.8

n=1,030

出典:日本社会福祉士会調査

（3）高齢者虐待防止ネットワーク構築への取組み

　高齢者虐待防止ネットワーク構築への取組み状況をみると、「早期発見・見守りネットワーク」については67.0％（平成21年度）の市町村が取り組んでいると回答していますが、「保健医療福祉サービス介入ネットワーク」や「関係専門機関介入支援ネットワーク」への取組みを行っている市町村は50％を下回る状況が続いています。

●高齢者虐待防止ネットワーク構築への取組み

年度	「早期発見・見守りネットワーク」の構築への取組み	「保健医療福祉サービス介入支援ネットワーク」の構築への取組み	「関係専門機関介入支援ネットワーク」の構築への取組み
平成18年度	38.6	23.6	19.6
平成19年度	54.9	38.5	37.3
平成20年度	62.1	44.1	41.1
平成21年度	67.0	48.9	46.2

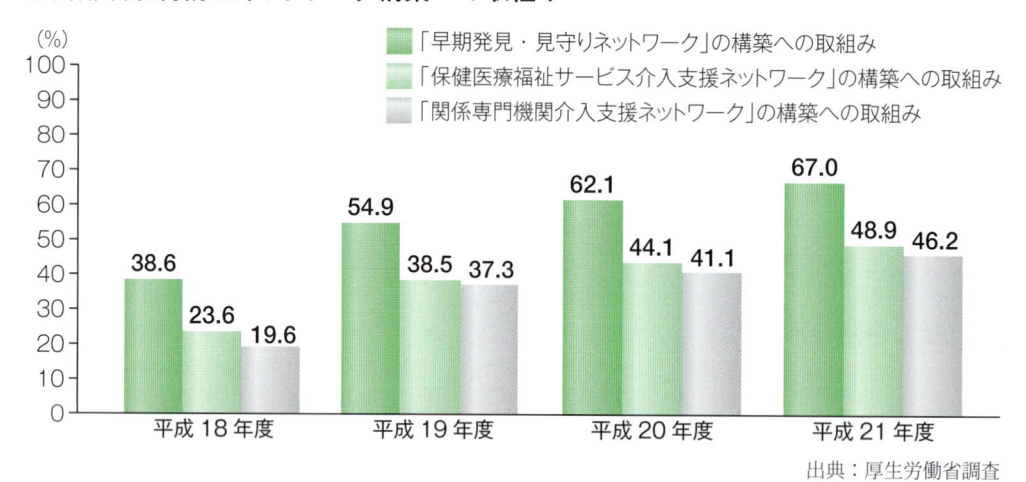

出典:厚生労働省調査

（4）高齢者虐待対応上の課題

　日本社会福祉士会調査結果からみると、市町村が高齢者虐待対応について困難を感じていることは「虐待の事実確認や緊急性の有無、分離や終結の判断基準が不明確」なことでした。また、「認知症やアルコール依存、多重債務や児童虐待など、複合的な事案」に対して対応の困難さを抱えている市町村が多いこともわかります。

　さらに、専門的人材や高齢者虐待に対応する市町村職員の確保・育成に関すること、高齢者虐待防止法の定義にあてはまらない事案への対応、地域資源が不足していること（特に居室の確保）、関係機関・団体との連携なども高齢者虐待対応を担う市町村の苦労としてあげられています。

●高齢者虐待対応について困難を感じていること（上位10項目）

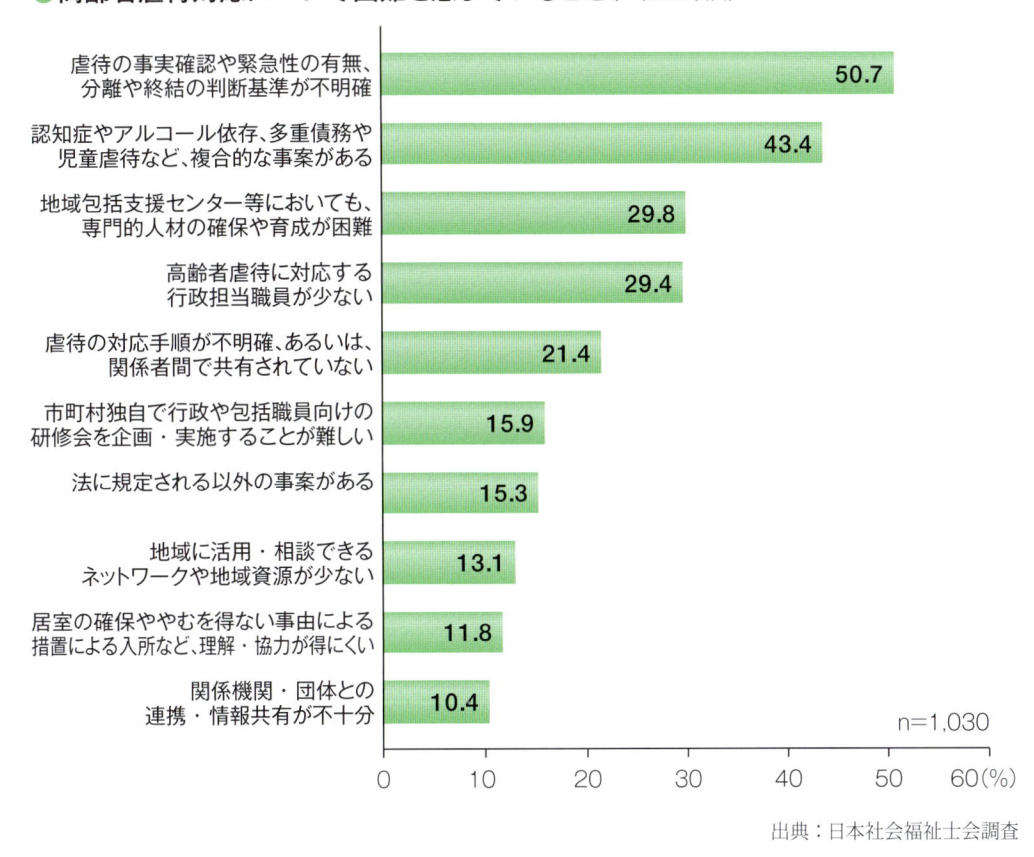

項目	%
虐待の事実確認や緊急性の有無、分離や終結の判断基準が不明確	50.7
認知症やアルコール依存、多重債務や児童虐待など、複合的な事案がある	43.4
地域包括支援センター等においても、専門的人材の確保や育成が困難	29.8
高齢者虐待に対応する行政担当職員が少ない	29.4
虐待の対応手順が不明確、あるいは、関係者間で共有されていない	21.4
市町村独自で行政や包括職員向けの研修会を企画・実施することが難しい	15.9
法に規定される以外の事案がある	15.3
地域に活用・相談できるネットワークや地域資源が少ない	13.1
居室の確保ややむを得ない事由による措置による入所など、理解・協力が得にくい	11.8
関係機関・団体との連携・情報共有が不十分	10.4

n=1,030

出典：日本社会福祉士会調査

　また、地域包括支援センターおよび市町村職員の高齢者虐待対応力向上のために必要な知識や技術については、「虐待の事実確認や緊急性の有無などの判断基準」が最も高く、次いで「被虐待者・虐待者による介入拒否への対応方法」、「被虐待者への支援方法（ニーズ把握、支援計画の作成、具体的支援など）」の順となっています。

　これらの結果からは、事実確認の方法、緊急性などのアセスメントの方法、計画的な支援方法など、高齢者虐待に対する一定の対応システムが求められていることがうかがえます。

● 地域包括支援センターおよび市町村職員の
　高齢者虐待対応力向上のために必要な知識や技術

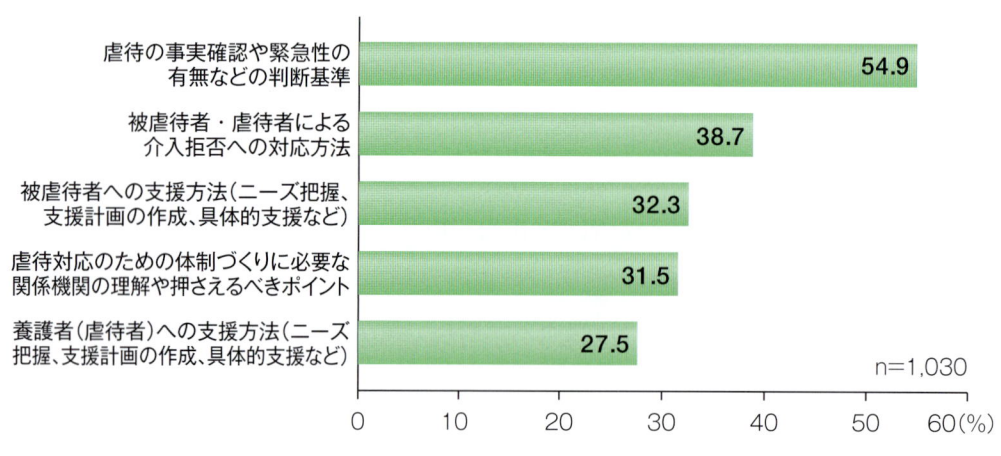

項目	%
虐待の事実確認や緊急性の有無などの判断基準	54.9
被虐待者・虐待者による介入拒否への対応方法	38.7
被虐待者への支援方法（ニーズ把握、支援計画の作成、具体的支援など）	32.3
虐待対応のための体制づくりに必要な関係機関の理解や押さえるべきポイント	31.5
養護者（虐待者）への支援方法（ニーズ把握、支援計画の作成、具体的支援など）	27.5

n=1,030

出典：日本社会福祉士会調査

Ⅱ 関係法令

高齢者虐待の防止、高齢者の養護者に対する支援等に関する法律

［平成17年11月9日法律第124号］

第1章　総則（第1条－第5条）
第2章　養護者による高齢者虐待の防止、養護者に対する支援等（第6条－第19条）
第3章　養介護施設従事者等による高齢者虐待の防止等（第21条－第25条）
第4章　雑則（第26条－第28条）
第5章　罰則（第29条－第30条）
附則

第1章　総則

（目的）

第1条　この法律は、高齢者に対する虐待が深刻な状況にあり、高齢者の尊厳の保持にとって高齢者に対する虐待を防止することが極めて重要であること等にかんがみ、高齢者虐待の防止等に関する国等の責務、高齢者虐待を受けた高齢者に対する保護のための措置、養護者の負担の軽減を図ること等の養護者に対する養護者による高齢者虐待の防止に資する支援（以下「養護者に対する支援」という。）のための措置等を定めることにより、高齢者虐待の防止、養護者に対する支援等に関する施策を促進し、もって高齢者の権利利益の擁護に資することを目的とする。

（定義）

第2条　この法律において「高齢者」とは、65歳以上の者をいう。

2　この法律において「養護者」とは、高齢者を現に養護する者であって養介護施設従事者等（第5項第1号の施設の業務に従事する者及び同項第2号の事業において業務に従事する者をいう。以下同じ。）以外のものをいう。

3　この法律において「高齢者虐待」とは、養護者による高齢者虐待及び養介護施設従事者等による高齢者虐待をいう。

4　この法律において「養護者による高齢者虐待」とは、次のいずれかに該当する行為をいう。

　一　養護者がその養護する高齢者について行う次に掲げる行為

　　イ　高齢者の身体に外傷が生じ、又は生じるおそれのある暴行を加えること。

　　ロ　高齢者を衰弱させるような著しい減食又は長時間の放置、養護者以外の同居人によるイ、ハ又はニに掲げる行為と同様の行為の放置等養護を著しく怠ること。

　　ハ　高齢者に対する著しい暴言又は著しく拒絶的な対応その他の高齢者に著しい心理的外傷を与える言動を行うこと。

　　ニ　高齢者にわいせつな行為をすること又は高齢者をしてわいせつな行為をさせること。

　二　養護者又は高齢者の親族が当該高齢者の財産を不当に処分することその他当該高齢者から不当に財産上の利益を得ること。

5　この法律において「養介護施設従事者等による高齢者虐待」とは、次のいずれかに該当する行為をいう。

　一　老人福祉法（昭和38年法律第133号）第5条の3に規定する老人福祉施設若しくは同法第29条第1項に規定する有料老人ホーム又は介護保険法（平成9年法律第123号）第8条第20項に規定す

る地域密着型介護老人福祉施設、同条第24項に規定する介護老人福祉施設、同条第25項に規定する介護老人保健施設、同条第26項に規定する介護療養型医療施設若しくは同法第115条の45第1項に規定する地域包括支援センター（以下「養介護施設」という。）の業務に従事する者が、当該養介護施設に入所し、その他当該養介護施設を利用する高齢者について行う次に掲げる行為

 イ 高齢者の身体に外傷が生じ、又は生じるおそれのある暴行を加えること。
 ロ 高齢者を衰弱させるような著しい減食又は長時間の放置その他の高齢者を養護すべき職務上の義務を著しく怠ること。
 ハ 高齢者に対する著しい暴言又は著しく拒絶的な対応その他の高齢者に著しい心理的外傷を与える言動を行うこと。
 ニ 高齢者にわいせつな行為をすること又は高齢者をしてわいせつな行為をさせること。
 ホ 高齢者の財産を不当に処分することその他当該高齢者から不当に財産上の利益を得ること。

二 老人福祉法第5条の2第1項に規定する老人居宅生活支援事業又は介護保険法第8条第1項に規定する居宅サービス事業、同条第14項に規定する地域密着型サービス事業、同条第21項に規定する居宅介護支援事業、同法第8条の2第1項に規定する介護予防サービス事業、同条第14項に規定する地域密着型介護予防サービス事業若しくは同条第18項に規定する介護予防支援事業（以下「養介護事業」という。）において業務に従事する者が、当該養介護事業に係るサービスの提供を受ける高齢者について行う前号イからホまでに掲げる行為

（国及び地方公共団体の責務等）
第3条 国及び地方公共団体は、高齢者虐待の防止、高齢者虐待を受けた高齢者の迅速かつ適切な保護及び適切な養護者に対する支援を行うため、関係省庁相互間その他関係機関及び民間団体の間の連携の強化、民間団体の支援その他必要な体制の整備に努めなければならない。
2 国及び地方公共団体は、高齢者虐待の防止及び高齢者虐待を受けた高齢者の保護並びに養護者に対する支援が専門的知識に基づき適切に行われるよう、これらの職務に携わる専門的な人材の確保及び資質の向上を図るため、関係機関の職員の研修等必要な措置を講ずるよう努めなければならない。
3 国及び地方公共団体は、高齢者虐待の防止及び高齢者虐待を受けた高齢者の保護に資するため、高齢者虐待に係る通報義務、人権侵犯事件に係る救済制度等について必要な広報その他の啓発活動を行うものとする。

（国民の責務）
第4条 国民は、高齢者虐待の防止、養護者に対する支援等の重要性に関する理解を深めるとともに、国又は地方公共団体が講ずる高齢者虐待の防止、養護者に対する支援等のための施策に協力するよう努めなければならない。

（高齢者虐待の早期発見等）
第5条 養介護施設、病院、保健所その他高齢者の福祉に業務上関係のある団体及び養介護施設従事者等、医師、保健師、弁護士その他高齢者の福祉に職務上関係のある者は、高齢者虐待を発見しやすい立場にあることを自覚し、高齢者虐待の早期発見に努めなければならない。
2 前項に規定する者は、国及び地方公共団体が講ずる高齢者虐待の防止のための啓発活動及び高齢者虐待を受けた高齢者の保護のための施策に協力するよう努めなければならない。

第2章 養護者による高齢者虐待の防止、養護者に対する支援等

（相談、指導及び助言）
第6条 市町村は、養護者による高齢者虐待の防止及び養護者による高齢者虐待を受けた高齢者の保護のため、高齢者及び養護者に対して、相談、指導及び助言を行うものとする。

（養護者による高齢者虐待に係る通報等）

第7条　養護者による高齢者虐待を受けたと思われる高齢者を発見した者は、当該高齢者の生命又は身体に重大な危険が生じている場合は、速やかに、これを市町村に通報しなければならない。

2　前項に定める場合のほか、養護者による高齢者虐待を受けたと思われる高齢者を発見した者は、速やかに、これを市町村に通報するよう努めなければならない。

3　刑法（明治41年法律第45号）の秘密漏示罪の規定その他の守秘義務に関する法律の規定は、前2項の規定による通報をすることを妨げるものと解釈してはならない。

第8条　市町村が前条第1項若しくは第2項の規定による通報又は次条第1項に規定する届出を受けた場合においては、当該通報又は届出を受けた市町村の職員は、その職務上知り得た事項であって当該通報又は届出をした者を特定させるものを漏らしてはならない。

（通報等を受けた場合の措置）

第9条　市町村は、第7条第1項若しくは第2項の規定による通報又は高齢者からの養護者による高齢者虐待を受けた旨の届出を受けたときは、速やかに、当該高齢者の安全の確認その他当該通報又は届出に係る事実の確認のための措置を講ずるとともに、第16条の規定により当該市町村と連携協力する者（以下「高齢者虐待対応協力者」という。）とその対応について協議を行うものとする。

2　市町村又は市町村長は、第7条第1項若しくは第2項の規定による通報又は前項に規定する届出があった場合には、当該通報又は届出に係る高齢者に対する養護者による高齢者虐待の防止及び当該高齢者の保護が図られるよう、養護者による高齢者虐待により生命又は身体に重大な危険が生じているおそれがあると認められる高齢者を一時的に保護するため迅速に老人福祉法第20条の3に規定する老人短期入所施設等に入所させる等、適切に、同法第10条の4第1項若しくは第11条第1項の規定による措置を講じ、又は、適切に、同法第32条の規定により審判の請求をするものとする。

（居室の確保）

第10条　市町村は、養護者による高齢者虐待を受けた高齢者について老人福祉法第10条の4第1項第3号又は第11条第1項第1号若しくは第2号の規定による措置を採るために必要な居室を確保するための措置を講ずるものとする。

（立入調査）

第11条　市町村長は、養護者による高齢者虐待により高齢者の生命又は身体に重大な危険が生じているおそれがあると認めるときは、介護保険法第115条の45第2項の規定により設置する地域包括支援センターの職員その他の高齢者の福祉に関する事務に従事する職員をして、当該高齢者の住所又は居所に立ち入り、必要な調査又は質問をさせることができる。

2　前項の規定による立入り及び調査又は質問を行う場合においては、当該職員は、その身分を示す証明書を携帯し、関係者の請求があるときは、これを提示しなければならない。

3　第1項の規定による立入り及び調査又は質問を行う権限は、犯罪捜査のために認められたものと解釈してはならない。

（警察署長に対する援助要請等）

第12条　市町村長は、前条第1項の規定による立入り及び調査又は質問をさせようとする場合において、これらの職務の執行に際し必要があると認めるときは、当該高齢者の住所又は居所の所在地を管轄する警察署長に対し援助を求めることができる。

2　市町村長は、高齢者の生命又は身体の安全の確保に万全を期する観点から、必要に応じ適切に、前項の規定により警察署長に対し援助を求めなければならない。

3　警察署長は、第1項の規定による援助の求めを受けた場合において、高齢者の生命又は身体の安全を確保するため必要と認めるときは、速やかに、所属の警察官に、同項の職務の執行を援助するために必要な警察官職務執行法（昭和23年法律第136号）その他の法令の定めるところによる措置を講じさせるよう

努めなければならない。

（面会の制限）

第13条　養護者による高齢者虐待を受けた高齢者について老人福祉法第11条第1項第2号又は第3号の措置が採られた場合においては、市町村長又は当該措置に係る養介護施設の長は、養護者による高齢者虐待の防止及び当該高齢者の保護の観点から、当該養護者による高齢者虐待を行った養護者について当該高齢者との面会を制限することができる。

（養護者の支援）

第14条　市町村は、第6条に規定するもののほか、養護者の負担の軽減のため、養護者に対する相談、指導及び助言その他必要な措置を講ずるものとする。

2　市町村は、前項の措置として、養護者の心身の状態に照らしその養護の負担の軽減を図るため緊急の必要があると認める場合に高齢者が短期間養護を受けるために必要となる居室を確保するための措置を講ずるものとする。

（専門的に従事する職員の確保）

第15条　市町村は、養護者による高齢者虐待の防止、養護者による高齢者虐待を受けた高齢者の保護及び養護者に対する支援を適切に実施するために、これらの事務に専門的に従事する職員を確保するよう努めなければならない。

（連携協力体制）

第16条　市町村は、養護者による高齢者虐待の防止、養護者による高齢者虐待を受けた高齢者の保護及び養護者に対する支援を適切に実施するため、老人福祉法第20条の7の2第1項に規定する老人介護支援センター、介護保険法第115条の45第3項の規定により設置された地域包括支援センターその他関係機関、民間団体等との連携協力体制を整備しなければならない。この場合において、養護者による高齢者虐待にいつでも迅速に対応することができるよう、特に配慮しなければならない。

（事務の委託）

第17条　市町村は、高齢者虐待対応協力者のうち適当と認められるものに、第6条の規定による相談、指導及び助言、第7条第1項若しくは第2項の規定による通報又は第9条第1項に規定する届出の受理、同項の規定による高齢者の安全の確認その他通報又は届出に係る事実の確認のための措置並びに第14条第1項の規定による養護者の負担の軽減のための措置に関する事務の全部又は一部を委託することができる。

2　前項の規定による委託を受けた高齢者虐待対応協力者若しくはその役員若しくは職員又はこれらの者であった者は、正当な理由なしに、その委託を受けた事務に関して知り得た秘密を漏らしてはならない。

3　第1項の規定により第7条第1項若しくは第2項の規定による通報又は第9条第1項に規定する届出の受理に関する事務の委託を受けた高齢者虐待対応協力者が第7条第1項若しくは第2項の規定による通報又は第9条第1項に規定する届出を受けた場合には、当該通報又は届出を受けた高齢者虐待対応協力者又はその役員若しくは職員は、その職務上知り得た事項であって当該通報又は届出をした者を特定させるものを漏らしてはならない。

（周知）

第18条　市町村は、養護者による高齢者虐待の防止、第7条第1項若しくは第2項の規定による通報又は第9条第1項に規定する届出の受理、養護者による高齢者虐待を受けた高齢者の保護、養護者に対する支援等に関する事務についての窓口となる部局及び高齢者虐待対応協力者の名称を明示すること等により、当該部局及び高齢者虐待対応協力者を周知させなければならない。

（都道府県の援助等）

第19条　都道府県は、この章の規定により市町村が行う措置の実施に関し、市町村相互間の連絡調整、市町村に対する情報の提供その他必要な援助を行うものとする。

2 都道府県は、この章の規定により市町村が行う措置の適切な実施を確保するため必要があると認めるときは、市町村に対し、必要な助言を行うことができる。

第3章 養介護施設従事者等による高齢者虐待の防止等

（養介護施設従事者等による高齢者虐待の防止等のための措置）

第20条 養介護施設の設置者又は養介護事業を行う者は、養介護施設従事者等の研修の実施、当該養介護施設に入所し、その他当該養介護施設を利用し、又は当該養介護事業に係るサービスの提供を受ける高齢者及びその家族からの苦情の処理の体制の整備その他の養介護施設従事者等による高齢者虐待の防止等のための措置を講ずるものとする。

（養介護施設従事者等による高齢者虐待に係る通報等）

第21条 養介護施設従事者等は、当該養介護施設従事者等がその業務に従事している養介護施設又は養介護事業（当該養介護施設の設置者若しくは当該養介護事業を行う者が設置する養介護施設又はこれらの者が行う養介護事業を含む。）において業務に従事する養介護施設従事者等による高齢者虐待を受けたと思われる高齢者を発見した場合は、速やかに、これを市町村に通報しなければならない。

2 前項に定める場合のほか、養介護施設従事者等による高齢者虐待を受けたと思われる高齢者を発見した者は、当該高齢者の生命又は身体に重大な危険が生じている場合は、速やかに、これを市町村に通報しなければならない。

3 前2項に定める場合のほか、養介護施設従事者等による高齢者虐待を受けたと思われる高齢者を発見した者は、速やかに、これを市町村に通報するよう努めなければならない。

4 養介護施設従事者等による高齢者虐待を受けた高齢者は、その旨を市町村に届け出ることができる。

5 第18条の規定は、第1項から第3項までの規定による通報又は前項の規定による届出の受理に関する事務を担当する部局の周知について準用する。

6 刑法の秘密漏示罪の規定その他の守秘義務に関する法律の規定は、第1項から第3項までの規定による通報（虚偽であるもの及び過失によるものを除く。次項において同じ。）をすることを妨げるものと解釈してはならない。

7 養介護施設従事者等は、第1項から第3項までの規定による通報をしたことを理由として、解雇その他不利益な取扱いを受けない。

第22条 市町村は、前条第1項から第3項までの規定による通報又は同条第4項の規定による届出を受けたときは、厚生労働省令で定めるところにより、当該通報又は届出に係る養介護施設従事者等による高齢者虐待に関する事項を、当該養介護施設従事者等による高齢者虐待に係る養介護施設又は当該養介護施設従事者等による高齢者虐待に係る養介護事業の事業所の所在地の都道府県に報告しなければならない。

2 前項の規定は、地方自治法（昭和22年法律第67号）第252条の19第1項の指定都市及び同法第252条の22第1項の中核市については、厚生労働省令で定める場合を除き、適用しない。

第23条 市町村が第21条第1項から第3項までの規定による通報又は同条第4項の規定による届出を受けた場合においては、当該通報又は届出を受けた市町村の職員は、その職務上知り得た事項であって当該通報又は届出をした者を特定させるものを漏らしてはならない。都道府県が前条第1項の規定による報告を受けた場合における当該報告を受けた都道府県の職員についても、同様とする。

（通報等を受けた場合の措置）

第24条 市町村が第21条第1項から第3項までの規定による通報若しくは同条第4項の規定による届出を受け、又は都道府県が第22条第1項の規定による報告を受けたときは、市町村長又は都道府県知事は、養介護施設の業務又は養介護事業の適正な運営を確保することにより、当該通報又は届出に係る高齢者に対する養介護施設従事者等による高齢者虐待の防止及び当該高齢者の保護を図るため、老人福祉法又は介

護保険法の規定による権限を適切に行使するものとする。
(公表)
第25条　都道府県知事は、毎年度、養介護施設従事者等による高齢者虐待の状況、養介護施設従事者等による高齢者虐待があった場合にとった措置その他厚生労働省令で定める事項を公表するものとする。

第4章　雑則

(調査研究)
第26条　国は、高齢者虐待の事例の分析を行うとともに、高齢者虐待があった場合の適切な対応方法、高齢者に対する適切な養護の方法その他の高齢者虐待の防止、高齢者虐待を受けた高齢者の保護及び養護者に対する支援に資する事項について調査及び研究を行うものとする。

(財産上の不当取引による被害の防止等)
第27条　市町村は、養護者、高齢者の親族又は養介護施設従事者等以外の者が不当に財産上の利益を得る目的で高齢者と行う取引(以下「財産上の不当取引」という。)による高齢者の被害について、相談に応じ、若しくは消費生活に関する業務を担当する部局その他の関係機関を紹介し、又は高齢者虐待対応協力者に、財産上の不当取引による高齢者の被害に係る相談若しくは関係機関の紹介の実施を委託するものとする。

2　市町村長は、財産上の不当取引の被害を受け、又は受けるおそれのある高齢者について、適切に、老人福祉法第32条の規定により審判の請求をするものとする。

(成年後見制度の利用促進)
第28条　国及び地方公共団体は、高齢者虐待の防止及び高齢者虐待を受けた高齢者の保護並びに財産上の不当取引による高齢者の被害の防止及び救済を図るため、成年後見制度の周知のための措置、成年後見制度の利用に係る経済的負担の軽減のための措置等を講ずることにより、成年後見制度が広く利用されるようにしなければならない。

第5章　罰則

第29条　第17条第2項の規定に違反した者は、1年以下の懲役又は100万円以下の罰金に処する。
第30条　正当な理由がなく、第11条第1項の規定による立入調査を拒み、妨げ、若しくは忌避し、又は同項の規定による質問に対して答弁をせず、若しくは虚偽の答弁をし、若しくは高齢者に答弁をさせず、若しくは虚偽の答弁をさせた者は、30万円以下の罰金に処する。

附　則

(施行期日)
1　この法律は、平成18年4月1日から施行する。
(検討)
2　高齢者以外の者であって精神上又は身体上の理由により養護を必要とするものに対する虐待の防止等のための制度については、速やかに検討が加えられ、その結果に基づいて必要な措置が講ぜられるものとする。
3　高齢者虐待の防止、養護者に対する支援等のための制度については、この法律の施行後3年を目途として、この法律の施行状況等を勘案し、検討が加えられ、その結果に基づいて必要な措置が講ぜられるものとする。

改　正（平成18年法律第116号）

附　則（抄）

（施行期日）

第1条　この法律は、平成18年10月1日から施行する。ただし、次の各号に掲げる規定は、それぞれ当該各号に定める日から施行する。

1　（前略）附則第131条から第133条までの規定　公布の日

6　（前略）附則第111条の規定　平成24年4月1日

（高齢者虐待の防止、高齢者の養護者に対する支援等に関する法律の一部改正）

第111条　高齢者虐待の防止、高齢者の養護者に対する支援等に関する法律（平成17年法律第124号）の一部を次のように改正する。

第2条第5項第1号中「、同条第26項に規定する介護療養型医療施設」を削る。

（その他の経過措置の政令への委任）

第133条　附則第3条から前条までに規定するもののほか、この法律の施行に伴い必要な経過措置は、政令で定める。

高齢者虐待の防止、高齢者の養護者に対する支援等に関する法律施行規則

[平成18年3月31日厚生労働省令第94号]

最終改正：平成18年5月9日厚生労働省令第119号

　高齢者虐待の防止、高齢者の養護者に対する支援等に関する法律（平成17年法律第124号）第22条の規定に基づき、高齢者虐待の防止、高齢者の養護者に対する支援等に関する法律施行規則を次のように定める。

（市町村からの報告）
第1条　市町村は、高齢者虐待の防止、高齢者の養護者に対する支援等に関する法律（平成17年法律第124号。以下「法」という。）第21条第1項から第3項までの規定による通報又は同条第4項の規定による届出を受け、当該通報又は届出に係る事実の確認を行った結果、養介護施設従事者等による高齢者虐待（以下「虐待」という。）の事実が認められた場合、又は更に都道府県と共同して事実の確認を行う必要が生じた場合には、次に掲げる事項を当該虐待に係る法第2条第5項第1号に規定する養介護施設又は同項第2号に規定する養介護事業の事業所（以下「養介護施設等」という。）の所在地の都道府県に報告しなければならない。
1　養介護施設等の名称、所在地及び種別
2　虐待を受けた又は受けたと思われる高齢者の性別、年齢及び要介護状態区分（介護保険法（平成9年法律第123号）第7条第1項に規定する要介護状態区分をいう。）又は要支援状態区分（同条第2項に規定する要支援状態区分をいう。）その他の心身の状況
3　虐待の種別、内容及び発生要因
4　虐待を行った養介護施設従事者等（法第2条第2項に規定する養介護施設従事者等をいう。以下同じ。）の氏名、生年月日及び職種
5　市町村が行った対応
6　虐待が行われた養介護施設等において改善措置が採られている場合にはその内容

（指定都市及び中核市の例外）
第2条　法第22条第2項の厚生労働省令で定める場合は、養介護施設等について法第21条第1項から第3項までの規定による通報又は同条第4項の規定による届出があった場合とする。

（都道府県知事による公表事項）
第3条　法第25条の厚生労働省令で定める事項は、次のとおりとする。
1　虐待があった養介護施設等の種別
2　虐待を行った養介護施設従事者等の職種

　　附　則

　この省令は、平成18年4月1日から施行する。

　　附　則（平成18年5月9日厚生労働省令第119号）

　この省令は、公布の日から施行する。

Ⅲ 高齢者虐待対応帳票（社団法人 日本社会福祉士会作成版）

●相談・通報・届出受付票（総合相談）

相談・通報・届出受付票（総合相談）

相談年月日	年　月　日　時　分～　時　分	対応者：	所属機関：
相談者（通報者）	氏名	受付方法	□電話　□来所　□その他（　　）
	住所または所属機関名	電話番号	
	本人との関係	□本人　　□家族親族（同居・別居）続柄：　　□近隣住民・知人　　□民生委員 □地域包括支援センター　□在宅介護支援センター　□介護支援専門員　□介護保険サービス事業所 □医療機関　　　　　　□警察　　　　　　　　□その他（　　　　　　　　　）		

【本人の状況】

氏　名		性別		生年月日	□明治□大正□昭和　年　月　日	年齢	歳
現住所					住民票登録住所　□同左　□異		
	電話：　　　　　　　　　　その他連絡先：　　　　　　　　　　（続柄：　　）						
居　所	□自宅　　□病院（　　　　）　□施設（　　　　　　　　）　□その他（　　　　　　　）						
介護認定	□非該当　□要支援（　）　□要介護（　）　□申請中（　月　日）　□未申請　□申請予定						
利用サービス	介護保険	□あり（　　　　　　　　　　）□なし		介護支援専門員			
	介護保険外	□あり（　　　　　　　　　　）□なし		居宅介護支援事業所			
主疾患	□一般（　　　　）　□認知症（　　　　）　□精神疾患（　　　　）　□難病（　　　　）						
身体状況				障害手帳	□無　□有（等級：　　種別：　）		
経済状況				生活保護受給（□なし　□あり）			

【本人の意向など】※生活歴、キーパーソン、関係機関などわかる範囲で書き込む

【世帯構成】
家族状況（ジェノグラム）

【介護者の状況】

氏名			年齢	歳
続柄	□配偶者　□息子　□娘　□息子の配偶者 □娘の配偶者　□実兄弟　□実姉妹　□義兄弟 □義姉妹　□孫　□その他（　　　　）			
連絡先	□同上			
	電話番号		職業	
その他特記事項				

【主訴・相談の概要】

相談内容	
虐待の可能性	□家から怒鳴り声や泣き声が聞こえたり、大きな物音がする〔疑い〕 □暑い日や寒い日、雨の日なのに高齢者が長時間外にいる〔疑い〕 □介護が必要なのに、サービスを利用している様子がない〔疑い〕 □高齢者の服が汚れていたり、お風呂に入っている様子がない〔疑い〕 □あざや傷がある〔疑い〕 □問いかけに反応がない、無表情、怯えている〔疑い〕 □食事をきちんと食べていない〔疑い〕 □年金などお金の管理ができていない〔疑い〕 □養護者の態度（　　　　　　　　　　　　　　　　　　　　　　　） □その他（具体的内容を記載）
情報源	相談者（通報・届出者）は　□実際に目撃した　□怒鳴り声や泣き声、物音等を聞いて推測した 　　　　　　　　　　　　□本人から聞いた　□関係者（　　　　　）から聞いた

【今後の対応】
□相談終了：□聞き取りのみ　□情報提供・助言　□他機関への取次・斡旋（機関名：　　　　）□その他（　　）
□相談継続：□権利擁護対応（虐待対応を除く）　□包括的継続的ケアマネジメント支援　□高齢者虐待　□その他（　　）
備考（　　）

社団法人日本社会福祉士会 作成　VerⅡ-2（出典：東京都国分寺市作成様式を参考に作成）

●高齢者虐待情報共有・協議票

高齢者虐待情報共有・協議票

【虐待の可能性（通報段階）】

虐待の可能性 （通報段階）	□身体的虐待の疑い　□放棄・放任の疑い　□心理的虐待の疑い　□性的虐待の疑い　□経済的虐待の疑い □虐待とは言い切れないが不適切な状況（　　　　　　　　　　　　　　　　　　　　　　）

【情報収集依頼項目】

依頼日時：　　　　　年　　　月　　　日　　　時　　　分
依頼先：＿＿＿＿＿＿＿＿＿＿＿＿＿＿＿＿＿＿＿　依頼方法（電話　訪問　その他）

世帯構成	□住民票	□その他（　　　　　　　　　　　　　　　）		
介護保険	□介護認定の有無	□担当居宅介護支援事業所	□介護保険料所得段階	□介護保険料納付状況
福祉サービス等	□生活保護の受給	□障害者手帳の有無（身・知・精）	□障害福祉サービス利用状況	□
経済状況	□課税状況　　　□国民年金 □後期高齢者医療制度保険料納付状況		□障害年金 □水道料金滞納状況	□国民健康保険納付状況 □公営住宅家賃滞納状況
関係機関等	□主治医・医療機関	□保健所・保健センターの関与	□他機関（　　　　　　　）の関与	
その他	□（　　　　　　　　　　　　　　　）	□（　　　　　　　　　　　　　　　　　　　　　　　　）		

※情報収集依頼によって得られた情報は、アセスメント要約票へ集約し整理する

【事実確認の方法と役割分担】

協議日時：　　　　　年　　　月　　　日　　　時　　　分
協議者：＿＿＿＿＿＿＿＿＿＿＿＿＿＿＿＿＿＿＿　協議方法（電話　訪問　その他）

事実確認の方法	面接調査	高齢者：□自宅訪問　□来所　□その他の場所（　　　）　面接者（　　,　　）
		養護者：□自宅訪問　□来所　□その他の場所（　　　）　面接者（　　,　　）
	関係者からの聞き取り	□ケース会議等　　　（　　　　　　　担当：　　　　　）
		□関係者・関係機関1（　　　　　　　担当：　　　　　）
		□関係者・関係機関2（　　　　　　　担当：　　　　　）
		□関係者・関係機関3（　　　　　　　担当：　　　　　）
	※訪問時の状況や聞き取りした内容を「事実確認票」へ記載	
事実確認中に予測されるリスクと対応方法		
事実確認期限	年　　月　　日　　時迄　※48時間以内のコアメンバー会議開催を踏まえて設定する	

※事実確認の方法と役割分担に関する協議が終わったら「事実確認」へ

社団法人日本社会福祉士会　作成　VerⅡ-2（出典：東京都国分寺市作成様式を参考に作成）

●事実確認票－チェックシート（表面）

事実確認票－チェックシート

確認者：　　　　　　　　　　確認日時：　　　　年　月　日　時　～　年　月　日　時

高齢者本人氏名		性別	□男 □女	生年月日	年　月　日生	**年齢**	歳
確認場所	□居宅　□来所（□行政　□地域包括支援センター）　□その他（　　　）						
確認時の同席者の有無	□無　□有（氏名：　　　　　　　　　）						

発言内容や状態・行動・態度など（見聞きしたことをそのまま記入）

【本人】

【養護者】

【第三者】：（　　　　　　　）

虐待の全体的状況

発生状況

1．虐待が始まったと思われる時期：　　　年　　　月頃

2．虐待が発生する頻度：

3．虐待が発生するきっかけ：

4．虐待が発生しやすい時間帯：

※裏面の事実確認項目（サイン）を利用して事実確認を行う。

社団法人日本社会福祉士会 作成　VerⅡ-2（出典：東京都健康長寿医療センター研究所作成様式を参考に作成）

●事実確認票－チェックシート（裏面）

事実確認項目（サイン）

※1:「通」:通報があった内容に〇をつける。「確認日」:行政および地域包括支援センター職員が確認した日付を記入。
※2:「確認項目」の列の太字で下線の項目（例「外傷等」）が確認された場合は、『緊急保護の検討』が必要。

	通	確認日	確認項目	サイン；当てはまるものがあれば〇で囲み、他に気になる点があれば（ ）に簡単に記入	確認方法（番号に〇印またはチェック） 確認者（カッコ内に「誰が」、「誰(何)から」を記入） 1.写真、2.目視、3.記録、4.聴き取り、5.その他
身体の状態・けが等			**外傷等**	**頭部外傷（血腫、骨折等の疑い）、腹部外傷、重度の褥そう**、その他（ ） 部位：　　　　　大きさ：	1、2、3、4、5 （　）が（　）から確認した
			全身状態・意識レベル	**全身衰弱、意識混濁**、その他（ ）	1、2、3、4、5 （　）が（　）から確認した
			脱水症状	**重い脱水症状、脱水症状の繰り返し**、軽い脱水症状、その他（ ）	1、2、3、4、5 （　）が（　）から確認した
			栄養状態等	**栄養失調**、低栄養・低血糖の疑い、その他（ ）	1、2、3、4、5 （　）が（　）から確認した
			あざや傷	身体に複数のあざ、頻繁なあざ、やけど、刺し傷、打撲痕・腫張、その他（ ） 部位：　　　大きさ：　　　色：	1、2、3、4、5 （　）が（　）から確認した
			体重の増減	急な体重の減少、やせすぎ、その他（ ）	1、2、3、4、5 （　）が（　）から確認した
			出血や傷の有無	生殖器等の傷、出血、かゆみの訴え、その他（ ）	1、2、3、4、5 （　）が（　）から確認した
			その他		1、2、3、4、5 （　）が（　）から確認した
生活の状況			衣服・寝具の清潔さ	着の身着のまま、濡れたままの下着、汚れたままのシーツ、その他（ ）	1、2、3、4、5 （　）が（　）から確認した
			身体の清潔さ	身体の異臭、汚れのひどい髪、皮膚の潰瘍、のび放題の爪、その他（ ）	1、2、3、4、5 （　）が（　）から確認した
			適切な食事	菓子パンのみの食事、余所ではガツガツ食べる、拒否や過食が見られる、その他（ ）	1、2、3、4、5 （　）が（　）から確認した
			適切な睡眠	不眠の訴え、不規則な睡眠、その他（ ）	1、2、3、4、5 （　）が（　）から確認した
			行為の制限	自由に外出できない、自由に家族以外の人と話すことができない、長時間家の外に出されている、その他（ ）	1、2、3、4、5 （　）が（　）から確認した
			不自然な状況	資産と日常生活の大きな落差、食べる物にも困っている、年金通帳・預貯金通帳がない、その他（ ）	1、2、3、4、5 （　）が（　）から確認した
			住環境の適切さ	異臭がする、極度に乱雑、ベタベタした感じ、暖房の欠如、その他（ ）	1、2、3、4、5 （　）が（　）から確認した
			その他		1、2、3、4、5 （　）が（　）から確認した
話の内容			**恐怖や不安の訴え**	「怖い」「痛い」「怒られる」「殴られる」などの発言、その他（ ）	1、2、3、4、5 （　）が（　）から確認した
			保護の訴え	「殺される」「〇〇が怖い」「何も食べていない」「家にいたくない」「帰りたくない」などの発言、その他（ ）	1、2、3、4、5 （　）が（　）から確認した
			強い自殺念慮	「死にたい」などの発言、自分を否定的に話す、その他（ ）	1、2、3、4、5 （　）が（　）から確認した
			あざや傷の説明	つじつまが合わない、求めても説明しない、隠そうとする、その他（ ）	1、2、3、4、5 （　）が（　）から確認した
			金銭の訴え	「お金をとられた」「年金が入ってこない」「貯金がなくなった」などの発言、その他（ ）	1、2、3、4、5 （　）が（　）から確認した
			性的事柄の訴え	「生殖器の写真を撮られた」などの発言、その他（ ）	1、2、3、4、5 （　）が（　）から確認した
			話のためらい	関係者に話すことをためらう、話す内容が変化、その他（ ）	1、2、3、4、5 （　）が（　）から確認した
			その他		1、2、3、4、5 （　）が（　）から確認した
表情・態度			おびえ、不安	おびえた表情、急に不安がる、怖がる、人目を避けたがる、その他（ ）	1、2、3、4、5 （　）が（　）から確認した
			無気力さ	無気力な表情、問いかけに無反応、その他（ ）	1、2、3、4、5 （　）が（　）から確認した
			態度の変化	家族のいる場面いない場面で態度が異なる、なげやりな態度、急な態度の変化、その他（ ）	1、2、3、4、5 （　）が（　）から確認した
			その他		1、2、3、4、5 （　）が（　）から確認した
サービスなどの利用状況			適切な医療の受診	家族が受診を拒否、受診を勧めても行った気配がない、その他（ ）	1、2、3、4、5 （　）が（　）から確認した
			適切な服薬の管理	本人が処方されていない薬を服用、処方された薬を適切に服薬できていない、その他（ ）	1、2、3、4、5 （　）が（　）から確認した
			入退院の状況	入退院の繰り返し、救急搬送の繰り返し、その他（ ）	1、2、3、4、5 （　）が（　）から確認した
			適切な介護等サービス	必要であるが未利用、勧めても無視あるいは拒否、必要量が極端に不足、その他（ ）	1、2、3、4、5 （　）が（　）から確認した
			支援のためらい・拒否	援助を受けたがらない、新たなサービスは拒否、その他（ ）	1、2、3、4、5 （　）が（　）から確認した
			費用負担	サービス利用負担が突然払えなくなる、サービス利用をためらう、その他（ ）	1、2、3、4、5 （　）が（　）から確認した
			その他		1、2、3、4、5 （　）が（　）から確認した
養護者の態度等			**支援者への発言**	**「何をするかわからない」「殺してしまうかもしれない」等の訴えがある**、その他（ ）	1、2、3、4、5 （　）が（　）から確認した
			保護の訴え	**虐待者が高齢者の保護を求めている**、その他（ ）	1、2、3、4、5 （　）が（　）から確認した
			暴力、脅し等	**刃物、ビンなど凶器を使った暴力や脅しがある**、その他（ ）	1、2、3、4、5 （　）が（　）から確認した
			高齢者に対する態度	冷淡、横柄、無関心、支配的、攻撃的、拒否的、その他（ ）	1、2、3、4、5 （　）が（　）から確認した
			高齢者への発言	「早く死んでしまえ」など否定的な発言、コミュニケーションをとろうとしない、その他（ ）	1、2、3、4、5 （　）が（　）から確認した
			支援者に対する態度	援助の専門家と会うのを避ける、話したがらない、拒否的、専門家に責任転嫁、その他（ ）	1、2、3、4、5 （　）が（　）から確認した
			精神状態・判断能力	虐待者の精神的不安定・判断力低下、非現実的な認識、その他（ ）	1、2、3、4、5 （　）が（　）から確認した
			その他		1、2、3、4、5 （　）が（　）から確認した

社団法人日本社会福祉士会 作成 VerⅡ-2（出典：東京都健康長寿医療センター研究所作成様式を参考に作成）

参考資料

● 高齢者虐待対応会議記録・計画書～コアメンバー会議用（表面）

第1表　高齢者虐待対応会議記録・計画書(1)～コアメンバー会議用

決裁欄（例）

課長	係長	担当者

_____ 殿
地域包括支援センター

高齢者本人氏名：
計画作成者所属：
計画作成者氏名：

会議日時：　年　月　日　時　分～　時　分
初回計画作成日：　年　月　日

会議目的	
出席者	所属：　　　氏名： 所属：　　　氏名： 所属：　　　氏名：
虐待事実の判断	□虐待の事実なし　□判断できず □虐待の事実あり →□身体的虐待　□放棄・放任　□心理的虐待　□性的虐待　□経済的虐待　□その他
虐待事実の判断根拠	
緊急性の判断	□緊急性なし　□判断できず □緊急性あり
緊急性の判断根拠	□入院や通院が必要（重篤な外傷、脱水、栄養失調、衰弱等） □高齢者本人・養護者が保護を求めている □暴力や脅しが日常的に行われている □今後重大な結果が生じる、繰り返されるおそれが高い状態 □虐待につながる家庭状況・リスク要因がある □高齢者の安全確認ができていない □その他（　　　　　　　　　　　　　　　　　　　　　　）
高齢者本人の意見・希望	
養護者の意見・希望	
総合的な対応方針 ※「アセスメント要約票」全体のまとめより	※支援の必要性　□あり　□なし　□不明 □事実確認を継続（期限を区切った継続方針） □立入調査　□警察への援助要請 □緊急分離保護（　　　　　　　）　□入院（　　　　　　） □面会制限 □在宅サービス導入・調整（　　　　　　　　　　　　） 【措置の適用】 　□有：□訪問介護　□通所介護　□短期入所生活介護 　　　　□認知症対応型共同生活介護　□小規模多機能型居宅介護 　　　　□養護老人ホーム　□特別養護老人ホーム 　□無 　□検討中（理由：　　　　　　　　　　　　　） □成年後見制度または日常生活自立支援事業の活用 □経済的支援（生活保護相談・申請／各種減免手続き等） □その他（　　　　　　　　　　　　　　　　　　　　）

社団法人日本社会福祉士会 作成 Ver Ⅱ-2（出典：東京都健康長寿医療センター研究所「支援計画書（第2版）」を参考に作成）

● 高齢者虐待対応会議記録・計画書～コアメンバー会議用（裏面）

第2表

高齢者虐待対応会議記録・計画書（2）～コアメンバー会議用

決裁欄（例）			
課長	係長	担当者	

対象	優先順位	課題	目標	対応方法（具体的な役割分担）			
				何を・どのように	関係機関・担当者等	実施日時・期間／評価日	
高齢者							
養護者							
その他の家族							
関係者							

対応が困難な課題／今後検討しなければならない事項など（「アセスメント要約票」の全体のまとめから記載）

計画評価予定日　　　年　　月　　日

※記入欄が足りない場合は、様式を追加して記入

Ver II-2（出典：東京都健康長寿医療センター研究所「支援計画書（第3版）」、新潟県三条市作成様式を参考に作成）
社団法人日本社会福祉士会 作成

参考資料

●アセスメント要約票（表面）

アセスメント要約票

対応計画 ____ 回目用

アセスメント要約日：　　年　　月　　日　　　　　　　　要約担当者：

高齢者本人氏名：	性別・年齢：□男 □女 　歳	居所：□自宅 □入所・院	
養護者氏名：	性別・年齢：□男 □女 　歳	高齢者本人との関係：	同別居の状況：□同居 □別居

高齢者本人の希望

居所・今後の生活の希望	居所の希望：□在宅　□入所　□不明　／　分離希望：□有　□無　□不明
性格上の傾向、こだわり、対人関係等	
高齢者の状態	意思疎通：□可能　□特定条件のもとであれば可能（　　　）　□困難　□不明 話の内容：□一貫している　□変化する） 生活意欲：□意欲や気力が低下しているおそれ（無気力、無反応、おびえ、話をためらう、人目を避ける、等）

Ⅰ．高齢者本人の情報　　面接担当者氏名：

虐待発生リスク

【健康状態等】

疾病・傷病　：　　　　　　　　　　既往歴：

受診状況：　　　　　　　　　　　服薬状況(種類)：
受診状況：　　　　　　　　　　　服薬状況(種類)：
診断の必要性：　□内科　□精神科　□外科　□整形外科　□その他（　　　　　）
具体的症状等⇒

要介護認定　：　□非該当　□要支援（　）　□要介護（　）　□申請中（申請日：　年　月　日）　□未申請

障害　　　　：　□身体障害　□精神障害（□あり　□疑い）　□知的障害（□あり　□疑い）

精神状態　　：　□認知症（□診断あり　□疑い）　□うつ病（□診断あり　□疑い）　□その他（　　　　）

【危機への対処】

危機対処場面において：□自ら助けを求めることができる　□助けを求めることが困難

避難先・退避先　：□助けを求める場所がある（　　　　　）　□ない

【成年後見制度の利用】

成年後見人等：□あり（後見人等：　　　　）　□申立中（申立人：　　　／申立年月日：　　　）　□なし

【各種制度利用】

□介護保険　□自立支援法　□その他（　　　　　　　　　　　）

【経済情報】

収入額　月_____万円（内訳：　　　）　預貯金等_____万円　　借金_____万円

1ヶ月に本人が使える金額　_____万円

具体的な状況（生活費や借金等）：

□生活保護受給　□介護保険料滞納　□国民健康保険料滞納　□後期高齢者医療制度保険料滞納　□その他（　　　）

金銭管理　：□自立　□一部介助（判断可）　□全介助（判断不可）　□不明

金銭管理者：□本人　□その他（　　　　　　　）

【エコマップ】	【生活状況】
	食　　事（□一人で可　□一部介助　□全介助　□不明） 調　　理（□一人で可　□一部介助　□全介助　□不明） 移　　動（□一人で可　□一部介助　□全介助　□不明） 買　　物（□一人で可　□一部介助　□全介助　□不明） 掃除洗濯（□一人で可　□一部介助　□全介助　□不明） 入　　浴（□一人で可　□一部介助　□全介助　□不明） 排　　泄（□一人で可　□一部介助　□全介助　□不明） 服薬管理（□一人で可　□一部介助　□全介助　□不明） 預貯金年金の管理（□一人で可　□一部介助　□全介助　□不明） 医療機関の受診　（□一人で可　□一部介助　□全介助　□不明）
	【その他特記事項】

社団法人日本社会福祉士会 作成　VerⅡ-2（出典：東京都健康長寿医療センター研究所作成様式を参考に作成）

● アセスメント要約票（裏面）

Ⅱ．養護者の情報　面接担当者氏名：	虐待発生リスク
【養護者の希望】居所の希望：□在宅　□入所　□不明　／　分離希望：□有　□無　□不明	□
【健康状態等】 　疾病・傷病：　　　　　　　　　　　　既往歴： 　受診状況：　　　　　　　　　　　　　服薬状況（種類）： 　受診状況：　　　　　　　　　　　　　服薬状況（種類）： 　診断の必要性：　□内科　□精神科　□外科　□整形外科　□その他（　　　　　） 　具体的症状等→ 　性格的な偏り： 　障害　　　：　□身体障害　□精神障害（□あり　□疑い）　□知的障害（□あり　□疑い）	□
【介護負担】 　被虐待高齢者に対する介護意欲：□あり　□なし　□不明　　　介護技術・知識：□高い　□低い　□不明 　1日の介護時間：□ほぼ1日中　□必要時のみ　□不明　　　介護の代替者　：□あり　□なし　□不明 　介護期間（いつから始まったか、負担が大きくなった時期やきっかけ、最近の生活行動の変化など）※期間と負担原因を明確に 　平均睡眠時間：およそ＿＿＿時間	□
【就労状況】 　□就労（就労曜日＿＿～＿＿　就労時間＿＿時～＿＿時）、雇用形態（□正規、□非正規）　□非就労　□不明	□
【経済状況】 　収入額　月＿＿＿万円（内訳：　　　　　）　預貯金等＿＿＿万円　　借金＿＿＿万円 　□借金トラブルがある　□被虐待高齢者の年金に生活費を依存 　□生活保護受給　□介護保険料滞納　□国民健康保険料滞納　□後期高齢者医療制度保険料滞納　□その他（　　　　　）	□
【近隣との関係】 　□良好（　　　　）　□挨拶程度　□悪い　□関わりなし　□不明	□
Ⅲ．家族関係（家族歴、家族の抱える問題、家族の中の意思決定者、問題が起こったときの対処方法等） ※計画書(1)の「関連機関等連携マップ」で集約する	□
Ⅳ．その他（近隣・地域住民等との関係、地域の社会資源、関係者・関係機関との関わり等） ※計画書(1)の「関連機関等連携マップ」で集約する	□
〔全体のまとめ〕：Ⅰ～Ⅳで抽出された虐待発生の要因の結果を踏まえて、分析、課題を整理する。 　　　　　　　　※計画書(1)の「総合的な対応方針」、計画書(2)の「対応困難な課題／今後検討しなければいけない事項」に反映する Ⅰ．高齢者本人 Ⅱ．養護者 Ⅲ．家族関係（家族歴、家族の抱える問題、家族の中の意思決定者、問題が起こったときの対処方法等） Ⅳ．その他（近隣・地域住民等との関係、地域の社会資源、関係者・関係機関の関わり等） Ⅴ．今後の課題	

社団法人日本社会福祉士会　作成　VerⅡ-2（出典：東京都健康長寿医療センター研究所作成様式を参考に作成）

参考資料

● 高齢者虐待対応会議記録・計画書（表面）

高齢者虐待対応ケース会議記録・計画書（1）

第1表

決　裁　欄（例）			
課長	係長	担当者	

高齢者本人氏名　　　　　　　　　殿
計画作成者所属　地域包括支援センター　　　　　　　
計画作成者氏名　　　　　　　　　

計画作成段階　　見直し　　措置解除　　虐待終結
計画の作成回数：　　　回目（初回計画作成日　年　月　日）
計画作成日：　年　月　日

会議日時：　年　月　日　時　分～　時　分

出席者	所属：　　　氏名 所属：　　　氏名 所属：　　　氏名 所属：　　　氏名	所属：　　　氏名 所属：　　　氏名 所属：　　　氏名 所属：　　　氏名

※「アセスメント要約票」のⅢ、Ⅳを集約する　関連機関等連携マップ

会議目的	
高齢者本人の 意見・希望	
養護者の 意見・希望	
※支援の必要性　□あり　□なし　□不明	
総合的な対応 方針 ※「アセスメント 要約票」全体 のまとめより	

社団法人日本社会福祉士会 作成　Ver Ⅱ-2（出典：東京都健康長寿医療センター研究所「支援計画書（第2版）」を参考に作成）

● 高齢者虐待対応会議記録・計画書（裏面）

第2表

高齢者虐待対応ケース会議記録・計画書（2）

決　裁　欄（例）		
課　長	係　長	担当者

対象	優先順位	課題	目標	対応方法（具体的な役割分担）		
				何を・どのように	関係機関・担当者等	実施日時・期間／評価日
高齢者						
養護者						
その他の家族						
関係者						

対応が困難な課題／今後検討しなければならない事項など（虐待終結に向けた課題等を記載）

計画評価予定日　　　　年　　月　　日

※記入欄が足りない場合は、様式を追加して記入

社団法人日本社会福祉士会 作成 Ver Ⅱ-2（出典：東京都健康長寿医療センター研究所「支援計画書（第2版）」、新潟県三条市作成様式を参考に作成）

参考資料

●高齢者虐待対応評価会議記録票

高齢者虐待対応評価会議記録票

高齢者本人氏名：　　　　　　　　殿
計画作成者所属：地域包括支援センター　　　　
計画作成者氏名：

決裁欄（例）			
課長	係長	担当者	

計画評価：　　回目
会議日時：　年　月　日　時　分～　時　分
記入年月日　年　月　日

出席者
所属：　　　氏名
所属：　　　氏名
所属：　　　氏名

会議目的

課題番号	目標	確認した事実と日付	実施状況（誰がどのように取り組んだか　計画通りの役割分担・対応方法を実施した場合には、□にチェック）	目標及び対応方法の評価　目標及び対応方法に変更の場合、（　）内に記載	
			□	□目標達成　□目標の継続　（　）	□対応方法の継続　□対応方法の変更
			□	□目標達成　□目標の継続　（　）	□対応方法の継続　□対応方法の変更
			□	□目標達成　□目標の継続　（　）	□対応方法の継続　□対応方法の変更
			□	□目標達成　□目標の継続　（　）	□対応方法の継続　□対応方法の変更
			□	□目標達成　□目標の継続　（　）	□対応方法の継続　□対応方法の変更
			□	□目標達成　□目標の継続　（　）	□対応方法の継続　□対応方法の変更

判定
【判定欄に該当番号を記入】
1. 虐待が発生している
2. 虐待の疑いがある
3. 一時的に解消（再発の可能性が残る）
4. 虐待は解消した
5. 虐待は確認されていない

虐待発生のリスク状況

虐待種別	判定
1. 身体的虐待	
2. 放棄・放任	
3. 心理的虐待	
4. 性的虐待	
5. 経済的虐待	
6. その他	

高齢者本人の状況（意見・希望）

養護者の状況（意見・希望）

評価結果のまとめ
1. 虐待対応の終結
2. 現在の虐待対応計画内容に基づき、対応を継続
3. アセスメント、虐待対応計画の見直し
4. その他（　　　　　　）

新たな対応計画の必要性

養護者支援の必要性　□あり　□なし

今後の対応
1. 権利擁護対応（虐待対応を除く）に移行
2. 包括的・継続的ケアマネジメント支援に移行
3. その他（　　　　）

現在の状況　　　年　月　日

社団法人日本社会福祉士会 作成　Ver Ⅱ-2（出典：東京都健康長寿医療センター研究所「支援計画書（第2版）」を参考に作成）

引用・参考文献

- 『市町村・都道府県における高齢者虐待への対応と養護者支援について』
  厚生労働省老健局、平成18年4月

- 『高齢者虐待防止に向けた体制構築のために－東京都高齢者虐待対応マニュアル－』
  東京都福祉保健局、平成18年3月

- 『高齢者虐待対応マニュアル（改訂版）－安心して暮らせる高齢社会をめざして－』
  茨城県保健福祉部高齢福祉課、平成19年3月

- 『地域包括支援センター業務マニュアル』　財団法人 長寿社会開発センター、平成22年3月

- 『高齢者虐待防止法施行後の高齢者虐待事例への対応状況に関する調査　報告書』
  財団法人 医療経済研究機構、平成21年3月

- 『市町村における虐待対応の専門的人材育成を目的とする研修基盤整備に関する調査　報告書』
  社団法人 日本社会福祉士会、平成21年3月

- 『高齢者虐待対応ソーシャルワークモデル実践ガイド』
  社団法人 日本社会福祉士会、平成22年2月

索引

あ～お

アセスメント要約票 …… 94、197
意思表示の瑕疵による無効、取消
　………………………………154
意思無能力無効 ……………154
医療・介護関係事業者における個
　人情報の適切な取扱いのための
　ガイドライン ……………30
医療との連携 ………………76
受付記録の作成 ……………46
エコマップ …………………93

か～こ

会議記録の作成 ……………110
会議記録の作成・共有 ……107
介護・世話の放棄・放任 … 4、5、6
介護負担軽減 ………………110
介護保険法 …………21、23、161
介護予防ケアマネジメント業務
　………………………………23
介入拒否 ……………………65
家事審判法 …………………142
瑕疵担保責任 ………………154
過剰与信規制 ………………153
課題の抽出 …………………16
課題の明確化 ………………97
割賦販売法 …………………153
過量販売の解除権 ……152、153
関係機関からの情報収集 ……57
関係機関等からの情報収集 …164
関係機関とのネットワークの構築
　………………………………24
関係機関との連携 …………166
関係機関との連絡体制の構築 …113
間接強制 ……………………118
危機介入 ……………………14
既払金返還請求 ……………153
気持ちの揺らぎ ……………66
虐待が疑われる事実の確認 …122
虐待対応計画 ………………16
虐待対応計画（案）の作成 … 83、96
虐待対応計画（案）の作成手順 … 96
虐待対応計画作成の目的 ……96
虐待対応計画についての協議・決定
　………………………………107
虐待対応計画の作成 ………16
虐待対応計画の評価の実施 …16
虐待対応ケース会議 …… 83、106
虐待対応ケース会議の開催 …106
虐待対応終結の考え方 ……112
虐待対応と個人情報の取り扱い
　………………………………30
虐待対応の終結 …22、112、169
虐待対応を終結させる必要性
　………………………………112
虐待の疑いの判断 …………48
虐待の有無 …………………22
虐待の有無と緊急性の判断 …68
虐待の有無の判断 …… 70、168
虐待の早期発見・早期対応 …13
虐待の発生要因 ……………15
虐待発生の要因分析 ………16
虐待発生要因・課題の整理
　…………………………83、84
虐待発生要因の明確化 … 84、85
虐待発生リスク ……………85
虐待を未然に防ぐためのアプローチ
　………………………………13
協議記録の作成 ……………53
行政機関の保有する個人情報の保
　護に関する法律 …………31
強迫 …………………………154
協力義務 ……………………34
居室の確保 …………………134
居宅における介護等にかかる措置
　………………………………133
緊急性が高いと予測される状況
　………………………………60
緊急性の判断 ………………72
緊急対応の必要性 …………22
クーリング・オフ ……152、153
クーリング・オフ通知 …151、154
国の責務と役割 ………28、29
経済的虐待 ……………4、6、7
警察官職務執行法 …………117
警察署長への援助依頼様式 …121
警察署長への援助要請 …117、120
警察署長への援助要請と連携
　………………………………166
刑事訴訟法 …………………117
契約書等の確認 ……………167
契約の無効・取消 …………154
契約の無効・取消通知 ……151
現に養護する ………………3
権利擁護 ……………………12
権利擁護業務 ………………23
権利擁護対応 ………… 48、168
権利擁護の重要性 …………12
コアメンバー会議
　…… 43、67、151、165、168
コアメンバー会議での協議の流れ
　………………………………69
コアメンバー会議の開催 ……67
公序良俗違反無効 …………154
厚生労働省調査 ……………v
厚生労働省マニュアル ……v
抗弁権の接続 ………………153
高齢者虐待情報共有・協議票
　………………………… 53、192
高齢者虐待対応会議記録・計画書
　………………………… 98、199
高齢者虐待対応会議記録・計画書
　～コアメンバー会議用
　………………………… 75、195
高齢者虐待対応協力者 ………23
高齢者虐待対応ケース会議記録・
　計画書 ……………………98
高齢者虐待対応専門職チーム … v
高齢者虐待対応ソーシャルワーク
　モデル ……………………ii
高齢者虐待対応帳票 …… ii、191
高齢者虐待対応評価会議記録票
　……………………79、110、201
高齢者虐待の基本的考え方と視点
　………………………………14
高齢者虐待の防止、高齢者の養護
　者に対する支援等に関する法律
　………………………… v、183
高齢者虐待の防止、高齢者の養護
　者に対する支援等に関する法律
　施行規則 …………………190
高齢者虐待の未然防止・早期発見
　の取組み …………………13
高齢者虐待防止シェルター確保
　事業 ………………………27

高齢者虐待防止ネットワーク ……………………… 24
高齢者虐待防止法 ……… ⅴ、30
高齢者権利擁護等推進事業 … 27
高齢者住まい法 ………… 169
高齢者専用賃貸住宅 ……… 169
高齢者の虐待の防止、高齢者の養護者に対する支援等に関する法律に基づく対応状況等に関する調査 ……………………… ⅴ
高齢者の居住の安定確保に関する法律の一部を改正する法律 ……………………… 169
高齢者の消費者被害の状況 … 148
高齢者の生命や身体の安全確認 ………………… 60、122
「高齢者」のとらえ方 ………… 2
高齢者への支援の視点 ……… 14
国民健康保険団体連合会 …… 165
国民生活センター …… 148、156
個人情報取扱事業者 ……… 30
個人情報の保護に関する法律 … ⅴ
個人情報保護に関する法律の規定 ……………………… 30
個人情報保護法 ………… ⅴ、30
個人情報保護法の例外規定 … 30

さ～そ

財産管理 ………… 131、141
在宅高齢者虐待対応専門職チーム ……………………… ⅴ
債務不履行解除 ………… 154
債務不履行に基づく損害賠償請求 ……………………… 154
詐欺 ……………………… 154
錯誤 ……………………… 154
自己決定への支援 ………… 14
自己放任 ………………… 9
事実確認 ……… 150、164、167
事実確認項目（サイン）… 63、194
事実確認で集めた情報の整理 … 68
事実確認票ーチェックシート ……………………… 62、193
事実確認を行うための協議 ………… 43、50、150、164
事実不告知 ……………… 148

市町村・都道府県における高齢者虐待への対応と養護者支援について ……………………… ⅴ
市町村が整備するべき体制 … 21
市町村権限の行使 …… 22、115
市町村担当部署 … 68、78、107
市町村長による成年後見制度利用開始の審判請求 ………… 141
市町村長申立て ………… 141、143
市町村における虐待対応の専門的人材育成を目的とする研修基盤整備に関する調査報告書 …… ⅴ
市町村の責務と役割 ……… 20
指定介護老人福祉施設の人員、設備及び運営に関する基準 … 135
住居の平穏 ……… 116、125
終結段階 ………………… 36
住所地特例 ……………… 169
住民基本台帳法 ………… 140
住民票所在地と居住地が異なる場合 ……………………… 131
住民票の閲覧・交付等 …… 140
守秘義務 …………… 45、58
消費者契約法 …………… 153
消費者被害 ……… 9、147、148
消費者被害の防止への対応に関するQ&A ……………… 154
消費者ホットライン ……… 156
消費生活センター 147、151、155
消費生活センター相談員 …… 154
情報収集 ……… 83、84、150
情報整理項目 …………… 85
初回相談 ………………… 46
初回相談の内容の共有 ………… 43、50、150、164
職権による要介護認定申請 … 132
初動期段階 ………………… 36
初動期段階に該当する法的根拠 ……………………… 42
初動期段階の概要 ………… 42
初動期段階の事実確認 … 43、56
初動期段階の範囲 ………… 43
初動期段階の評価会議 … 43、77
初動期段階の評価会議の開催 … 77
身上監護 ………… 131、141

身体的虐待 ………… 4、5、8
心理的虐待 ………… 4、6、8
生活保護 ………………… 74
性的虐待 …………… 4、6
成年後見制度 … 131、141、147
成年後見制度活用の実施手順 ……………………… 142
成年後見制度活用の判断 …… 142
成年後見制度に基づく取消 … 154
成年後見制度の活用に関するQ&A ……………………… 143
成年後見制度利用支援事業 … 142
成年後見等の申立て ……… 151
成年後見人等の有無の確認 … 150
積極的な措置権限の行使が求められる状況 …………… 129
セルフネグレクト ………… 9
専門的人材の確保・育成 …… 24
早期発見義務 …………… 34
総合相談支援業務 ………… 23
総合的な対応方針の決定 …… 97
相談・通報・届出受付票（総合相談） ……………… 47、191
相談・通報・届出の受付 ………… 43、44、150、164
訴訟 ……………………… 154

た～と

対応段階 ………………… 36
対応段階に該当する法的根拠 ……………………… 82
対応段階の概要 ………… 82
対応段階の範囲 ………… 83
対応段階の評価会議 … 83、108
対応の全体フロー図 ……… 36
第三者による財産上の不当取引による被害（消費者被害）への対応の流れ ……………… 149
第三者による財産上の不当取引による被害の防止 ………… 147
立入調査 …………… 17、116
立入調査記録の作成 ……… 123
立入調査権のもつ強制力 …… 118
立入調査に関するQ&A …… 125
立入調査の事前準備 ……… 119
立入調査の実施 ………… 122

立入調査の実施要綱 ………… 24
立入調査の目的の説明 ……… 122
立入調査の要否の判断 ……… 117
立入調査の要否 ……………… 64
脱水症状 ……………………… 76
地域支援事業 …………… 2、21
地域住民に対する啓発方法 … 152
地域内の被害状況の確認 …… 150
地域包括支援センター
　………………… 23、68、78、107
地域包括支援センターとの連携
　…………………………… 23
地域包括支援センターの関与の検討
　…………………………… 113
チームアプローチ …………… 16
庁内関係部署からの情報収集
　……………………… 56、164
庁内関係部署との連携 … 22、166
直接訪問 ……………………… 59
次々販売 …………………… 148
低栄養状態 …………………… 76
DV …………………………… 140
適正与信義務 ……………… 153
点検商法 …………………… 148
電話勧誘販売 ……………… 148
特定商取引に関する法律 …… 152
特定商取引法 ……………… 152
特別養護老人ホーム ……… 139
都道府県担当部署への情報提供依頼
　…………………………… 165
都道府県担当部署への報告 … 165
都道府県との連携 ………… 166
都道府県の責務と役割 ……… 26
ドメスティック・バイオレンス
　…………………………… 140
豊田商事事件 ……………… 148
取消権 ………………… 152、153

な〜の

二次被害 …………………… 148
日常生活自立支援事業 ……… 74
日本司法支援センター
　……………………… 144、146
日本社会福祉士会調査 ……… v
日本弁護士連合会 …………… iv

日本弁護士連合会高齢者・障害者の権利に関する委員会 …… ii
ネグレクト ………………… 49

は〜ほ

パワレス ……………………… 60
販売目的隠匿 ……………… 148
被害回復方法 ……………… 151
被害再発防止策 …………… 151
評価会議 ……… 112、152、168
評価日（期限）の設定 ……… 97
費用徴収 …………………… 144
フィードバック ……………… 46
不実告知 …………………… 148
物理的な有形力の行使 ……… 118
不当条項規制 ……………… 153
不法行為に基づく損害賠償責任
　…………………………… 154
分離継続 …………………… 113
分離保護 ……………… 27、134
分離保護の検討 ……………… 73
分離保護の必要性の判断 …… 122
包括的・継続的ケアマネジメント支援 ‥ 16、48、68、110、113
包括的・継続的ケアマネジメント支援業務 ………………… 23
包括的支援事業 ……………… 23
法テラス …………… 144、151
訪問看護 ……………………… 66
訪問調査 ……………… 59、167
訪問調査の法的根拠の整理 … 165
訪問販売トラブル ………… 148
訪問方法の工夫 ……………… 64
保健医療福祉サービス介入支援ネットワーク ……………… 27
保護手段の検討 …………… 166
保護の必要性の判断 ……… 168
保全処分 …………………… 142
本人保護 ……………………… 14

ま〜も

未届の有料老人ホーム ……… 162
未届の有料老人ホームの届出促進及び指導等の徹底について
　…………………………… 169
身分証明書 ………………… 122

身分証明書（例） …………… 124
身分証明書の携帯 ………… 122
民事法律扶助による援助 …… 144
民法 ………………………… 153
民法第858条 ……………… 141
無気力状態 …………………… 60
面会制限 …………………… 136
面会制限に関するQ&A …… 139
面会制限の解除の判断 ……… 138
面会制限の検討 ……………… 76
面会制限の要否の判断 ……… 137
面接環境 ……………………… 66
面接拒否 ……………………… 55
面接による調査 …………… 167

や〜よ

やむを得ない事由 ………… 128
やむを得ない事由による措置
　……………… 17、127、136
やむを得ない事由による措置解除の判断 ………………… 130
やむを得ない事由による措置に関するQ&A ……………… 131
やむを得ない事由による措置の実施手続き ………………… 129
やむを得ない事由による措置の実施要綱 …………………… 24
やむを得ない事由による措置の要否の判断 ………………… 128
有形力の行使 ……………… 125
優先順位の決定 ……………… 97
有料老人ホーム …………… 169
養介護事業 ………… 160、161
養介護施設 ………… 160、161
養介護施設従事者等 ……… 161
養介護施設従事者等による高齢者虐待 ……………………… 162
要綱に記載することが望まれる項目例 ……………………… 24
要綱やマニュアルの整備 …… 24
養護者からの不当な要求等への対応 ………………………… 25
養護者支援 ………… 110、168
養護者による高齢者虐待 …… 161
養護者による高齢者虐待対応の全体フロー図 …………… 38、39

養護者による高齢者虐待対応への
　体制整備……………………20
「養護者による高齢者虐待」の定義
　と類型……………………… 4
養護者による高齢者虐待のとらえ方
　……………………………… 2
養護者による高齢者虐待のとらえ
　方に関するQ&A ………… 7
養護者による高齢者虐待類型の例
　…………………………… 5、6
養護者の態度 ………………76
「養護者」のとらえ方………… 3
養護者への支援 ……………130
養護者への支援の視点 ……… 14
養護者や家族等への対応……122
予測されるリスクと対応方法…55

ら～ろ

利害対立への配慮 ………… 15
利殖商法 ……………………148
利用料の滞納 ……………… 71
連携協力体制の整備 ……… 22
老人福祉法 …………………161
老人福祉法や介護保険法に規定さ
　れていない施設における高齢者
　虐待対応の流れ …………163
老人福祉法や介護保険法に規定さ
　れていない施設における高齢者
　虐待への対応 ……………161
老人福祉法や介護保険法に規定さ
　れていない施設に関するQ&A
　……………………………169
老人ホーム …………………140
老人ホームの入所措置の基準
　……………………………133
老人ホームへの入所措置等の指針
　について ……128、129、133
65歳以上の者 ……………… 2
65歳未満の者 ……………… 2

高齢者虐待対応システム研究委員会　委員名簿

五十音順（敬称略）

<本委員会>　　　　　　　　　　　　　　　　　　　　　　　　　　　◎は本委員会委員長

氏　名	所　属
青木　佳史	日本弁護士連合会 高齢者・障害者の権利に関する委員会副委員長
◎多々良　紀夫	淑徳大学大学院総合福祉研究科・教授
田村　満子	有限会社たむらソーシャルネット
西島　善久	高齢者ケアセンター向日葵
山田　祐子	日本大学文理学部社会学科・准教授

<オブザーバー>

厚生労働省　老健局高齢者支援課認知症・虐待防止対策推進室

<家庭内虐待班>　　　　　　　　　　　　　　　　　　　　　　　　○は家庭内虐待班委員長

氏　名	所　属
石﨑　剛	札幌市厚別区第2地域包括支援センター
延命　政之	日本弁護士連合会 高齢者・障害者の権利に関する委員会副委員長
○田村　満子	前掲
塚本　鋭裕	大府西包括支援センター
寺本　紀子	津幡町地域包括支援センター
村上　明子	寝屋川市保健福祉部高齢介護室
宮本　雅透	長野市介護保険課中部地域包括支援センター
山田　祐子	前掲

<事務局>

氏　名	所　属
阿南　晃伸	（社）日本社会福祉士会事務局
小幡　秀夫	（社）日本社会福祉士会事務局

<調査委託機関>

氏　名	所　属
坂本　俊英	（財）日本総合研究所
白紙　利恵	（財）日本総合研究所
田口　麻美子	（財）日本総合研究所

（2011年3月末現在）

本書は、平成22年度老人保健健康増進等事業「養護者による高齢者虐待対応の標準化のためのマニュアル策定並びに施設従事者による虐待対応の実態調査及び対応システムのあり方に関する研究報告書別冊」を再編集したものです。

市町村・地域包括支援センター・都道府県のための
養護者による高齢者虐待対応の手引き

2011年 7月20日 初版発行
2023年 1月15日 第2版第6刷発行

編　集	社団法人 日本社会福祉士会
発行者	荘村明彦
発行所	中央法規出版株式会社 〒110-0016　東京都台東区台東 3-29-1　中央法規ビル TEL 03-6387-3196 URL https://www.chuohoki.co.jp/
本文・装幀デザイン	株式会社ジャパンマテリアル
印刷・製本	株式会社高山

定価はカバーに表示してあります。
落丁本・乱丁本はお取替えいたします。
ISBN 978-4-8058-3507-4

本書のコピー、スキャン、デジタル化等の無断複製は、著作権法上での例外を除き禁じられています。また、本書を代行業者等の第三者に依頼してコピー、スキャン、デジタル化することは、たとえ個人や家庭内での利用であっても著作権法違反です。
本書の内容に関するご質問については、下記URLから「お問い合わせフォーム」にご入力いただきますようお願いいたします。
https://www.chuohoki.co.jp/contact/